PADRES CONECTADOS HIJOS REALIZADOS

PAMELA CASSIS

PADRES CONECTADOS HIJOS REALIZADOS

La guía para conectar con el corazón de tus hijos y ayudarlos a madurar

Grijalbo

El papel utilizado para la impresión de este libro ha sido fabricado a partir de madera procedente de bosques y plantaciones gestionadas con los más altos estándares ambientales, garantizando una explotación de los recursos sostenible con el medio ambiente y beneficiosa para las personas.

Padres conectados, hijos realizados
La guía para conectar con el corazón de tus hijos y ayudarlos a madurar

Primera edición: mayo, 2025

D. R. © 2025, Pamela Cassis Karam

D. R. © 2025, derechos de edición mundiales en lengua castellana:
Penguin Random House Grupo Editorial, S. A. de C. V.
Blvd. Miguel de Cervantes Saavedra núm. 301, 1er piso,
colonia Granada, alcaldía Miguel Hidalgo, C. P. 11520,
Ciudad de México

penguinlibros.com

Penguin Random House Grupo Editorial apoya la protección del *copyright*.
El *copyright* estimula la creatividad, defiende la diversidad en el ámbito de las ideas y el conocimiento, promueve la libre expresión y favorece una cultura viva. Gracias por comprar una edición autorizada de este libro y por respetar las leyes del Derecho de Autor y *copyright*. Al hacerlo está respaldando a los autores y permitiendo que PRHGE continúe publicando libros para todos los lectores.

Tenga en cuenta que ninguna parte de este libro puede usarse ni reproducirse, de ninguna manera, con el propósito de entrenar tecnologías o sistemas de inteligencia artificial ni de minería de datos. Si necesita fotocopiar o escanear algún fragmento de esta obra diríjase a CeMPro (Centro Mexicano de Protección y Fomento de los Derechos de Autor, https://cempro.org.mx).

ISBN: 978-607-385-726-0

Impreso en México – *Printed in Mexico*

ÍNDICE

INTRODUCCIÓN

Uno de los momentos más complicados e indescifrables de mi vida surgió cuando comencé a notar conductas y reacciones muy preocupantes en mi segundo hijo.

Cuando recibimos la noticia de que tendríamos otro bebé, estábamos ilusionados por todo lo que implica la llegada de un nuevo integrante a la casa: ternura, risas, abrazos, además de los sueños que acompañan a una nueva vida. Sin embargo, la vida te sacude, porque nunca te imaginas lo complicado que puede volverse sostener a hijos especialmente "difíciles".

Se trata de niños que parecen no estar programados como el resto, que te pondrán frente a retos que nunca pensaste que serían para ti; incluso si ya habías tenido más hijos y tu experiencia había sido pacífica y sencilla. Creo que la mayoría de los padres nos imaginamos criando a niños lindos, obedientes y amorosos, y no pensamos que seremos nosotros los padres de esos niños que hacen un berrinche descomunal en el supermercado, aturdiendo a cualquiera que pase por ahí.

En medio de esta diaria preocupación, me cuestionaba si estaba sucediendo algo realmente importante con mi hijo, pues sus reacciones ante situaciones habituales me parecían exageradas y desconcertantes. Durante esa época mi mente estaba por completo inmersa en su crianza; la mayoría de mi tiempo, energía y esfuerzo la invertía en el cuidado de este niño extremadamente complicado. Tareas tan sencillas como cortarle las uñas y el cabello, bañarlo, darle de comer, cambiarle el pañal o llevarlo a dormir se convertían en un reto agotador que me drenaba por completo. Jamás me imaginé que tendría que atravesar el miedo de no tener un hijo "normal", en especial después de haber tenido, dos años antes, a la hija más cariñosa y sencilla que habría podido desear.

No tenía idea de cómo me habían tocado dos experiencias tan opuestas. Con mi primera hija todo era fácil; era una niña alegre, juguetona, obedecía en todo momento, y me llevó a creer que este tema de la crianza no era para nada complicado. Seguramente los padres que tanto se quejaban de sus hijos estaban exagerando. ¡Podría tener hasta cinco hijos si todos fueran como ella!

No entendía por qué, siendo yo la misma mamá, no podía lidiar con este nuevo hijo. Sentía una frustración enorme porque a pesar de que apenas tenía un año y medio, su cuidado se había convertido en un terreno de batalla. Yo ya tenía estudios sobre crianza y desarrollo neuronal de niños, y pensaba que lo sabía todo... Sin embargo, la llegada de mi segundo bebé vino a enseñarme que existe una nueva perspectiva sobre la crianza que no se conoce mucho, pero que todos los padres deberíamos aprender. Gracias a este descubrimiento cambiaron todos mis paradigmas y estructuras previas sobre crianza, y me di a la tarea de investigar con más profundidad sobre lo que pasaba dentro de mi niño, quién era y por qué su conducta no era como la de todos los niños "normales". La comparación era inevitable, internamente me la pasaba comparándolo con su hermana, con otros amiguitos, e incluso comparándome a mí misma con otras mamás. Era doloroso.

La preocupación, la comparación y la incertidumbre sobre qué hacer para ser una buena mamá con mi niño se apoderaban de toda mi mente.

Es muy común que una persona se vuelva experta en un tema a raíz de vivir un reto tan grande en su vida. Yo no fui la excepción.

Y no era la primera vez que me sentía perdida...

En mis años de juventud, en realidad no sabía qué hacer de mi vida, pero me llamaba mucho la atención ser famosa y durante algunos años me imaginaba siendo cantante o presentadora de televisión, así que terminé la licenciatura en Comunicación. Sin embargo, después de graduarme no me sentí satisfecha con el rumbo que había elegido y pasé varios años tomando decisiones por inercia. Me cuestionaba poco y simplemente dejaba que la vida siguiera su curso natural.

Después me casé y, con el tiempo, me convertí en mamá de Pame. La mayoría de estas experiencias las viví de manera espontánea, es decir, no me detenía a reflexionar profundamente sobre lo que deseaba para mi vida. Tan solo tomaba decisiones (incluso las cruciales que dictan el rumbo de nuestro futuro) de forma automática.

Tenía un trabajo que para nada me encantaba, y en medio de esta desgana llegó la pandemia de influenza que vivimos en México en 2009, que nos obligó a todos a encerrarnos.

Fue ahí cuando empecé mi camino en la psicología, tomé un diplomado y me clavé tanto que decidí estudiar la maestría en Psicoterapia y años después la carrera de Psicología. Este camino sí se sentía como mi verdadera vocación.

Desde joven tuve una gran curiosidad por conocer cómo funciona el cerebro y qué es lo que nos conforma como individuos. Me intrigaba saber por qué actuamos de la manera en que lo hacemos y cuáles son los factores importantes que influyen en nuestra personalidad.

Hasta ese punto, todo en mi historia había funcionado bajo un control armónico, sin escasear tranquilidad ni conformidad. No obstante, todo cambió con la llegada de mi segundo bebé,

Pato. Fue una gran aventura no anticipada y el inicio de este nuevo proyecto de vida.

Muchas veces me preguntan a partir de qué momento se pueden reconocer algunos signos o señales que indican que nuestros hijos tienen un atraso en su desarrollo. Yo noté estas señales en Pato desde alrededor de los ocho o nueve meses. A diferencia de Pame, que me seguía, fijaba su mirada en mí y se reía, a Pato se le dificultaba seguirme con la mirada, era difícil comunicarme con él, yo le hablaba y sentía que no me entendía, y su lenguaje estaba muy atrasado. Yo evitaba preocuparme pensando que los niños (hombres) son distintos o que simplemente estos pequeños rechazos se debían a que cada uno tendría personalidades diferentes.

La inquietud se volvió una alarma cuando él cumplió un año y tres meses y los signos de algo "extraño" se hacían cada vez más evidentes. Pame nunca hizo un berrinche, aprendió a sumar a los dos años, aprendió a leer a los cuatro, y todo con ella era disfrutable y llevadero.

Por otro lado, Pato tenía reacciones muy explosivas, le hablaba y me ignoraba, era extremadamente selectivo con su alimentación al grado de que solo aceptaba cinco alimentos; no se separaba de mí ni un segundo, ni siquiera para ir al baño, y cuando me salía de su radar, lloraba con fuerza y tardaba mucho en calmarse. A menudo peleaba por la ropa que le ponía y no entendía por qué siempre quería vestir el mismo pantalón y la misma camisa. Sus llantos eran incontrolables por situaciones al parecer inexplicables.

Allí entendí que cada hijo es un mundo distinto. Hoy en día me río diciendo que tuve a la niña que nació con estrella y el otro, "estrellado", pero en ese momento estaba lejos de pasármela bien.

Tal vez ya te identificas con algunas de estas experiencias y ya puedes ir visualizando a tu hijo o hija con reacciones similares.

Quiero que entiendas el nivel de frustración que sobrepasaba a mi hijo y que te imagines cómo se siente un papá al no saber cómo solucionar ese cúmulo de conflictos y sufrimiento.

Para muchos niños volar es una experiencia muy emocionante e impresionante, algo que yo también esperaba de unas vacaciones que tomamos en familia. Desde que el piloto empieza a anunciar instrucciones, ves a los sobrecargos ejecutar las maniobras de emergencia, inflar el chalequito, despegas y ves la infinidad de nubes en el cielo, la experiencia sorprende no solo a los pequeños sino a los adultos. Para mi hijo fue todo lo contrario.

La combinación de extraños en un lugar cerrado, los ruidos, las luces, todo este espectáculo de estímulos sensoriales fue una guerra para su mente. Es natural que a la gente le moleste el llanto de los niños, pero es totalmente incómodo que suceda sin parar en el transcurso de un vuelo; uno como papá se divide entre la vergüenza de ser un fastidio para los demás pasajeros y la desesperación de intentar que su hijo pueda sentirse tranquilo. Tal era mi angustia que un pasajero que notó mi evidente desesperación, sumada a su propia molestia, me ofreció darle unas gotas de Rivotril (un medicamento muy controlado que solo se consigue con receta en el mostrador de las farmacias) para calmar a mi niño de solo dos años. La angustia era desbordante.

Lloró sin parar, haciendo un escándalo con el potencial de agobiar a toda la tripulación, así que decidimos movernos a la parte de atrás, donde están los baños; el llanto seguía pero era menos molesto para los demás pasajeros.

El único lugar donde mi hijo encontró un poco de refugio fue la cabina donde se guardan los insumos para el vuelo. Les rogué a los sobrecargos que por favor lo dejaran estar ahí mientras se calmaba y por fortuna se quedó dormido; sin embargo, estábamos a punto de aterrizar y por protocolo necesitábamos regresar a nuestros lugares, tenía miedo de que el llanto regresara, pero logramos terminar el trayecto mientras Pato dormía.

El vuelo fue la primera etapa de este camino lleno de piedritas para mi hijo.

Todo era nuevo para él: en lugar de emocionarse como cualquier niño que se va de vacaciones, él se sentía amenazado, no toleraba estar en un nuevo lugar donde él no tenía una rutina, donde la dinámica cambia día con día, la comida no sabía ni se veía igual que la de mamá, le molestaba sentir la arena en su piel, gritaba cuando se mojaba con el chorro de la regadera, y un sinfín de pequeñas situaciones que le arrancaban la calma.

La vacación fue tan complicada que dijimos: "Nunca más volvemos a sacarlo de su rutina". Nuestra expectativa para ese y futuros viajes era desalentadora.

Ver estas situaciones desde afuera puede ser pesado, pero vivirlas como padre o madre es toda una odisea. Las recomendaciones típicas de crianza o las experiencias previas suelen no ser suficientes para darles a nuestros hijos la seguridad y la confianza que requieren para hacerle frente a la vida.

Podrás leer cientos de libros, ir con muchos doctores o expertos en crianza, tomar terapias, pero cuando te topas con un niño cuyo procesamiento no es el típico en términos neuronales, nada de eso funcionará por sí solo. Así que llegué a una conclusión: el apoyo externo sin una transformación dentro de casa no tendrá impacto.

Yo confío mucho (y quiero que tú también lo hagas) en la intuición como padres. La intuición es la sabiduría interna que nos dio la naturaleza a todos los padres como herramienta para criar a nuestros hijos, y eso es lo que hemos perdido por buscar solo respuestas afuera, cuando lo que de veras necesita tu hijo es que puedas ver quién es y qué necesita de ti para llevarlo a madurar.

Se vuelve importante atender la voz que te dice que algo en tus hijos no está funcionando como debería. Es muy importante seguir esas "corazonadas de papás".

Antes solo confiaba en la ayuda externa, en las terapias y los doctores, sin embargo, hoy en día sé que el trabajo de intuición de los padres no se puede sustituir con nada. Mi intuición más mis conocimientos (que aprenderás en este libro) han sido la clave para ver la luz al final del túnel.

Unos meses después decidí hacerle a Pato una evaluación de desarrollo neuronal. Y se confirmó mi sospecha: mi hijo de un año y seis meses tenía un atraso en su desarrollo, pero apenas de tres meses. Tres meses no son nada, o al menos no eran tan graves como para preocuparme demasiado. Además, todos me decían que estaba chiquito y que yo era una paranoica.

Sin embargo, sus reacciones explosivas no pararon con el tiempo. Al contrario, parecía que iba de mal en peor. Era un niño totalmente dependiente de mí; demandaba toda mi atención y todo mi tiempo. Decidí inscribirlo en el kínder cuando tenía un año y 11 meses porque su cuidado llegó a ser insostenible. Pero el escenario no fue diferente fuera de casa: lloraba todo el tiempo, se salía del salón, les pegaba a las maestras y las quejas y los comentarios abundaban.

No solo las maestras, sino otras mamás, nuestra familia y hasta extraños en el supermercado eran testigos del caos constante en que mi hijo vivía. A ojos de todos, era un niño rebelde y con falta de límites, el típico niño que siempre será recordado por su desobediencia y desorden, y que está destinado a una vida carente de amigos, paz y futuro.

Mi preocupación crecía, así que a los dos años y tres meses volvimos a hacerle una prueba de desarrollo neuronal y de integración sensorial.

El resultado me asustó: ¡su retraso era de ocho meses! Una compañera me habló de algunos cursos del doctor Gordon

Neufeld sobre crianza que ella conocía, y me dijo que confiaba en que podrían ayudarme a lidiar con los conflictos de mi hijo. Al principio me generó un rechazo instantáneo. Con todo lo que estaba enfrentando, lo último para lo que tenía tiempo era para tomar un curso. Además, la teoría de dicho doctor inició porque él mismo experimentó la crianza de un hijo autista. En ese momento no se me pasaba por la mente la posibilidad de que mi hijo pudiera estar dentro del espectro autista. Había similitudes, sí, entre el tipo de niños que él buscaba atender y algunas de las características que se reflejaban en el día a día de mi hijo, pero de eso a un diagnóstico había un mar de diferencia.

Por fortuna me di el tiempo para asistir a estos y muchos otros cursos y los aprendizajes que adopté marcaron un antes y un después en mi vida, y sobre todo en la vida de mis hijos.

Cuando comencé a adentrarme más y más en cómo funciona el cerebro de los niños, casi de inmediato todo empezó a hacerme mucho sentido. Las mismas luchas y los problemas que se exponían los estaba viviendo en mi casa. Me sentí acompañada y respaldada por una guía que no trataba de atender conductas y reparar niños, sino de entender el porqué; qué pasa en el cerebro de estos niños que los lleva a tener cierto tipo de reacciones.

Entendí por fin que mi hijo no era un rebelde, grosero e intenso. Su llanto, berrinches y agresión eran un mecanismo de defensa para poder sobrevivir en este mundo, no una falta de respeto intencional. Pero ¿de qué se estaba protegiendo mi pequeño? La respuesta cambió mi modo de ver el mundo.

Fue impresionante aprender que esta sensibilidad ante el mundo tiene genética de por medio y se hereda. La revelación de que mi hijo tenía en su ADN el mismo gen que había ocasionado un sinfín de dificultades durante mi propio desarrollo me tomó por sorpresa.

Yo siempre había vivido en modo "lucha": "Pamela, siéntate y no te pares", "Pamela, pon atención", "Pamela, obedece"... ¡Y hasta ahora me daba cuenta!

Estos nuevos conceptos de la hipersensibilidad y la alta sensibilidad explicaban de manera muy personal lo que yo misma había atravesado en mi infancia y años de madurez.

Hace un tiempo encontré una hoja de calificaciones de la escuela donde estudié la primaria. Las similitudes en actitud y personalidad con mi hijo eran evidentes: las maestras me describen en ella como una niña mandona, de carácter fuerte, que no soporta que le griten, que tiene una firmeza inamovible, que se distrae muy fácil y a quien le cuesta seguir instrucciones.

Cuando aprendí que también fui una niña con hipersensibilidad, nacieron dentro de mí la empatía, la compasión, la tolerancia y la paciencia para Pato. Me di cuenta de que —al igual que yo— él era un niño incomprendido. Ese es uno de los dolores más profundos de estos niños, que ni siquiera sus propios papás los conocen y entienden.

Estaba dispuesta a romper patrones y creencias de mi propia crianza para convertirme en la mamá que él necesitaba. Así cambió mi mentalidad. Mi enfoque ya no estaba en detener sus berrinches o en que fuera menos grosero, sino en conocerlo profundamente para hacerlo sentir comprendido.

Es aquí donde quiero introducir dos términos que serán el enfoque y médula del libro: la alta sensibilidad y la hipersensibilidad; en términos actuales, aquellos niños a los que llamamos neurodivergentes.

Todos aprendemos y entendemos el mundo a través de los sentidos. La manera en que vemos, escuchamos, sentimos, oímos y saboreamos nuestro entorno nos ayuda a adaptarnos a la vida. Tener los sentidos muy desarrollados o muy poco desarrollados altera el sentido de nuestra realidad.

Sin embargo, la gran lucha de las personas altamente sensibles e hipersensibles es que no perciben el mundo de la forma en que todos lo hacen. Aquellos con dificultades de procesamiento sensorial tienen filtros sensoriales más abiertos que el resto de las personas. Todo lo que escuchan, todo lo que ven y en general todo lo que perciben está elevado a una mayor potencia: es como si todos naciéramos con un casco que nos protege de notar demasiado la vida, menos ellos.

Muchos de los ruidos, luces, movimientos, que para mucha gente son imperceptibles o fácilmente susceptibles de ignorarse, para estos niños representan una amenaza. Sensaciones tan simples como la textura de un suéter, el ruido de la calle, el saludo de un extraño o el olor de un lugar suelen percibirse de manera aguda y, por lo tanto, abrumadora. El cerebro de estos niños los mueve a reaccionar de la forma que encuentren necesaria para alejar las amenazas que perciben 24/7.

Esta defensa se demostrará a través de gritos, llantos, berrinches, conductas violentas, golpes o lo que sea que el cerebro indique para crear un ambiente de seguridad. Un castigo o reacción por parte de los padres cargado de más gritos y golpes no logrará construir este espacio seguro que los niños necesitan. Al contrario.

Para explicarlo de una forma muy simple, el cerebro tiene dos funciones principales: una es protegerte ante una amenaza y la otra es llevarte a madurar. No puede hacer las dos al mismo tiempo, y siempre va a elegir la sobrevivencia. Es por eso que madurar es un lujo (y la verdad es que no todo ser humano lo logra).

Cada niño es un mundo y nuestro trabajo como papás es conocer el mundo de cada uno de nuestros hijos.

Un ejemplo para entender esto ocurre en la naturaleza. Imagina que tienes la responsabilidad de cuidar tres plantitas. Al principio tienes la idea de que todas son orquídeas, pero no, resulta que tienes una orquídea, un cactus y un rosal. Si quieres mantener sana a cada plantita, entonces no puedes darles la misma cantidad de agua, no puedes exponerlas durante el mismo tiempo al sol y dejarlas a todas en un mismo espacio de la casa. Necesitas darte el tiempo de conocer las necesidades de cuidado de cada una y darles los elementos que requieran para que crezcan sanas. Lo mismo pasa con nuestros niños: no debemos asumir que todos necesitan lo mismo para desarrollarse de forma correcta. Necesitamos conocerlos a fondo para entregarles el tiempo, la atención y la ayuda correspondientes según cada uno lo requiera.

En mi caso, Pamela, la niña perfecta, la que no tenía problemas en la escuela ni en sus relaciones y la que todo lo hacía bien, comenzaba a tener problemas de ansiedad e inseguridad que no corresponden a niños a tan temprana edad. Pato, por otro lado, tenía problemas de conducta y retraso en su desarrollo. Por último, Fer, mi tercer hijo, era rígido en extremo, tenía un lenguaje muy literal y no soportaba ninguna sensación relacionada con la vergüenza; además, tenía una dificultad enorme para sentir y expresar sus emociones; era un niño sumamente reservado.

Pame desarrollaba su máximo potencial sin ningún problema que la detuviera; sin embargo, Pato y Fer requerían de apoyo todo el tiempo para cosas muy distintas. El acompañamiento que cada uno necesitaba era especial y único, pero estaba dispuesta a invertir todo de mí para darles la protección que su mente no les proporcionaba.

Hay miles de libros, cursos y consejos acerca de cómo ejercer la mejor paternidad o maternidad posible. No obstante, tratar con estos niños que viven las dificultades de ser altamente sensibles o hipersensibles tiene toda una ciencia detrás y hasta la fecha no hay libros disponibles sobre cómo desatorar la inmadurez y ayudar de raíz a estos niños.

Ahora quiero compartir contigo la traducción que he logrado sobre este método y la interpretación que mi propia vivencia ha construido.

Estás ante un libro totalmente distinto a los que encontrarás, ya que no existe material que a uno como papá lo acompañe en todas estas etapas: desde la génesis de entender de dónde vienen todas esas reacciones, la explicación de lo que sucede en el cerebro de los niños y también las respuestas puntuales sobre cómo reaccionar ante muchas de las situaciones que se vuelven un problema.

Con los años he adquirido una comprensión profunda de la realidad de estos niños al haber atendido a cientos de familias. En la actualidad, los padres observan a sus hijos como desafiantes, explosivos, impulsivos, propensos a berrinches, intensamente dramáticos, carentes de motivación, con niveles altísimos de ansiedad y una necesidad constante de estar frente a pantallas.

Estos niños viven en un mundo del que no se pueden desconectar; su mente está sobreestimulada y sus reacciones pueden parecer exageradas. Los adultos comenzamos a etiquetarlos y a menudo pasamos por alto lo que se encuentra detrás de estas conductas, ya que son manifestaciones de sus experiencias internas. Y ante tanta incertidumbre, los padres subestimamos el inmenso poder que poseemos para convertirnos en la solución para nuestros niños.

Dos frases que se repiten constantemente en las primeras sesiones que dispongo para conocer a los padres en mis servicios de psicoterapia son: "Estoy desesperado/a, ya no puedo con mi hijo" y "Estoy agotado/a y ya no sé qué hacer".

Mi respuesta para ellos es: "Sé que estás agotado, que hay veces que quieres tirar la toalla y que hay ocasiones en donde los quieres hasta regalar, pero he pasado por lo mismo, y créeme que hay esperanza".

La vida de muchas familias ha dado un giro de 180 grados porque han aprendido que la clave es trabajar la relación para que el niño se sienta profundamente conectado a sus vínculos, lo que le permitirá volar al mundo.

El fruto de la independencia afuera es la dependencia dentro de casa.

Venimos de una crianza más bien autoritaria, donde las emociones eran mal vistas y nos las teníamos que "tragar". El poder de los padres se imponía a través del miedo y el control, y hoy en día se ha polarizado. Hoy tenemos a padres que quieren darles lo mejor a sus hijos y criar niños felices, pero nos hemos ido al extremo: la crianza permisiva. Ninguno de los dos polos funciona, la clave está en encontrar el equilibrio donde logremos una crianza respetuosa, donde podemos ser sus líderes, estableciendo límites con amor que no nos alejen de ellos. El autoconocimiento que me regaló este camino es invaluable. Aunque estos términos se han popularizado desde hace relativamente poco tiempo, describen las experiencias de dificultad que muchos hemos tenido a lo largo de toda nuestra vida.

Cuando éramos niños, no se conocía mucho acerca de la divergencia neuronal o neurodivergencia, y se nos tachaba de niños "problema", desmotivados, distraídos, desobedientes y diferentes. Muchos sufrimos al no entender por qué todo lo que para los demás era sencillo, para nosotros implicaba un mayor esfuerzo. Esta comprensión de mí misma me ayudó a entender que no hay nada malo en mí. Es verdad, nuestro procesamiento neuronal no es el típico, estamos cableados de forma distinta; aun así, eso no impide que podamos mejorar nuestra experiencia de vida.

Sé que tal vez tus papás o tus maestros no te acompañaron de la manera más óptima según tus necesidades de crianza; tal vez tuviste una infancia donde te sentiste solo o aislado, o simplemente percibías que no entendías el mundo igual que otros, pero ahora tienes la oportunidad de cambiar esos patrones. Este puede ser el inicio de un cambio que acerque a tu pequeño a tener una vida más brillante y plena. Y sé que ese mismo cambio representará una mejora radical para tu vida.

Si durante todos estos años has percibido que algo en ti no funciona de la misma forma que en los demás, bienvenido. Te abrazo en este camino de autoconocimiento, sé que aprenderás mucho sobre ti, incluso te verás con más compasión y tendrás la oportunidad de obtener eso que siempre has anhelado: descanso.

Este libro te guiará hacia una transformación tanto personal como familiar, no importa si tu hijo ya tiene un diagnóstico de trastorno del espectro autista (TEA), trastorno por déficit de atención e hiperactividad (TDAH), dislexia, etcétera, o si simplemente posee una gran sensibilidad que lo desborda en términos emocionales. La guía que tanto atesoro y que ahora comparto contigo logra un impacto benéfico en la vida de cualquier pequeño.

He visto casos de niños que alcanzaron a "ganarle" al diagnóstico y que llevan una vida funcional después de haber recibido diagnósticos de autismo grado 1, déficit de atención o de procesamiento sensorial.

Los papás de estos niños lograron darles la vuelta a los déficits a través de un acompañamiento integral, que incluía terapias y sobre todo el conocimiento del rol de ellos para que sus hijos pudieran florecer.

Ahora bien, si esta guía funciona para estos niños, imagina cómo puede incidir en la vida de un niño neurotípico. Ellos tienen un potencial inmenso, y si queremos que brillen, también debemos ofrecerles nuestro tiempo y esfuerzo. Sé que tu hijo tiene grandes capacidades de destacar, de disfrutar, de aprender y de madurar.

Al leer este libro comprenderás la vida interna de tu hijo, y ello te permitirá ofrecer la ayuda y el apoyo óptimos desde un enfoque renovado mientras lo acompañas en su proceso de maduración. Aprenderás a asumir tu rol como padre para brindar el descanso que el cerebro de estos niños necesita para desarrollarse.

Nunca imaginé que yo pudiera ser la mejor fuente de apoyo para mis hijos. Agradezco haber encontrado el camino que me permite criar a mis hijos con empatía, contención, amor y calidez. Por eso, como psicóloga y principalmente como madre, quiero entregarte estas valiosas enseñanzas que han marcado una diferencia radical en mi familia.

Cientos de padres me han compartido testimonios de cómo a través de estos recursos han podido ver un progreso abismal en sus niños. Muchas personas me han agradecido porque por fin entienden qué es lo que tienen sus hijos. Esa será nuestra meta durante las próximas páginas.

El día de hoy la historia de mis hijos me enorgullece: lo que en un momento fue estrés, ansiedad y miedo por su futuro, ahora se ha convertido en una experiencia gratificante, en la que hemos podido superar un sinfín de retos para avanzar no solo en su desarrollo escolar sino personal.

Mi hija es altamente sensible y aun así es una niña que se siente cuidada, amada y apoyada ante cada una de sus metas; se supera cada día y es una gran hermana mayor.

Mi segundo hijo, que me transformó por completo, es un niño alegre, social, con una gran capacidad de gestión emocional y que ha aprovechado estas etapas tan difíciles para ambos y hoy es una persona resiliente y empática. Uno de los momentos en que fui más consciente de su progreso fue cuando en la escuela primaria le dieron a Pato un reconocimiento al niño con mejor inteligencia emocional. ¿De verdad el niño que gritó, pataleó y lloró durante todo un vuelo creció para ser reconocido como alguien con un manejo excelente de sus emociones? Mi corazón se desbordó de orgullo y agradecimiento.

Y con mi último hijo, Fernando, que pensé que nunca podría ser igual de complicado, tuve también muchas luchas. Me llegaron a preguntar por qué iba a tener un tercer hijo si el segundo ya era tan difícil, y mi respuesta fue: "Peor no me puede salir".

Pero uno nunca sabe lo que la vida le depara, y es así como llegó mi segundo gran maestro. De ser un niño totalmente absorto en su mundo, solitario e incapaz de tomar decisiones por más simples que fueran, hoy es un niño con amigos, que se ríe, por fin entiende el sentido figurado y hasta hace chistes. Tiene un entendimiento mucho más real de que el mundo no quiere hacerle daño, de que con su familia y sus amigos tendrá siempre un lugar donde sentirse seguro.

Ninguno de ellos es un niño superdotado, son niños completamente normales, que se pelean entre ellos, que seguro se van a meter en problemas en la vida, pero confío en que sabrán superar los retos, medir los riesgos y salir adelante.

Después de muchos años, y de un proceso de prueba y error, hoy puedo decir que esta es mi verdadera pasión. Acompañar a padres y madres que día a día luchan con sus hijos, que se sienten solos y perdidos y que ya se han desgastado mucho buscando soluciones que no dan resultados, mientras el tiempo corre y ellos se sienten cada vez más lejos de sus hijos. Este libro está aquí para darte esperanza, para que sepas que hay empatía y para entregarte respuestas.

Juntos entenderemos por fin el misterio de lo que pasa dentro de la mente de tu hijo, crearemos un espacio que le permita aumentar su confianza y construiremos una relación donde se sienta seguro y amado y donde tú seas testigo principal de su asombrosa transformación: un testimonio de cómo alcanzó su máximo potencial.

No quiero terminar esta introducción sin contarte cómo evolucionó la vida de Pato. Yo nunca imaginé que su desarrollo pudiera despegar a un nivel tan alto. Aunque estaba dispuesta a hacer cualquier cosa para cambiar su realidad y sostenerlo en sus dificultades, también hubo momentos en que me asustaba la idea de pensar que toda su vida estaría llena de caos.

Sin embargo, siempre prioricé su bienestar por encima de mis presiones y miedos, y aunque el proceso involucró una total transformación de mi modo de ver la maternidad, decidí enfrentarme de lleno a los cambios que permitirían convertirlo en un niño pleno, amado y entendido.

No podemos pedirles a nuestros niños que cambien de la noche a la mañana ni podemos pedirnos a nosotros mismos perfección durante estos momentos. Ahora bien, sí podemos cambiar un poco nuestra mentalidad cada día, podemos comprometernos a ser más pacientes, menos reactivos, a hacer pequeñas modificaciones en nuestra conducta cada día para así, de manera consistente, convertirnos en los padres que ellos necesitan. Podría decir que en este proceso la transformación fue mía y la adaptación fue de Pato: él respondió a mi nueva conducta impregnada de amor, de paciencia, de empatía, y poco a poco empezó a confiar en mí para sostenerse y comprender que el mundo es un lugar en donde puede desarrollarse con libertad, el cual no quiere lastimarlo. Por otro lado, la vida no siempre funciona a su ritmo, a veces las cosas no suceden como le gustaría, pero esa no es una razón para bajar la cabeza y temer lo desconocido.

Pato empezó a confiar más en la gente, a tener más amigos, dejó de explotar de manera tan estridente para gestionar de forma sana sus emociones, y así entendió que hay experiencias buenas y malas, pero que —aunque las cosas no siempre salgan bien— siempre tendrá una mamá que lo acompañe en los momentos malos.

El cambio no solo sucedió ante mis ojos: mis familiares, sus amigos y sus maestras también reconocieron el progreso.

Incluso, profesionales identificaron que su caso era positivamente sorprendente.

A lo largo del libro te contaré más sobre sus historias y también sobre las de mis otros importantes y especiales hijos, y créeme que te sorprenderás de conocer hasta dónde se catapultó su desarrollo.

Te cuento estas anécdotas porque en muchas ocasiones tememos el "terrible" futuro de nuestros pequeños al sentirlos tan lejanos, extraños y desconectados; sin embargo, yo y cientos de padres podemos asegurarte que hay esperanza y que lo único que tus hijos requieren es a ti.

¡Empecemos la transformación!

ACLARACIONES

Antes de seguir con nuestro temario, quiero dejar en claro un par de cosas. En primer lugar, todo lo que encontrarás en este libro está pensado para ser útil sin importar si eres mamá o papá, o si estás casado o eres padre soltero. A lo largo de estas páginas me dirigiré a ambos usando las palabras *madres/padres*. Y cuando hable de *niños* o *hijos* me estaré refiriendo tanto a mujeres como a hombres. Así que no importa si eres un padre o una madre de niñas o niños, todas las lecciones aprendidas serán útiles para ti.

Hay un prejuicio que nos limita, y es momento de dejarlo atrás. Muchos padres que están leyendo esto y buscan respuestas para ayudar a sus hijos quizá ya hayan recorrido un largo camino de terapias, consultas con neurólogos y psicólogos y demás especialistas. Es posible que tus hijos tengan diagnósticos como déficit de atención, autismo, problemas de integración sensorial u otros trastornos, o simplemente presenten problemas de conducta que desearían mejorar.

Es crucial que dejemos de ver a nuestros hijos como si tuvieran algo malo, como manipuladores o, por otro lado, frágiles o incapaces. En lugar de etiquetarlos según su diagnóstico, debemos verlos como seres completos y capaces que solo necesitan más apoyo.

La neuroplasticidad en el cerebro de los niños es muy alta, lo que permite que el cerebro se reorganice y forme nuevas conexiones neurológicas. Así que vamos a aprovechar esta capacidad al máximo. A medida que los niños crecen, su cerebro se adapta rápidamente a nuevas experiencias y aprendizajes. Solo necesitan la guía adecuada de nuestra parte para adaptarse de lleno a la vida y superar las metas que se propongan.

No importa si tu hijo ha sido diagnosticado o no, la intervención es la misma. Usaremos esta guía como una herramienta para saber dónde debemos actuar y cómo brindar apoyo a nuestros hijos en la crianza. Es la guía ideal que todo padre debería tener. Sé que independientemente de cualquier diagnóstico, la edad que tengan tus hijos o sus experiencias previas con otros tratamientos, estos conocimientos serán valiosos para ti.

Esta guía es una interpretación y recopilación personal de todo lo que he estudiado y aprendido a lo largo de 16 años de aprendizaje, tanto en consulta con cientos de padres como de forma empírica.

PARTE 1

Entendiendo el cerebro del niño

CAPÍTULO 1

HABLEMOS SOBRE LA HÍPER Y LA ALTA SENSIBILIDAD

La experiencia de ser padres es muy personal y puede sentirse solitaria cuando se tienen niños incomprendidos. Entiendo la desesperación de buscar ayuda de expertos, y no quiero subestimar la utilidad del apoyo de terapias, doctores y especialistas. Sin embargo, quiero dejar en claro que este tipo de apoyo debe ir acompañado de un esfuerzo diario por parte de los padres. La relación padre-hijo no se puede sustituir con nada. Por eso, te pido que durante las próximas semanas y meses te comprometas a fortalecer de manera activa la relación con tu niño. Todo empieza con un poco de comprensión.

En los primeros capítulos vamos a entender qué está sucediendo para después poner nuestros nuevos conocimientos en práctica.

¿Qué necesito de ti?

Sé que lo que más nos cuesta a todos es tener paciencia, manejar el estrés y no explotar con nuestros hijos. Entiendo lo difícil, cansado y frustrante que es lidiar con problemas constantes, ya sea en casa al hacer sus deberes, con amigos o en la escuela. Agota escuchar gritos y llantos, peleas entre hermanos, que te desafíen, que se nieguen a hacer la tarea, que estén "enchufados" a las pantallas o que demanden mucha atención con altos niveles de ansiedad. Sin embargo, lo que he aprendido a lo largo de este camino es que si yo no veo a mi hijo con compasión y ternura (aunque no siempre sea fácil), entonces ¿quién lo hará? Estos niños son mal comprendidos, no procesan la información como deberían, y en definitiva no es su culpa.

Muchos papás me preguntan: "Pamela, ¿cómo le hiciste para no perder la paciencia?". Y soy honesta: al principio, cuando mi hijo tenía entre dos y cuatro años y medio, hubo momentos en que me sentía al borde de la desesperación. Pero cuando entendí lo que él estaba viviendo y vi el impacto que podría tener en su futuro si yo no cambiaba, eso me conmovió profundamente. El miedo a lo que le esperaba en un futuro fue lo que me impulsó a tomar acción. Entonces aprendí que mi hijo necesitaba de mí, que mi rol era acompañarlo en su maduración.

Aunque pensar en el futuro puede paralizarnos y llevarnos a buscar soluciones externas, debemos comenzar a actuar desde hoy.

Pero quiero que confíes en que la respuesta está en ti; el principal contexto donde un niño crece y se desarrolla es, ante todo, su hogar.

Necesitamos calidez y empatía, pues a un niño que tiene problemas, que te cae gordo, que te insulta, que te reta, no te darán ganas de tratarlo con ternura, pero estoy convencida de que nadie mejora tratándolo peor.

Me encanta una autora que habla sobre la vulnerabilidad y que retrata en la siguiente frase mi pensamiento acerca de la actitud que debemos adoptar:

> La autocompasión y el autocontrol son vitales para ser el tipo de adultos en que queremos que nuestros hijos se conviertan.
>
> BRENÉ BROWN

> Nadie mejora tratándolo peor.
>
> PAMELA CASSIS

Confianza

La gente que ha presenciado esta transformación me dice que es como magia, que no entiende cómo sucedió. La magia está en la constancia. No te rindas tan fácil si no obtienes los resultados esperados en algunas semanas. Debes confiar en que algo surgirá; la madurez no ocurre de la noche a la mañana.

Mientras tu hijo sea pequeño, será más fácil ver cambios, pero si se acostumbró durante ocho o nueve años a la misma crianza de mamá y papá, puede tardar un poco más en cambiar. La intervención es la misma, pero debemos mantener la confianza en que si trabajamos en la raíz, y no en cambiar al niño, el crecimiento surgirá.

Olvídate de la etiqueta

Yo sé que la etiqueta da paz, que tener un diagnóstico de déficit de atención, autismo o de problemas de integración sensorial puede hacerte creer que entiendes lo que sucede con tu pequeño, y comprendo esa desesperación de convencerte de que no eres mal papá: simplemente tienes un niño que enfrenta más retos y más estímulos que no puede controlar; por lo tanto, el nivel de dificultad de ser padre es mayor. Pero quiero que las olvides por un ratito porque las etiquetas nos frenan.

Yo te puedo hablar desde la vivencia de tener una hija con alta sensibilidad y dos niños con híper o hiposensibilidad, cuyo diagnóstico era que estaban dentro del espectro autista. Aunque los doctores no podían precisar un diagnóstico por su corta edad, era muy claro que ambos estaban dentro del espectro.

Ahora bien, recordemos nuestro principio de que ningún niño va a ser igual. Nunca he conocido a dos niños que tengan los mismos síntomas en todo. Cada uno es distinto, así que deja la etiqueta porque nuestros niños tienen la capacidad de evolucionar para ser sumamente funcionales y maduros a pesar de cualquier diagnóstico.

Hacer equipo

Me encanta ver a las parejas trabajando en conjunto. Hacer equipo con tu pareja y estar en la misma línea vale oro. Si no están en el mismo barco, todo será un poco más complicado; todo funciona mejor cuando remamos en la misma dirección. Habrá cosas en las que no siempre estarán de acuerdo, pero es importante que lleguen a acuerdos sobre cómo intervenir en distintas situaciones. También es crucial que platiques con tus familiares durante este proceso para que comprendan el contexto y se conviertan en una red de apoyo.

Si eres madre o padre soltero, no te preocupes, solo se necesita a un adulto que acompañe a un niño a madurar. La fórmula es la misma, pero la diferencia es que no podrás apoyarte en una pareja en el día a día para manejar distintas situaciones. Por eso, crear una red de apoyo es fundamental para sostenerte a ti y a tu hijo en momentos difíciles.

¿Qué vivimos como papás?

Quiero decirte que no estás solo, estás viviendo las experiencias que tanto yo como cientos de padres hemos atravesado. Cuando tenemos a estos niños, nuestro constante pensamiento es que algo estamos haciendo mal o que nos falta conocimiento. La manera en que reacciona tu niño no es por fuerza el resultado de una mala crianza; simplemente hay niños a quienes les cuesta mucho más trabajo depender de sus padres y seguirlos. Esto nadie nos lo dice.

Una de las cosas que más te dolerán o abrumarán serán los juicios y críticas de personas cercanas, como maestros o familiares. ¡Por favor! Te doy permiso para ignorar esos comentarios externos: "No le pones límites", "A este niño le faltan tres nalgadas", "¿Sabes qué? ¡Mándalo a su cuarto para que aprenda!", "Necesitas ser más duro con él".

¡Cuántas veces escuché esto! ¡Muchas! Y sí, es frustrante porque pocos logran comprender lo que sucede.

El problema no es la falta de límites; si tan solo fuera eso, ¡qué fácil sería! Sé que es inevitable compararse y pensar que otras familias funcionan muy bien. Verás que niños más pequeños que el tuyo pueden hacer cosas que el tuyo no. Yo vivía esto cada temporada en la escuela, cuando mis dos hijos tenían que presentarse en festivales: gastaba en sus vestuarios, me ilusionaba con verlos participar, pero siempre llegaba la frustración cuando Pato y Fer no querían subirse al escenario. Lloraban y se resistían. Trataba de convencerlos, primero con premios al salir, luego con amenazas de quitarles el iPad y por último con palabras duras: "¡Ya súbete, no pasa nada, ya pagué!".

Desplazaba mi frustración por no ser como las demás mamás hacia ellos. Hasta que un día entendí que para ellos era sumamente abrumador. En el siguiente festival, ya sabiendo lo que me esperaba, desde que llegamos les pregunté: "¿Quieren intentar subirse?". Cuando veía un rotundo no, les decía: "Perfecto, entonces se van a venir a sentar conmigo a ver el show".

Terminaba sentándome con ellos como espectadora mientras veía a las otras mamás emocionadas, aplaudiendo y grabando felices a sus hijos que sí querían ser parte del festival. Todo esto me daba una sensación de tristeza y alimentaba la idea de que no tenía "hijos normales".

En el fondo, sentía miedo por su futuro. Pero, al año siguiente, Pato me dijo: "Ma, ahora sí quiero subir". El hecho de aceptarlos tal como son les dio seguridad y confianza en sí mismos.

Resulta cansado y duele. Es agotador ver cómo a tu hijo lo tendrás que retrasar un año escolar, ya que no puede llevar el ritmo de los demás, y pasarás las tardes en terapias mientras se pierde de actividades recreativas.

La comparación es inevitable y constante, pero **no estás solo**, somos bastantes los que estamos viviendo esto, y no hay nada malo en nosotros, simplemente estamos en otro nivel de dificultad en la crianza.

Yo sé que hay mucha frustración en sentir que nada es suficiente: ser papá ya es cansado, pero ser papá de estos niños es extremadamente cansado.

Quítate de la mente la idea de que todo lo que el niño quiere es manipularte, porque no es así. Pensamos que el niño se mueve por la razón, y que repitiéndole las cosas 20 veces lograremos que entienda y deje de actuar así. Sé que es agotador tener que repetirle lo mismo una y otra vez, por eso voy a pedirte algo sumamente importante: **deja de corregirlo cada cinco minutos, de aleccionarlo, sermonearlo y castigarlo.**

Creemos que esa es la manera correcta de enseñar, y lo pensamos porque así fuimos criados. Sabemos cómo ser padres por lo que aprendimos o vimos en casa, pero te invito a cuestionar tus creencias y reflexionar sobre el tipo de padre que en realidad quieres ser. Disciplinar a un niño es enseñar, no controlar.

Según Daniel Siegel: "La disciplina debe ser una oportunidad para conectar con el niño y fortalecer la relación, no para desconectarse".

Llevamos toda su vida corrigiendo sus conductas, pero esto no funciona, de verdad no funciona.

Si corregir, regañar y "poner consecuencias" en verdad funcionara, no estarías leyendo este libro. Así que no te enfoques en decir cosas como: "No debes pegarle a tu hermano", "Las cosas se piden por favor", "Te vas a quedar sin amigos", "Comparte, no seas egoísta", "¡Está pésimo lo que hiciste, estás castigado!".

Reduce toda esa presión lo más posible. Algo que quiero que entiendas es que los niños no actúan ni se mueven por la razón a secas, sino más bien (o también) por impulsos emocionales. Todos los niños, de verdad te lo digo, saben que no está bien pegar, burlarse, desobedecer, mentir, etcétera, pero el problema es que no lo pueden controlar.

Cuanto más corrijamos y presionemos para que se porten bien, solo lograremos que el niño se frustre más, que baje su autoestima, que sienta que no lo entiendes y que se lastime la relación.

Creemos que con el tiempo nuestros niños van a madurar. La gente crece físicamente, pero la madurez no siempre se da. ¿Cuántos adultos conoces que siguen siendo inmaduros? Adultos egoístas, impulsivos, no considerados y sin perspectiva. Esto sucede porque solo los papás, junto con la naturaleza, podemos fomentar el desarrollo de la madurez. La vida te da dos oportunidades para madurar: la primera en la crianza y la segunda cuando te conviertes en padre y te enfrentas a tu propio autocontrol, a tu impulsividad y a tus creencias limitantes.

Muchas veces utilizo la frase: "La gente madura a través del dolor", porque los "golpes" de la vida, las decepciones, las pérdidas nos ayudan a madurar. Como padres nuestra labor no es ir haciendo el camino fácil para nuestros hijos, sino acompañarlos en las pérdidas que la vida misma va poniendo, desde perder un chupón, a no darle permisos o comprarle algo, etcétera.

La madurez está directamente relacionada con sentir las pequeñas pérdidas de la vida, con entrar en contacto con la vulnerabilidad.

No quiero que cometas un error, como lo hice yo: pensar que debes ser más duro con tu hijo. Te quiero decir algo: **nadie mejora tratándolo peor,** a nadie impulsamos con malos tratos. El verdadero reto será desaprender todo lo que sabemos, porque repetimos patrones; date la oportunidad de aprender de nuevo.

Quiero que tratemos de entender qué necesita tu hijo que modifiques en tus propias conductas, no en las suyas. Romper patrones es difícil, pero es importante para lograr una crianza con más respeto y empatía.

A grandes rasgos, ¿qué son la híper y la alta sensibilidad?

Los niños con híper y alta sensibilidad sienten todo de manera amplificada tanto a nivel emocional como sensorial. Su cerebro organiza e interpreta la información recibida a través de los sentidos, incluyendo el tacto, el oído, el gusto, el olfato, la vista, el equilibrio (sistema vestibular) y la percepción corporal (propiocepción). El problema ocurre cuando el cerebro tiene dificultades para recibir, procesar y responder a la información sensorial de forma adecuada. El cerebro recibe demasiada información sensorial al mismo tiempo y no es capaz de procesarla adecuadamente, lo que puede causar una respuesta exagerada o de evasión a los estímulos sensoriales. Su sistema nervioso se sobrecarga. Y lo que se sobrecarga, explota.

El cerebro típico de un niño es aquel que no se ve rebasado por los estímulos del exterior y que puede procesar la información de forma correcta. No tienen dificultades en seguir instrucciones, saber interactuar en lugares donde hay muchas personas, socializar bien; por lo tanto, estos niños son bien comprendidos, y la crianza se da de modo más sencillo.

Los filtros sensoriales se encuentran en el sistema límbico del cerebro, una red de estructuras cerebrales que desempeñan un papel crucial en la regulación de las emociones, la memoria y el comportamiento.

Estos filtros moderan la intensidad con la que los estímulos y las emociones llegan a nuestro cuerpo, evitando que nos impacten excesivamente y provoquen que reaccionemos de forma explosiva o impulsiva.

Los filtros sensoriales regulan y procesan la información sensorial que llega al cerebro, permitiendo que solo cierta cantidad y tipo de estímulos sensoriales sean procesados conscientemente.

Estos filtros ayudan a evitar la sobrecarga de información y permiten que el cerebro se enfoque en los estímulos más relevantes o importantes en un momento dado.

¿Qué se considera ruido?

Llamamos ruido a cualquier sensación que distraiga tu atención no solo auditiva, sino olfativa, visual, táctil, incluso puede tratarse de la temperatura o la luz.

Me refiero, por ejemplo, a la textura de un suéter que te pica, y esa molestia te impide poner atención; o al olor de un sitio que te fastidia tanto que no te permite concentrarte en tus tareas.

Yo también tengo hipersensibilidad, y la manera en que esto afecta mi vida es constante pero manejable. Por ejemplo: una vez di una conferencia en Veracruz, el auditorio se encontraba lleno y yo estaba muy concentrada hablándole al público. De pronto mi cerebro no pudo evitar que mis ojos se volvieran hacia atrás cuando me asaltó el ruido de un taladro.

Si mi filtro auditivo no estuviera tan abierto (como el de los cerebros neurotípicos) entonces sin problema podría dejar pasar ese "ruido" irrelevante para la conferencia; sin embargo, para mí fue tan abrumador que literalmente paré la conferencia porque no pude seguir el hilo de mi conversación. Cuando me di cuenta de mi distracción, volví al presente para seguir con mi exposición.

Los niños (y también adultos) con los filtros sensoriales muy abiertos tienen un radar enorme para percibir olores, sonidos, texturas de la ropa, imágenes muy llamativas, etcétera. Por eso en su mayoría estos niños luchan todo el tiempo para prolongar su atención en lo que deberían. **Realmente te lo digo, nos cuesta el doble de esfuerzo realizar tareas cotidianas, planificar, organizarnos, no distraernos, impedir que no se nos olviden las cosas.**

Además, estos filtros también protegen nuestros sentimientos, moderando la intensidad con la que experimentamos las emociones. En los niños, la ausencia o debilidad de estos filtros puede provocar reacciones muy intensas y desbordadas. El filtro actúa como un regulador de la intensidad emocional. Por ejemplo: tu hijo podría experimentar emociones muy polarizadas, pasando de una gran felicidad a un intenso enojo en un breve lapso. Vive sus emociones con una intensidad notable.

Podemos comparar un cerebro neurotípico y un cerebro neurodivergente imaginando dos embudos de diferentes tamaños. El cerebro neurotípico es como un embudo pequeño: recibe menos cantidad de información; por lo tanto, el procesamiento de esta es más simple. En cambio, el cerebro neurodivergente es como un embudo grande y ancho: recibe mucha más información, y tanto los estímulos como la información que entran de golpe son más difíciles de procesar.

Por esta razón, algunos niños aprenden a sumar y leer con facilidad, mientras que otros, a pesar de múltiples intentos, encuentran dificultades para comprender. Estos niños se saturan con la gran cantidad de información que reciben, ya que, además de aprender conceptos como cuánto es dos más dos, están lidiando con la constante amenaza de estímulos externos. Esto convierte cualquier tarea, por sencilla que parezca, en un desafío considerable.

¿De dónde viene?

La literatura a este respecto suele indicar que entre 15 y 20% de los niños son altamente sensibles y que los hipersensibles representan un porcentaje aún menor. Sin embargo, mi experiencia de muchos años tratando a estos niños sugiere que esta cifra puede alcanzar hasta 30% de la población infantil.

Este rasgo en su mayoría es de origen genético. Si tú o tu pareja son altamente sensibles o hipersensibles, es muy probable que tu hijo también lo sea. A lo largo de estas páginas incluso podrías descubrir quc has vivido con alta o hipersensibilidad desde siempre.

Ahora vamos a entender de dónde viene para que puedas rastrear su origen.

Las experiencias prenatales y perinatales influyen en el desarrollo del niño. La experiencia de la madre durante el embarazo, incluyendo su nivel de estrés, y las circunstancias del nacimiento del niño juegan un papel crucial.

La probabilidad de vida de un niño con problemas pre o perinatales es mucho más alta que hace años. La tecnología permite una sobrevivencia y un desarrollo que hace tiempo habrían sido imposibles de manera natural. No obstante, este desarrollo con participación artificial no asegura que el cerebro del niño esté lo suficientemente maduro para salir al mundo.

Lo mismo sucede con los embarazos múltiples; los embarazos gemelares muchas veces no llegan a término: podrán tener el peso adecuado para sobrevivir, el corazón está listo, sus pequeños pulmones pueden estar preparados, pero el cerebro todavía no está en las mejores condiciones para salir al mundo. La alimentación y el uso de pantallas pueden estar relacionados con el bienestar de los niños dentro del espectro autista (TEA), aunque es importante señalar que no son causas directas del autismo. Sin embargo, ambos factores pueden influir en su desarrollo y en cómo manejan los desafíos asociados a la hipersensibilidad.

¿Qué tiene que ver esto con la hipersensibilidad?

Cuando el cerebro de un niño se ve expuesto a un entorno con demasiados estímulos sensoriales y no logra procesarlos adecuadamente debido a que sus filtros aún están demasiado abiertos, puede desarrollar mecanismos de defensa (que abordaremos más adelante) para evitar la sobrecarga sensorial. Sin embargo, el costo de estos mecanismos podría ser una interferencia en su proceso de maduración.

Una de mis hipótesis, aún no comprobada científicamente, aunque sí respaldada por el análisis de numerosas estadísticas a cargo de mi equipo, es que la probabilidad de desarrollar alta o hipersensibilidad es mayor en niños prematuros. Esto se debe a que no siguen el curso natural de un parto, en el cual deben luchar para nacer. Durante el parto, las contracciones preparan el cerebro del niño para enfrentar el mundo exterior, un proceso que toma tiempo, y, desde la perspectiva de la resiliencia, cada intento del niño por nacer es crucial para su desarrollo. Cada intento fallido por salir del canal de parto lo fortalece y lo vuelve más resiliente. En contraste, en un niño que nace por cesárea este proceso no ocurre, y su cerebro se expone al mundo de forma abrupta.

Se cree que esta condición afecta principalmente a los hombres con una cifra de 80% y de 20% a mujeres. Con base en varias investigaciones puedo concluir que afecta en el mismo porcentaje tanto a niños como a niñas, solo que los síntomas son mucho más evidentes en los varoncitos. Sin embargo, la verdadera cifra no está así de desequilibrada. Lo voy a explicar de manera simplificada.

Las mujeres contamos con una mayor cantidad de conexiones interhemisféricas. Esto significa que podemos procesar la información más rápido, y si algunas conexiones fallan, entonces no será tan evidente esta deficiencia. Por su parte, los hombres tienen menos conexiones interhemisféricas, así que cuando algunas fallan esta deficiencia se vuelve mucho más evidente. En conclusión, no significa que no existan muchas niñas con este tipo de sensibilidad, sino que son mucho más difíciles de detectar.

En el caso de las niñas, donde más se atora el desarrollo es en la parte emocional y social; las niñas hipersensibles tienden a ser muy mandonas, y conforme van creciendo tienen muchos conflictos en sus relaciones. También se pueden atrasar en áreas académicas, pero el retraso se nota más en el área emocional. En los varones, los déficits resultan más evidentes en el área del lenguaje, lectoescritura y en déficit de atención.

Los ocho sentidos

Los seres humanos tenemos ocho sentidos: visual, olfativo, gustativo, táctil, auditivo, propioceptivo, vestibular e interoceptivo.

Todos los niños muestran niveles distintos de sensibilidad en los diferentes sentidos, y pueden tener hipersensibilidad (reacción exagerada) o hiposensibilidad (reacción reducida) a ciertas sensaciones. Pero no todos tienen que encajar a la perfección en alguno de estos bloques; por eso es más importante poner atención a qué medidas adoptar para eliminar el ruido de su vida.

Ahora te pido que empieces a identificar qué sentido tiene más agudo tu hijo para que así comprendas que sus reacciones no se dan solo porque sea un niño complicado o mañoso. También analiza si tú tienes alguno de estos sentidos con mayor nivel de sensibilidad y observa cómo reaccionas.

A continuación describiré los tipos de sensibilidades para que los identifiques y resuelvas esta pequeña tarea que te estoy poniendo.

Sensibilidad auditiva

Reaccionan de forma negativa a ciertos ruidos cotidianos: la aspiradora, la licuadora, personas que gritan o hablan muy fuerte en lugares cerrados; a pequeños sonidos, constantes y repetitivos, como el tictac de un reloj o el ruido que hace alguien que está mascando chicle; o al ruido en entornos públicos o del ambiente: una alarma, la ambulancia, la música muy fuerte, el ladrido de un perro, el avión que acaba de pasar.

Es tan molesto que incluso llegan hasta taparse los oídos, y su cerebro no discrimina ni discierne los estímulos auditivos que entran.

Además, se distraen con facilidad, lo que dificulta la concentración y el aprendizaje, y escuchan sonidos que el resto de la gente no percibe.

Otra manera de identificar la alta sensibilidad auditiva es cuando un niño te pide que no le grites, aunque no lo estés haciendo.

He aquí algunas frases comunes que utilizan: “Hablas muy feo”, “No me gusta que me grites”.

Si te sientes identificado con estas frases, es importante hacer conciencia de tu tono, ya que puede ser agresivo para ellos. Es necesario modularte.

Un consejo: si tu hijo tiene hipersensibilidad auditiva, el uso de audífonos aislantes o tapones ayuda a filtrar el ruido que entra en su sistema.

Sensibilidad visual

Algunos niños con este sentido más agudo tienden a evitar el contacto visual. Por eso son muy reservados para dirigir la mirada a extraños o incluso a familiares. Tienen una excelente memoria visual, se dan cuenta de cada detalle, notan con facilidad si te cortaste el cabello, si tienes ropa nueva o hasta si te cambiaste los aretes; están muy al pendiente de tus reacciones faciales y todo lo nuevo visual es amenazante para ellos (incluso un nuevo rostro). Son sumamente observadores, ya que analizan todo el entorno de manera constante.

Les suele molestar la luz, el sol o el brillo tan elevado de las pantallas.

Sensibilidad táctil

Reaccionan con fuerza a ropa y texturas: las etiquetas de la ropa y las costuras internas pueden causar mucha incomodidad, picazón o irritación. También a tejidos y materiales: ropa de lana o materiales ásperos pueden ser intolerables; prefieren telas muy suaves como el algodón. Por eso muchas veces no les gusta usar jeans o texturas rígidas.

El contacto físico: tocarlos o abrazarlos puede ser muy estresante y debes distinguir en qué condiciones conviene evitarlo.

El cuidado personal: cortarles las uñas o el cabello, peinarlos o ponerles crema puede ser muy molesto y causar mucha ansiedad.

El contacto con el entorno: pisar descalzo la arena o el pasto puede ser un reto, así como tocar ciertos objetos.

Texturas específicas: algunos niños pueden rechazar ciertos alimentos debido a la textura, como alimentos crujientes, blandos o granulados.

Temperatura: el agua la pueden sentir muy caliente o muy fría. La temperatura del ambiente varía en su percepción dependiendo de su sensibilidad.

Si tienes una niña con hipersensibilidad táctil, seguro te has enfrentado al reto de peinarla. Lo sé, es todo un caos. ¿Te ha pasado que apenas comienzas a cepillarla y grita de dolor? ¿O que se queja de las etiquetas de la ropa y te pide que se las cortes?

Haz los cambios necesarios para disminuir el "ruido" que entra en su cerebro: corta las etiquetas, utiliza textiles que no le molesten, modera la temperatura del agua, etcétera.

Sensibilidad olfativa

Se distingue porque el niño con este sentido más agudo percibe el mínimo olor. Cuando algo no les huele bien, lo sienten tan agresivo que les causa mucho enojo. Llegan a evitar lugares por cómo huelen. Tienden a cubrirse mucho la nariz y comentan que tienen náuseas, que van a vomitar o que les duele la cabeza.

El olor de un perfume, de una crema corporal o champú, de ciertos alimentos y lugares puede afectarlos.

A mi hijo no le gustaba ir a la terapia porque cada vez que llegábamos decía que olía muy feo, que le molestaba y que le daban ganas de vomitar. Era un olor que quizá para la mayoría de los pacientes pasaba inadvertido, pero para mi hijo era un impedimento, así que antes de que entrara al cuarto yo rociaba un aromatizante ambiental para poder llevar la terapia con menos distracciones.

Sensibilidad gustativa

Estos niños se consideran mañosos para comer (los famosos *picky eaters*). Son sumamente selectivos para la comida y les fastidian tanto los sabores como las texturas de muchos alimentos, incluso aquellos típicos de una dieta infantil; tienen dificultad para probar nuevos alimentos y facilidad para distinguir sabores.

Les cuesta mezclar alimentos, las texturas llegan a darles mucha repulsión y los alimentos nuevos pueden ser amenazantes.

Por ejemplo: Emilio, un niño con una sensibilidad excepcional para detectar sabores, odiaba el gusto de los medicamentos líquidos. Su madre se sentía frustrada y asustada cada vez que él se enfermaba. Cuando tenía fiebre alta, llegando a los 40 grados, se negaba rotundamente a tomar el jarabe y lo escupía; era imposible convencerlo porque a él le sabía horrible. Su sensibilidad era tan aguda que aunque su madre intentó enmascarar el sabor de mil maneras fue en vano. Incluso llegó a derretir chocolate para mezclarlo con el medicamento, pero Emilio lo detectó y lo rechazó de inmediato. Es muy difícil engañar el paladar de estos niños; es todo un reto.

¿Cómo logró hacerlo? Le sugerí que disolviera el medicamento en jugo de uva o durazno, sabores que ayudan a disfrazar el sabor del jarabe.

Los padres de estos niños deben ser cuidadosos al introducir nuevos alimentos, haciéndolo poco a poco y en pequeñas cantidades y reconociendo que para ellos puede ser una experiencia muy desafiante. Es fundamental motivarlos con paciencia y cariño.

Propiocepción

La propiocepción es uno de los sentidos menos mencionados, pero es fundamental para el desarrollo de los niños. Se le conoce como el "sentido del cuerpo en el espacio" porque es el que nos permite saber dónde están nuestras extremidades sin necesidad de mirarlas. Gracias a la propiocepción, podemos caminar sin tropezar, sostener un lápiz sin apretar demasiado o subir escaleras sin mirar cada escalón.

Estos niños suelen tener bajo tono muscular e invaden el espacio de la otra persona. Chocan contra gente, objetos y muebles con frecuencia. A veces piensas que son un poco torpes. Se cansan fácilmente y les cuesta mantener su postura. Algunos tienen falta de coordinación. Pueden tener dificultad para realizar actividades que requieren coordinación, como escribir, cortar con tijeras o abotonarse la ropa.

Consejo: la hora de dormir puede ser un momento en el que tu hijo requiera tu cercanía, ya que esto le brinda contención emocional. Una herramienta útil en este caso es la manta con peso, que ayuda a que se sientan más contenidos y seguros.

Vestibular

Este sentido rige cómo usamos nuestro cuerpo. Se encuentra en el oído interno y es responsable de regular el equilibrio, la postura y la orientación espacial. También influye en la coordinación, el control del movimiento ocular y la percepción del movimiento y la gravedad. Los niños con un sistema vestibular subdesarrollado o hipersensible pueden presentar:

* Dificultad para mantener el equilibrio.
* Miedo excesivo a movimientos como girar o columpiarse.
* Búsqueda constante de movimiento (hiposensibilidad).
* Mareos o incomodidad con ciertos movimientos (hipersensibilidad).
* Problemas de coordinación y motricidad fina o gruesa.

Hacer actividades como columpiarse ayuda a desarrollar el equilibrio y percepción del movimiento. Ponerlo a girar permite al niño experimentar cambios de orientación espacial. Para niños con hiposensibilidad las mantas pesadas, abrazos fuertes o chalecos pesados ayudan a calmar el sistema nervioso y a proporcionar una sensación de seguridad.

Este sentido desempeña un papel fundamental en el desarrollo físico, emocional y cognitivo de los niños. Para fortalecerlo es necesario realizar actividades divertidas que promuevan movimiento, coordinación y equilibrio. Esto impulsa su confianza y les permite explorar el mundo con mayor seguridad y autonomía.

Interoceptivo

Es la capacidad del cuerpo para percibir y procesar señales internas, como las sensaciones relacionadas con el estado fisiológico del cuerpo. Esto incluye la percepción de hambre, sed, temperatura corporal, frecuencia cardiaca, respiración y otros procesos internos.

La interocepción es crucial para mantener el equilibrio interno del cuerpo (homeostasis) y para la regulación emocional. Las personas que tienen una buena interocepción pueden identificar y responder adecuadamente a las necesidades de su cuerpo y a sus estados emocionales.

El umbral del dolor tiende a ser muy alto en niños con alguna alteración en este punto. No sienten, por ejemplo, las ganas de ir al baño. Nosotros tenemos que invertir mucho esfuerzo en enseñarles a identificar cada una de sus sensaciones y a ponerles nombre: "Esto que sientes es hambre, esto es sed, esto es tener ganas de ir al baño", etcétera.

A estos niños les cuesta identificar qué siente su cuerpo y qué son sus sentimientos. Yo lo entendí perfecto con mi último hijo; hoy tiene 11 años y hasta la fecha le cuesta identificar cuál es la sensación que tiene cuando le duele la cabeza. De pequeño, cualquier sensación la expresaba como aburrimiento, incluso el hambre, el sueño y la temperatura, porque no tenía noción emocional.

Una vez le pregunté a Fer:

—¿Fer, me quieres?

—Sí, ma.

Pero yo notaba que lo decía como una respuesta automática.

—Fer, ¿sientes que me quieres?

—Ma, ¿cómo se siente eso?

—Como algo bonito dentro de ti.

Y su respuesta fue:

—Pues no, me siento normal, como siempre.

Ahí me di cuenta de que **no todo ser humano puede sentir sus emociones; aun así, racionalmente saben lo que son las emociones.**

Así pues, se vuelve crucial que, como padre, puedas reconocer e identificar la hipersensibilidad que tu hijo tenga en alguno de sus sentidos. Al comprender mejor su sensibilidad, podrás ser más empático y adaptar las situaciones diarias para minimizar su incomodidad. Esta intervención no solo ayuda a reducir el estrés y la ansiedad que puedan experimentar, sino que también fortalece la relación entre tú y tu hijo, creando un ambiente de comprensión y apoyo. Cuando los padres se anticipan a las necesidades sensoriales de sus hijos están contribuyendo a su bienestar emocional y a su desarrollo saludable, permitiéndoles sentirse seguros y respetados en su entorno.

Ahora sí, vamos a desglosar los conceptos clave sobre los que girarán los temas de este libro.

¿Qué es la hipersensibilidad?

Comencemos por entender qué es la hipersensibilidad. Estamos ante un rasgo de la personalidad que se caracteriza por una mayor sensibilidad del sistema nervioso y una mayor profundidad en el procesamiento cognitivo y emocional de los estímulos. Las personas que son hipersensibles suelen tener reacciones más intensas a los estímulos sensoriales, emocionales y sociales. En otras palabras, es cuando un niño tiene varios filtros sensoriales muy abiertos, y estos le impiden procesar la información con claridad. Esto provoca que se desorganicen fácilmente y tengan conductas "inadecuadas" o muy reactivas.

El extremo más elevado de la hipersensibilidad se manifiesta con el autismo. **Dentro de este espectro hay una gama muy grande, que va desde el autismo hasta niños que tienen problemas de integración sensorial, déficit de atención con y sin hiperactividad, Asperger (aunque en la quinta edición del *Manual diagnóstico y estadístico de los trastornos mentales* [DSM-5] ya no se considera como trastorno) y dislexia, entre otros.**

Todo niño diagnosticado con estos trastornos entra dentro de la hipersensibilidad.

El problema es que cuando los hijos son tan pequeños, uno como papá no lo sabe identificar, e incluso un especialista no lo puede determinar como trastorno, porque la criatura no tiene la edad suficiente (la alcanzará alrededor de los siete años) para recibir un diagnóstico profesional.

Algunos de los síntomas más evidentes de los niños con hipersensibilidad son:

* La distracción es una constante; mantener la concentración incluso durante 10 minutos se vuelve algo complejo.
* Les cuesta trabajo seguir instrucciones.

* Los entornos amenazantes o excesivamente estimulantes son abrumadores, y sus reacciones a menudo son extremas.
* Pueden ser niños con un coeficiente intelectual (CI) más alto del promedio.
* Recurren a movimientos repetitivos como una estrategia para mitigar el ruido, siguiendo patrones que contrarrestan los estímulos.
* Los cambios les resultan sumamente complicados; ya sean unas vacaciones, eventos sociales o cambio de escuela, por mencionar algunos ejemplos.
* Les cuesta mucho trabajo hacer contacto visual.
* No entienden la interacción social.

Recuerda que tu hijo no tiene que cumplir con todos estos rasgos, cada niño hipersensible manifestará características distintas.

En mi caso, cada vez que organizaba una fiesta de cumpleaños para alguno de mis hijos o cuando iban a la fiesta de algún amiguito, Pato solía armar una guerra de gritos y llantos. No podía soportar el caos que percibía: niños corriendo y gritando, los payasos o animadores, la música, etcétera, eran demasiado para él. El ruido, el movimiento y los estímulos lo abrumaban tanto que terminaba llorando y mostrando una agresividad que me preocupaba.

Recuerdo en especial una fiesta de Pame que celebramos en un jardín muy amplio. Pensé que el espacio grande podría ser más manejable para él, pero a los 20 minutos ya estaba molestando a unos niños y lastimando a otros porque no podía manejar la ansiedad de tantos estímulos. Estaba alterado. Lo recuerdo con claridad: comenzó a hacer un berrinche, gritaba sin parar y no entendía lo que le estaba pasando, mientras mi hija se frustraba porque sentía que su fiesta se estaba arruinando.

Me partió el corazón, pero la única solución para que dejara de sufrir tanto fue meterlo en mi camioneta y poner *Shrek*, su película favorita. Fue un dolor enorme no poder disfrutar de la fiesta con él, pero esa fue la única forma de darle un espacio de paz.

Asimismo, el juego en niños hipersensibles tiende a ser repetitivo y estereotipado, como alinear juguetes, girar objetos, abrir y cerrar puertas o cajones o repetir la misma acción una y otra vez. Prefieren jugar solos, no con otros niños. Sus intereses son intensos y restringidos a ciertos temas o tipos de juguetes.

Aunque parezca extraño, a través de escuchar a numerosas familias he encontrado que el interés por los dinosaurios, los planetas y los animales es muy característico de estos niños. Por ejemplo: Miguel era un niño muy tranquilo. Tenía solo un año y medio cuando estábamos disfrutando de unas vacaciones con mi familia y la suya. Durante ese tiempo noté conductas que llamaron mi atención de inmediato. Era muy pasivo y podía quedarse en su silla sin moverse durante largo tiempo, a menudo "aleteando sus manitas". Aunque su mamá decía que así le gustaba estar, yo sospechaba que algo no estaba del todo bien. Ese aleteo era una señal de autorregulación emocional.

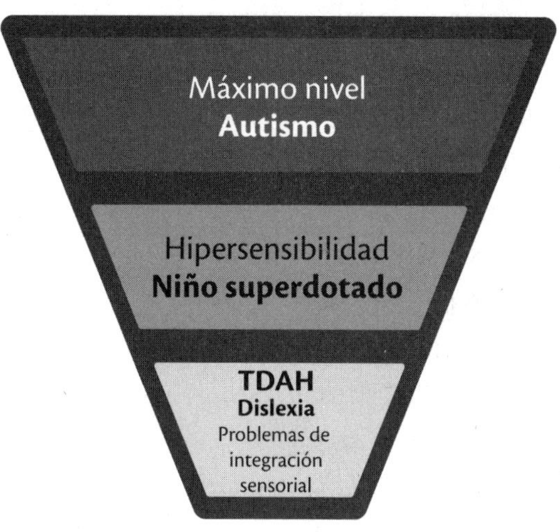

Figura 1.1. Diagnósticos que entran en la hipersensibilidad

Pasaba horas observando cómo giraba el ventilador de la sala, manipulaba sus cochecitos, volteándolos para girar las ruedas o alineándolos perfectamente en un orden específico. Esto lo hacía todos los días. Cuando intentaba jugar con él lanzando el coche de un lugar a otro se molestaba mucho y me alejaba. Además de estos rasgos en su juego, también noté su selectividad con la comida y su sensibilidad a las texturas. Evitaba tocar la arena de la playa; caminar descalzo en el pasto era imposible para él. Muchas veces sus llantos eran tan intensos que parecían interminables. Entonces me di cuenta de que podría tener una hipersensibilidad y que era necesario comenzar a trabajar en ello de inmediato.

El impacto que puede generar la hipersensibilidad en la vida diaria de nuestros niños es...

No todos los niños vivirán las mismas situaciones; cada uno tendrá déficits distintos, pero todos son susceptibles de trabajarse si nos dedicamos a ello. El riesgo de no atenderlos podría generar las siguientes consecuencias:

* Atraso en el neurodesarrollo.
* Problemas de lenguaje y comunicación.
* Problemas en lectoescritura.
* Dificultad en el procesamiento de la información.
* Reacciones emocionales fuertes.
* Agresión.
* Dificultad en leer las señales sociales.
* Desbordes emocionales.

Hiposensibilidad

La hiposensibilidad infantil es una condición en la cual el niño muestra una respuesta disminuida o menor sensibilidad hacia estímulos sensoriales que normalmente activarían respuestas en otros niños.

Entra dentro del espectro de la hipersensibilidad, pero en el caso del hipersensible, detectar los déficits es más fácil. Al contrario, **el niño hiposensible puede ser un poco más complicado de detectar, ya que no manifiesta conductas tan evidentes hasta que va creciendo un poco más. Al ser tan sensible su cerebro activa un mecanismo de defensa muy alto para evitar sentir, y parece que está desconectado de sus sentimientos.** Además, no suele tener reacciones tan abruptas como el niño hipersensible.

Algunas de las características que más se presentan en estos niños son:

* Puede parecer que están cansados constantemente.
* Les falta motivación para hacer cosas.
* Umbral del dolor alto.
* Dificultad para expresar y sentir emociones.
* Suelen ser muy rígidos (inflexibilidad cognitiva).
* La interacción social es un reto, y tienen dificultad para leer las señales sociales.
* Su lenguaje es literal y no entienden el sentido figurado.
* Pensamiento muy concreto.
* Les cuestan mucho trabajo los cambios.
* Pueden ser muy pasivos.

Mi tercer hijo, Fer, es hiposensible. Al igual que muchos niños con hiposensibilidad, funcionaba de manera rígida y obediente, casi como un robot. Su lenguaje era literal y no entendía el doble sentido. No estaba en contacto con sus sentimientos. Ya comenté que, alrededor de los cinco años, le pregunté si sentía amor por mí, y cómo se sentía eso. Le di la explicación que toda mamá daría, pero no parecía comprenderlo del todo.

Me di cuenta de que, aunque sabía que me quería, él no sentía el amor. Era como si estuviera emocionalmente desconectado e inmerso en su propio mundo.

Desde que nació hasta el año y tres meses no paraba de llorar día y noche. Me llamaba la atención que cada vez que le daba su mamila, lloraba descontrolado a mitad de la toma y no volvía a comer. Su propio cuerpo no podía procesar el alimento, y esto le causaba dolor.

No entendía lo que le ocurría hasta que, a los 10 meses, le diagnosticaron una intolerancia a la proteína de la leche y reflujo silencioso. Fue un periodo bastante desesperante; ningún medicamento ni cambio de fórmula lograba aliviar su malestar. Durante casi un año sufrió intensamente. Con el tiempo, comprendí que su cerebro había tenido que desarrollar defensas adicionales para sobrevivir al dolor, dado que su necesidad primaria era alimentarse.

Por lo regular estos niños no identifican lo que sienten, no leen las señales sociales y evitan a toda costa mostrarse vulnerables. Les cuesta mucho trabajo equivocarse y reconocer su error. El umbral del dolor tiende a ser muy alto, pero son muy frágiles por dentro; aunque los gritos y las agresiones los afectan intensamente, solo demostrarán enojo y resistencia.

A Fer le decíamos el Chicle porque cada vez que se lastimaba o se caía no manifestaba signos de dolor. Incluso, cuando les aplicaban vacunas, Pato lloraba porque sentía mucho dolor, como es normal en muchos niños; en cambio, Fer no hacía ni una mueca.

Le gustaba utilizar siempre la misma ropa y los mismos tenis; cuando su piecito crecía y ya no le quedaban demostraba su enojo a través de desbordes emocionales muy fuertes. Era agotador, pero entendí que para él salirse de su rutina y estructura era muy amenazante.

La ida al baño

Hacer popó en el inodoro puede ser una experiencia angustiante y abrumadora tanto para el niño como para los padres. El miedo y la ansiedad son factores clave en este acto que para algunos niños puede parecer insignificante, mientras que para otros se convierte en un reto mayor.

Existen diversas razones que pueden provocar esta situación. Por ejemplo: si el niño ha tenido alguna experiencia dolorosa al hacer popó, como el estreñimiento o desgarros, es probable que asocie el inodoro con el dolor y trate de evitarlo. Además, algunos niños sienten que pierden el control al liberar sus heces en el inodoro, lo que puede generarles miedo, ansiedad y, en consecuencia, resistencia.

Te quiero platicar la historia que viví con uno de mis hijos; al recordar esa etapa, vuelvo a sentir la angustia, el sufrimiento, la frustración y la impotencia de no poder ayudarlo.

Cuando tenía tres años y medio, le quité el pañal porque lo vi listo para subir al siguiente escalón. Logró no tener accidentes de pipí desde el primer día; su rigidez le dictaba tener que ir al inodoro al no tener pañal. Pero con la popó fue un martirio; no se atrevía a sentarse en su inodoro, pero tampoco quería hacer en el pañal. Se aguantaba por días hasta que ya no podía más. Veía su carita con un sufrimiento inmenso, parecía que iba a explotar. Siempre estaba atenta a él, con una preocupación constante. Cuando veía esa carita, salía corriendo, lo cargaba y lo llevaba a toda velocidad para sentarlo. Probé todas las estrategias para convencerlo: premios como juguetes, dulces y dinero. Compré libros para leerle cuentos y hasta llegué a gritar, amenazar y, en ocasiones, avergonzarlo, al no comprender cómo podía ser que no lo lograra. Sin embargo, nada funcionaba.

Así estuve un año o un poco más. Logré entender que para él era algo sumamente amenazante, como si sintiera que se iba a romper por dentro, era un miedo impresionante a soltar.

¿Cómo lo logré? Después de entender a fondo cómo funciona el cerebro, quién era él y reconocer su miedo, encontré la respuesta: yo era su respuesta.

Decidí realizar estas dos acciones clave. Primero, él tenía que sentir que yo validaba el miedo que experimentaba y, segundo, darle el espacio para llorar conmigo la frustración de no poder evitar que la popó saliera de su cuerpo.

Recuerdo una escena en la que estábamos sentados en el suelo frente al inodoro. Le dije con un tono de voz muy cálido:

—Sé que tienes mucho miedo, ¿verdad? Es muy difícil para ti, y desearías nunca tener que hacer popó.

Asintió con tristeza y sus ojitos se llenaron de lágrimas. Lo abracé con fuerza y le dije:

—Te entiendo, pero no hay nada que podamos hacer, la popó sale del cuerpo todos los días.

Lloraba abrazado a mí, con un dolor profundo, y gritaba:

—¿Por qué, mamá? ¡No quiero, no quiero!

Yo le respondía:

—Lo sé, mi chiquito, sé que no quieres. De verdad lo siento y aquí estoy para ayudarte.

Después de esa intensa escena, como por arte de magia nunca más hubo un problema para ir al baño. Pudo llorar su miedo a mi lado, y eso lo transformó.

¿Qué es la alta sensibilidad?

La alta sensibilidad es un rasgo de personalidad identificado por la doctora Elaine Aron en los años noventa. En su libro

Niños altamente sensibles explica que alrededor del 15 al 20% de la población tiene este rasgo, que se caracteriza por una mayor sensibilidad tanto sensorial como emocional.

Las personas con alta sensibilidad perciben y procesan los estímulos de manera más profunda y detallada que la mayoría. Son muy conscientes de los detalles en su entorno, empáticas con las necesidades de los demás y pueden verse fácilmente afectadas por ruidos fuertes, luces intensas o situaciones emocionales poderosas.

En los niños, la alta sensibilidad se manifiesta como una respuesta más intensa y profunda a los estímulos sensoriales, emocionales y sociales en comparación con la mayoría de los niños. Su cerebro está en estado de alerta constante, y esto genera niveles de ansiedad mucho más altos.

A diferencia de la hipersensibilidad, los niños con alta sensibilidad pueden tener algunos filtros sensoriales más abiertos, pero estos no los desorganizan en su procesamiento del día a día, es decir, no los afectan a un nivel que les impida desarrollarse adecuadamente. Puede ser que tu hijo tenga solo el filtro táctil o el visual abierto, pero esto no impacta en su neurodesarrollo ni le impide llevar su vida con normalidad.

En su mayoría, los niños altamente sensibles también son altamente funcionales. Por lo tanto, los padres esperan que lo hagan todo por sí solos porque tienen la capacidad. Pueden parecer independientes y maduros, pero es crucial reconocer su capacidad para ocultar sus emociones.

Algunas características que pueden tener:

* Se les facilita seguir instrucciones y tienden a ser perfeccionistas.
* Suelen ser muy conscientes de los detalles.
* Tienen una gran vida interior.

* Son especialmente sensibles al dolor emocional o a las críticas.
* Viven con mucha intensidad.
* Pueden interpretar con facilidad el estado anímico de las personas.
* Son niños con un procesamiento muy profundo, que se cuestionan, te observan, te analizan y se interesan por datos muy curiosos; llegan a obsesionarse con ciertos temas.
* Son sumamente empáticos con las emociones de los demás, lo que se evidencia cuando defienden a sus hermanos de un regaño o sufren al verte sufrir, ya que perciben el mundo con mucha sutileza.
* Se sienten heridos con facilidad.

¿Te ha pasado que cuando regañas a uno de tus hijos, el hermano te pide que por favor ya no lo regañes y sale en su defensa? Son niños tan empáticos que reciben los regaños de su hermano como si estuvieran dirigidos a ellos también. Les cuesta ver a la otra persona sufrir.

El impacto en estos niños puede incluir:

* Exceso de estrés y ansiedad.
* Algunos se distraen con facilidad.
* Tienen ciertos filtros sensoriales abiertos.
* Pensamiento rumiante.
* Desbordes emocionales.
* Sentimientos de inseguridad.
* Reprimen emociones.

Nota: Todo niño hipersensible posee una alta sensibilidad, pero no todo niño altamente sensible presenta hipersensibilidad.

Diferencias y similitudes entre el niño altamente sensible e hipersensible

Los niños altamente sensibles no suelen tener problemas en su procesamiento y pueden desempeñarse bien tanto en la escuela como en su vida diaria. Aunque a veces pueden parecer distraídos, también son capaces de mantener el enfoque. Estos niños pueden mostrar signos de hipersensibilidad cuando están expuestos a demasiadas heridas o amenazas.

Para identificar si esto le ha ocurrido a tu hijo, observa si de un momento a otro comienza a tener problemas de conducta significativos. Es posible que su desarrollo avanzara con normalidad, pero que se haya detenido de repente debido a la activación de las defensas del sistema nervioso.

Por otro lado, los niños con hipersensibilidad enfrentan dificultades en su desarrollo. Las amenazas que su cerebro percibe son tan intensas que frenan su crecimiento e impiden que realicen tareas que otros niños de su edad ya dominan.

En el cuadro 1.1 puedes observar las principales diferencias en su procesamiento. Las conductas pueden variar de niño a niño.

Niños altamente sensibles No tienen problemas en el procesamiento sensorial	Niños hipersensibles
Sistema nervioso más alerta	
Generan defensas al sentirse lastimados.	Desde que nacen su cerebro genera defensas.
No recuerdan eventos fuertes.	Sí recuerdan eventos fuertes.
No ven el rechazo social.	No entienden la interacción social.
Los filtros sensoriales no los desorganizan.	Varios filtros sensoriales muy abiertos. (Se desorganizan.)
Pueden anular el ruido en lugares de mucho estímulo.	Evitan lugares con mucha estimulación.

Niños altamente sensibles No tienen problemas en el procesamiento sensorial	Niños hipersensibles
Sistema nervioso más alerta	
La atención la ponen en lo que les interesa y olvidan lo demás.	No hay prioridad a qué ponen atención.

CUADRO 1.1. Diferencias entre los niños altamente sensibles e hipersensibles

La principal similitud entre los niños con hipersensibilidad y alta sensibilidad es que ambos tienen el filtro emocional muy abierto. Es importante entender bien el significado de este concepto, ya que impacta de forma significativa en su desarrollo.

Ahora bien, así como existen los filtros sensoriales, también existe uno llamado filtro emocional. Este se encuentra dentro del sistema límbico del cerebro, lo que significa que las emociones entran de manera muy intensa. Ellos no pueden controlar la intensidad de lo que sienten, por eso es frecuente ver "bandazos" en sus emociones: pasan de la alegría y felicidad a un enfurecimiento en segundos. Todas las emociones entran de golpe y con una fuerte intensidad, como el miedo, la ansiedad, la alegría o la tristeza. Todo lo sienten más exacerbado, y al ser tan sensibles es muy fácil como padres herirlos.

Una mirada fuerte, un tono de voz elevado o un simple comentario como "hazte para allá" llega a dolerles sobremanera.

Estos niños son esponjas, sienten tus emociones, tu estado de ánimo, la energía de las demás personas. ¿Te ha pasado que tu hijo no quiere que se le acerque algún pariente o conocido y no entiendes por qué? ¿O que te diga: "No me grites" o "No me hables feo"? Claro, a ningún niño le gusta que le griten o le hablen en voz alta, pero para estos niños, incluso tu forma natural de hablar puede percibirse como un grito.

Ellos tienen un radar de 360 grados, están en todo, son muy observadores y se fijan en detalles que otras personas no notarían.

En la figura 1.2 el corazón representa nuestras emociones, que se encuentran en el sistema límbico del cerebro. En el primer recuadro vemos cómo alguien con un cerebro neurotípico vive las emociones. Las compuertas (las líneas punteadas) hacen que la emoción (la luz que representa la intensidad emocional) no llegue de manera abrupta, lo que facilita la regulación emocional.

En el segundo recuadro observamos que los filtros están más abiertos. Por lo tanto, cualquier emoción llega mucho más directamente, y todo se vive con más intensidad, tanto la alegría como la tristeza, el enojo, el miedo, la ansiedad, el rechazo, la ilusión.

La consecuencia de sentir todo de forma potenciada es que se es mucho más susceptible a ser herido, lo que genera que el cerebro, al estar expuesto a muchas heridas, active el mecanismo de defensa y evite sentir vulnerabilidad.

Figura 1.2.

¿Te has preguntado por qué tus hijos explotan con intensidad por alguna situación que ni siquiera lograste comprender?

Ellos reciben pequeñas heridas por parte de nosotros, sus padres, sin que nos demos cuenta. Imagina que felicitaste a uno de tus hijos porque sacó muy buenas calificaciones. Tu otro hijo (el sensible) observa tu cara de orgullo, oye tus palabras de cariño y, sin darte cuenta, recibe una herida emocional y la responde aventando el plato de la mesa o gritando para llamar tu atención.

Por supuesto que ni siquiera estaba en tu mente la posibilidad de que ese comentario hiriera profundo a tu hijo. Pero en su mente, él ya se está percibiendo como un tonto, pensando que prefieres a su hermano, que él no da el ancho, etcétera.

Otro ejemplo es cuando tu hijo está expectante porque le prometiste llevarlo a algún lado y no cumples la promesa. Ellos lo viven como una herida de traición, lo que provoca explosiones emocionales muy fuertes. Un error muy común que cometemos los padres es invalidar sus reacciones emocionales con frases como: "No seas exagerado", "No te pongas así", "Qué dramático eres", "No puedes reaccionar así por eso".

Eso lastima la relación y hace sentir al niño que hay algo mal dentro de él por reaccionar de ese modo. Lo más duro para ellos es sentir o pensar que sus padres ya no los van a aceptar o querer por haberles fallado. Por eso es fundamental ser mucho más conscientes del impacto que tienen nuestras palabras y expresiones.

¿Qué son las defensas emocionales?

Todos los seres humanos contamos con un sistema de defensas para protegernos ante una amenaza, y en cuanto esa amenaza desaparece las defensas bajan en automático. Las defensas en estos niños son como escudos que su cerebro levanta para protegerse del mundo. **Son estrategias psicológicas inconscientes que utilizan tanto niños como adultos para protegerse de pensamientos y sentimientos dolorosos o inaceptables.** En pocas palabras, es la capacidad del cerebro para evitar sentir dolor: la vulnerabilidad. Para los niños hipersensibles, estas defensas se activan desde el nacimiento y, por lo general, no disminuyen; es como si siempre estuvieran en "guardia". El mundo les resulta abrumador debido a la cantidad de estímulos sensoriales que reciben simultáneamente, lo que lleva al cerebro a activar esas defensas para sobrevivir.

A medida que el cerebro de los niños se desarrolla, se enfoca en dos funciones principales: defenderse ante una amenaza y madurar. No puede hacer ambas cosas al mismo tiempo, así que siempre prioriza la supervivencia. Por esta razón, en los niños con hipersensibilidad el proceso de madurez puede verse estancado.

Otro costo para estos niños es que no pueden depender de sus padres. En general, la dependencia nos otorga a los padres la capacidad de guiarlos, orientarlos y cuidarlos; sin embargo, depender de papá o mamá los coloca en una posición vulnerable, algo que ellos evitan a toda costa.

Los niños altamente sensibles no nacen con esas defensas, como en los hipersensibles. **Ellos las desarrollan en respuesta a experiencias específicas de dolor emocional, rechazo o estrés.** Esto atorará su proceso de madurez y verás a las defensas actuando a través de conductas inadecuadas.

Ya sea que tu hijo haya tenido "malas experiencias" desde su nacimiento o a lo largo de su corta vida, sabemos que hay defensas que impiden su madurez adecuada. Nuestro trabajo consiste en bajar esas defensas para ayudarlo a desbloquear su proceso de desarrollo.

Cuando estas defensas se instalan constantemente, el niño puede actuar de manera inadecuada, lo que obstaculiza su neurodesarrollo. Algunas conductas que podemos observar incluyen la falta de percepción de riesgos, la impulsividad, la reactividad y la dificultad para aprender de las consecuencias. También les cuesta aceptar límites, tienden a ser egocéntricos e inseguros y no logran anticipar cuándo se meterán en problemas, ya sea al responder mal o al golpear a un hermano. En ocasiones, ni siquiera les importa ser castigados.

Estos niños experimentan una gran frustración en su vida, que a menudo se manifiesta en desbordes emocionales o ataques, ya que no pueden encontrar el descanso necesario para madurar y sentir conexión. Es como si tuvieran que estar en alerta constantemente, aunque no exista una amenaza real. A este estado constante lo llamamos ansiedad. Más adelante hablaremos sobre cómo bajar las defensas.

Quiero aclarar que las defensas no son malas; son necesarias para sobrellevar situaciones estresantes donde los niños están expuestos a muchas heridas. La clave radica en que estos niños encuentren en su hogar un sitio seguro con papá y mamá y que allí puedan bajar esas defensas y ser ellos mismos en tranquilidad.

Estoy segura de que en alguna ocasión has vivido esto. Tal vez has ido a un evento social donde pones mucho esfuerzo en arreglarte, lo que te genera estrés al pensar que todos estarán muy bien vestidos y podrían juzgarte. Al llegar, te das cuenta de que hay mucha gente y no conoces a casi nadie. Por fin te sientas en tu mesa y llega la hora de socializar. Pones tu mejor sonrisa, hablas de cosas superficiales y los minutos parecen durar el doble. Te levantas al baño y sientes las miradas sobre ti. Por fin llega el momento de irte, y al llegar a casa sientes un alivio inmenso al poder ser tú mismo y no tener que estar en una alerta constante. Ese sentimiento es el que quiero que compartas con tu hijo: que sienta que su casa es ese lugar de descanso, no un lugar de amenazas y correcciones constantes.

Si no tienes claro si tu hijo tiene híper o alta sensibilidad, no te preocupes; no todo encaja a la perfección. Esto es solo para que tengas una idea más clara de dónde te encuentras.

La buena noticia es que la intervención para el manejo de los niños es la misma, y cuantas más defensas tenga el cerebro del niño, más tiempo puede tomar el proceso. Lo único que necesitan es un adulto a cargo.

La importancia de la vulnerabilidad

Es un error pensar que ser vulnerable ante los demás es un signo de debilidad; en realidad es todo lo contrario. La vulnerabilidad te fortalece, ya que te abre a un mundo de crecimiento personal y autenticidad. Cuando reconoces y aceptas tus emociones, miedos e inseguridades, en lugar de esconderlos, te permites enfrentar tus desafíos de frente. Esto no solo te ayuda a superar obstáculos, sino que también te enseña a vivir con más empatía, autenticidad y valor.

Cuando los padres observan la vulnerabilidad en sus hijos suelen experimentar una mezcla de emociones. Muchos sienten un fuerte impulso de proteger, tratando de "arreglar" la situación rápidamente, lo que puede invalidar, sin querer, los sentimientos del niño. Otros pueden molestarse, en especial si no están en sintonía con su propia vulnerabilidad, lo que podría llevarlos a minimizar lo que sucede, evitar el tema o incluso atacar al niño. Por ejemplo: "Si sigues llorando, te voy a castigar" o "No puedes sentir miedo, ya tienes ocho años". Algunos padres sienten dolor al escuchar que su hijo se siente solo en el recreo y no tiene amigos, y pueden intentar cambiar el tema para evitar que sienta ese dolor.

La forma en que los padres reaccionan ante la vulnerabilidad de sus hijos tiene un impacto profundo en cómo los niños aprenden a manejar sus propias emociones.

¿Cuál es el costo de frenar las emociones y evitar la vulnerabilidad?

Según el doctor Neufeld, el motor de la madurez tiene que ver con la capacidad del niño de poder sentir y expresar emociones vulnerables.

Un caso muy frecuente en consulta es cuando los padres comentan que ya no pueden con los berrinches tan fuertes de sus hijos en medio de un evento, una comida familiar o un restaurante. Como padres, nos sentimos muy incómodos y avergonzados por el comportamiento de nuestros hijos. Sentimos que todo el mundo nos mira y nos juzga por no controlar a nuestros niños. Eso genera tal frustración en nosotros que comenzamos a atacar al niño, amenazándolo, regañándolo, avergonzándolo, y pensamos que eso va a funcionar, aunque muchas veces solo lo empeora. Además de la frustración inicial, causante del berrinche, ahora tu hijo se siente más herido por efecto de la desconexión emocional con papá o mamá.

Enfrentar heridas constantemente ocasiona que el cerebro genere defensas para no sentir vulnerabilidad (dolor).

Esas defensas "extra" impedirán que el niño vea que sus acciones pueden traerle problemas, lo que tiene como consecuencia que se endurezca emocionalmente.

> El problema no son las emociones de los niños, sino cómo reacciona el adulto ante esas emociones desbordadas.

En muchas ocasiones no nos damos cuenta de que somos nosotros los padres los que causamos sus explosiones a través de una crianza condicionada, amenazante, llena de castigos, de regaños y con falta de empatía.

Los niños tienden a eludir sentirse vulnerables porque son heridos con facilidad, y el cerebro siempre elegirá defenderlos; el costo será que no podrán relacionarse de forma profunda.

Necesitamos ser su lugar seguro. Sabemos que, si hay defensas, es probable que se equivoquen. Es fundamental reconocer y validar los sentimientos de nuestros niños, ofreciéndoles un espacio sin juicios donde puedan expresarse sin miedo a las consecuencias y encuentren descanso.

Nos pasa a todos: los hijos no vienen con un manual, pero el problema es que no nos damos a la tarea de conocer a nuestros hijos a fondo. Hoy tienes la oportunidad de verlos desde otro lugar, con compasión, ternura y empatía. Comprende que tu hijo no hace las cosas a propósito para molestarte o manipularte; únicamente responde a una condición de su sistema nervioso, y si no la entendemos, no seremos los padres que ellos necesitan.

Conocer y comprender cómo funcionan los filtros emocionales en niños hipersensibles y altamente sensibles nos permite ser más empáticos y conscientes en nuestra crianza. Estas diferencias no son defectos, sino características únicas que requieren un enfoque especial de nuestra parte como padres. Nuestros hijos necesitan sentirse seguros en su hogar, un lugar donde puedan bajar sus defensas y ser ellos mismos. Ser conscientes de nuestras palabras, acciones y reacciones frente a sus emociones no solo fortalece nuestra conexión con ellos, sino que también les ayuda a desarrollar su capacidad de regularse emocionalmente. Recordemos que, como adultos responsables, somos los guías que les muestran que la vulnerabilidad no es una debilidad, sino una fortaleza que les permitirá crecer, madurar y construir relaciones auténticas a lo largo de su vida.

Retos para los padres

Al final de cada capítulo encontrarás una sección de retos para ti. La idea es implementar estas nuevas prácticas para poco a poco ir conectando más con el mundo de tus hijos.

1. **Acepta a tu hijo por quien es, no esperes que sea la persona que tú quieres que sea.** Estos niños tienen un

sistema nervioso distinto, procesan las cosas de manera diferente, viven de forma intensa, y puede que no quepan dentro del molde de niño neurotípico, pero cuando veas que en el fondo hay un niño con una sensibilidad y un potencial inmensos, te sorprenderás de lo que puede conseguir. La empatía y la comprensión son necesarias para ayudarlos.

2. **Modifica estímulos sensoriales que lo alteren.** Si ya sabes que cierta textura del suéter le molesta, entonces cambia el material textil. Si sabes que le molesta que la peinen con trenzas, hazle un peinado que no le cause dolor. Flexibilidad y empatía son herramientas clave. A veces, permitirles descansar o ajustar sus rutinas escolares puede ser necesario para que funcionen mejor.
3. **Evita escenarios que lo lastimen.** Si cuando va a una fiesta, a casa de los primos o a clase de karate termina lastimado innecesariamente y tiene reacciones inadecuadas, puede ser que ese sea un lugar muy amenazante para su cerebro. Por lo tanto, no lo expongas a situaciones que lo lleven a su límite.
4. **Busca espacios donde se relaje.** Estos niños necesitan menos estímulos, contrario a lo que nos han dicho. Su cerebro ya está sobreestimulado. Necesitan más espacios donde su cerebro pueda descansar y relajarse. Más salidas al parque, salidas a la naturaleza, materiales para crear. Más juego libre sin reglas, donde ellos puedan explorar. Menos es más para el cerebro de estos niños.
5. **Observa qué le está causando ruido.** Será fundamental que estés muy atento a qué genera "ruido" en su entorno. Recuerda que tal vez algo tan simple como la etiqueta de una playera no le permite poner atención en clases.

Ahora que sabes que tu hijo lucha todos los días por vencer esas amenazas y contrarrestar esos estímulos, te toca estar al pendiente de él para eliminar lo más posible esos distractores.

El propósito en el resto de los capítulos será aprender cómo adaptar nuestro entorno e incluso adaptarnos nosotros para poder ir derritiendo poco a poco las defensas de nuestros niños.

Mi meta no es solo enseñarte a bajar sus defensas para mejorar su conducta. La obediencia se consigue solo cuando fortalecemos la relación con nuestros hijos. Mediante nuestra empatía y comprensión logramos ablandar su corazón; nosotros somos los encargados de proteger sus corazones de heridas innecesarias.

Una tarea más... Recuerda tu infancia. Analiza un poco si durante tu niñez tenías rasgos o reacciones similares a las de tu niño. Haz consciencia para descubrir si tú también tienes filtros sensoriales o emocionales más abiertos. Esto no solo funcionará para identificar las necesidades de tus pequeños, también te ayudará a comprender las tuyas. Es impresionante aprender algo de ti mismo que no conocías, más aún cuando has vivido con esta condición a lo largo de toda tu historia. Necesitamos despertar empatía y ternura para comprendernos a nosotros mismos y a nuestros hijos.

Quiero que tu niño se sienta amado, protegido y valorado por ti, estamos empezando desde la raíz, y créeme que estamos preparando el terreno para que pueda despegar. Estos son los primeros pasos para que veas una transformación en él, en ti y en tu familia.

CAPÍTULO 2

EL MAPA DE TU HIJO

Ya tenemos un panorama de los rasgos más comunes que muestran tanto los niños altamente sensibles como los hipersensibles. Identificar estas señales es el primer paso para convertirnos en aquellos papás que protegen la seguridad y el bienestar de sus pequeños, y que crean un ambiente amable para fomentar un desarrollo sano y seguro. Esta metodología no busca cambiar a los hijos, no busca quitarles su personalidad, sino convertirnos a los padres en proveedores de seguridad, amor y calidez.

Lo último que necesitan estos niños es tener una crianza que les infunda miedo, o, por el contrario, unos padres sobreprotectores; los padres necesitamos creer que todo ser humano puede evolucionar si se dan las condiciones necesarias.

La sensibilidad es una característica innata, no se quita con el tiempo y no tiene nada de malo. Incluso como adultos seguimos luchando para contrarrestar los síntomas, como aislarte de lugares abrumadores o adaptar rutinas que te ayuden a sobrellevar tu día. La sensibilidad se aprende a manejar, no se elimina.

Nuestros pequeños seguirán manifestando estos rasgos que son parte integral de su identidad. Sin embargo, lograremos que puedan adaptarse a las diferentes circunstancias que se les presenten a lo largo de su vida.

No todo es malo con estos niños; al contrario, tienen mucho potencial y un sinfín de talentos y aspectos positivos que muchas veces no notamos porque su energía no está dedicada a potenciar su madurez, sino a contrarrestar todo el ruido que entra en su mente. Con apoyo constante, estos niños pueden explorar todas sus capacidades para desarrollarse con plenitud.

¿Cuáles son los dones de estos niños?

Yo sé que si estás viviendo constantemente en conflicto y peleas con tus hijos es muy difícil verlos con compasión y ternura, sé que no dan ganas de ser lindos con ellos; al contrario, algunos nos despiertan sentimientos de ataque.

Debajo de esas defensas y sus conductas estos niños tienen muchos dones y talentos, son niños que tienen una vida interna muy rica, son intuitivos, con una mente reflexiva y profunda. Esto quiere decir que se cuestionan y que llegan a ver más allá de las situaciones, pueden leer muy bien las emociones y la energía de los demás. Viven con intensidad, saben disfrutar de su soledad y son sumamente empáticos con las necesidades de los demás. Estas características son innatas de la alta sensibilidad. Tienden a ser muy artísticos, les puede gustar mucho la música, tocar un instrumento, el baile, la actuación, pintar o dibujar.

Por ejemplo: ¿te ha tocado ver que tu hijo defiende o cuida a su hermano u otro niño más pequeño cuando ve que está en una posición vulnerable? ¿Te ha pasado que notan tu cansancio cuando estás enferma y te ofrecen ayuda o incluso te ofrecen cuidarte? ¿Has notado cómo les duele mucho ver a otro ser humano que la pasa mal?

Muchas veces las películas y otras experiencias audiovisuales les impactan sobremanera porque se meten de lleno en el personaje. Lo viven como si ellos fueran los protagonistas y sienten profundamente sus emociones.

Una vez llevé a Pato al teatro a ver la obra de *Billy Elliot*. Durante toda la función mi hijo no había parpadeado ni un segundo y tenía una cara de felicidad que evidenciaba su emoción... hasta que llegó la parte final. Billy arma su maleta mientras se despide de la gente que ama, decide irse de casa para estudiar ballet en una prestigiosa escuela; esta escena está hecha para conmovernos, pero a Pato esta escena lo rompió. Mientras bajaban el telón, Pato me soltó un golpe, y gritando con lágrimas me preguntó por qué lo había llevado a ver esa obra de teatro; lloraba con una mezcla de dolor y frustración. Fue impresionante ver cómo se había metido tanto a la historia que sintió que él mismo se estaba despidiendo para siempre de su familia.

Todo lo sienten de manera muy profunda e intensa. Además, son muy creativos, les gusta la naturaleza, los animales y los libros, tienen un talento nato para el arte.

Son muy inteligentes: muchos estudios arrojan que estos niños pueden tener un coeficiente intelectual por encima del promedio. En ocasiones no lo notamos porque las defensas no dejan que alcancen su máximo potencial, pero son niños brillantes.

Tus hijos van a demostrar todas estas características si somos consistentes con esfuerzo, paciencia y amor.

Cómo se forman el autoconcepto y la autoestima

El autoconcepto y la autoestima de un niño se desarrollan a partir de sus interacciones con personas significativas en su vida, como padres, familiares y maestros. Según Carl Rogers, un influyente psicólogo humanista, el autoconcepto se forma a partir de las percepciones y experiencias que el niño tiene de sí mismo, moldeadas por cómo los demás lo ven y reaccionan hacia él. La autoestima, por su parte, se construye a través de la evaluación de su propio valor y está profundamente conectada con la aceptación y el amor incondicional que recibe.

Para que un niño desarrolle autoconcepto y autoestima saludables es crucial que crezca en un entorno donde sus sentimientos sean validados y donde se sienta aceptado y respetado por quienes lo rodean, incluso cuando sus actitudes no son las más adecuadas.

Esto no significa suprimir las emociones, sino aprender a sentirlas y expresarlas de manera que no los afecten negativamente a sí mismos ni a los demás.

Embonar con expectativas

Todos los niños saben lo que mamá y papá esperan de ellos. No necesitas dar una cátedra sobre cómo actúan un niño bueno y un niño malo. Para estos niños, tremendamente analíticos, es muy fácil entender cuáles son las expectativas que tienen mamá y papá. Tu mirada de reprobación o aprobación dice más que mil palabras.

Tal vez miras con mucho orgullo a sus hermanos y les aplaudes cuando han tenido logros escolares, los felicitas por sacar dieces o incluso hablas maravillas de algún compañerito de clase que destaca en términos escolares, académicos.

Aunque directamente no le digas a tu hijo que te gustaría que mejorara sus calificaciones, él entiende que mamá quiere a los niños inteligentes que en su boleta tienen puro 10.

Algunos comentarios como este: "Mira, Lucía, tu amiga Mariana siempre que está con su mamá se porta bien y no anda molestando ni gritando" son suficientes para que el niño recuerde por siempre que a mamá le gustan los niños que están calladitos.

Si uno de sus hermanitos dice un chiste y tú te ríes, es suficiente para que tu otro pequeño interprete que mamá prefiere a los niños divertidos.

Los niños altamente sensibles captan con agudeza las expectativas que el mundo tiene de ellos, por eso se esfuerzan tanto por ser responsables y cumplir ese papel.

Por otro lado, los niños hipersensibles están demasiado concentrados en apaciguar todo el ruido que entra en su mente, así que no les queda espacio mental para esforzarse por caber en las expectativas de mamá y papá: su vida está llena de caos. Si no tienen la tranquilidad mental para madurar, mucho menos tendrán la capacidad de caber en el molde de las expectativas que tenemos para ellos. Pero ¿cuál molde?

Mamá y papá tienen un montón de aspiraciones para sus hijos. Tal vez papá quiere que su hijo sea un gran deportista, estudioso, sociable, amiguero, independiente, responsable y buen hermano. Tal vez mamá quiere que su hija sea muy obediente, compartida, que le guste el baile y que siempre haga su mejor esfuerzo. Pero estas expectativas no siempre están alineadas con la verdadera personalidad y los sueños de los niños.

Estas expectativas son potencialmente negativas; la obediencia, la docilidad y el buen rendimiento no son "de a gratis". El niño altamente sensible se convierte en todo lo que mamá y papá esperan de él a costa de sacrificar sus propios sueños, deseos e incluso su personalidad. Es frustrante para ellos intentar ser una persona que no son, porque ellos perciben que si muestran su verdadera personalidad dejarán de ser amados y aceptados. **Su cerebro recibe el mensaje de "no soy suficiente, solo me quieren si soy obediente, soy responsable, soy extrovertido, estoy alegre...", etcétera.** Esto repercute directamente en la autoestima de tu hijo. La lucha por mantenerse fieles a ese papel de perfección hace que repriman sus pensamientos y emociones, en lugar de desarrollar su auténtica personalidad, y esto puede generar un vacío emocional. Si este vacío no se aborda, puede perseguirlos y sembrar inseguridades que persistirán a lo largo de su vida. Para muchos de estos niños la búsqueda de la perfección se convierte en un mecanismo de defensa ante este contexto.

Así, empiezan a edificar en su mente un molde de quiénes se supone que deberían ser, qué roles deberían desempeñar y cómo eso les aseguraría que podrían sentirse amados y aceptados. Lo peligroso está en que si se salen de su papel y se portan pesimistas, tristes, ansiosos, preocupones, enojones, envidiosos, celosos, o cualquier emoción que se considere negativa pero que es normal y que todos experimentamos, ya no se sienten merecedores de amor, piensan que papá o mamá no los valorarán tanto porque a ellos no les gustan los niños con esas características. Entonces empezarán a almacenar un montón de sentimientos que en algún punto saldrán en forma de ataques de ansiedad o de pánico, estrés, explosiones emocionales y hasta déficit en áreas que previamente tenían muy dominadas.

Figura 2.1. **El molde de las expectativas**

En la figura 2.1 se explica muy bien el párrafo anterior. El área con pintura oscura representa todas las características "negativas" que existen en estos niños: flojera, apatía, inseguridad, pesimismo, celos, nerviosismo, etcétera.

Por otro lado, el área limpia y sin pintura tiene únicamente características "positivas". Niños cuidadosos, optimistas, obedientes, contentos, calmados, entre otras. Pero ¿acaso no tenemos todos derecho a sentir? ¿Los sentimientos son malos? ¿Deberíamos ser personas que se guardaran todo lo malo y expresaran tan solo lo bueno dentro de nosotros?

Claro que no, las emociones son naturales, es normal sentir celos cuando se tiene un nuevo hermano porque todo el tiempo de mamá ahora se divide entre dos; es normal cuando te enojas por injusticia, porque en el trabajo ascendieron a alguien solo por palancas y no por rendimiento; es normal que sientas tristeza porque tus planes no se dieron como esperabas.

Entonces ¿por qué nos inclinamos a catalogar y dividir emociones buenas y emociones malas, en vez de enseñarles a nuestros pequeños que es normal sentir, que lo importante es aprender qué hacer con esos sentimientos, cómo desahogarnos de forma eficiente y cómo rescatar lo bueno de lo malo? **La atención del niño no debe estar enfocada en embonar en tus expectativas, en buscar cómo obtener tu mirada, tu aprobación.** Su energía debe estar puesta en crear, jugar, aprender, explorar, ya que así surge una autoestima fuerte que le ayudará a desarrollarse.

Piensa en tu propia experiencia, ¿alguna vez hiciste algo para agradar a mamá y a papá sin haberlo deseado en realidad? Mucha gente estudia carreras que detestan solo porque "se necesitaba un ingeniero en la familia". ¿Recuerdas algún momento de tu infancia en que estabas constantemente preocupado por encajar en las expectativas de tus padres?

¿Cómo te sentías? Las consecuencias de perderte son terribles, porque esas expectativas que sembramos en nuestros hijos desde pequeños terminan por cobrarles factura a lo largo de toda su vida.

Tenemos como ejemplo a Franz Kafka, uno de los autores más reconocidos de la historia de Praga, quien escribió obras importantes que tienen tanta relevancia que están presentes en las lecturas obligatorias de muchas escuelas y en listas de los mejores 100 libros de la historia. Kafka fue un hombre perturbado. Fue un excelente escritor, pero vivió frustrado toda su vida porque su papá no quería un hijo con sentimientos, no quería un hijo artístico, sino un macho duro que se hiciera cargo de los negocios de la familia.

La obra de Kafka está llena de esa frustración que limitó durante toda su vida su felicidad. Incluso se publicó un libro póstumo, *Carta al padre*, cuyas decenas de páginas muestran a este personaje tan melancólico, que expresa la frustración de no poder convertirse en el hombre que su papá deseaba como hijo y que sufre por la desaprobación y falta de comprensión que todos los humanos necesitamos si queremos sentirnos aceptados y amados.

Yo sé que puede sonar dramático y que tal vez nunca lo habías visto así, pero con estos niños, que son especialmente sensibles por su filtro emocional abierto, es esencial tener cuidado de no estarlos limitando a cumplir un papel que no les corresponde.

Ahora, tal vez tienes un niño que no funciona dentro de un molde, no le importan ya ni las expectativas que tienen de él ni cumplir con un papel; esto sucede porque por más intentos que hagan no logran estar a la altura y tiran la toalla. Sus emociones ya los rebasaron y se han agotado de esforzarse para encajar en el deber ser.

Por otro lado, un niño con alta sensibilidad pero que tiene las defensas activadas constantemente evita mostrarse vulnerable, ataca y puede lastimar en forma de protección constante; hace berrinches y tiene llantos explosivos porque su cerebro está tan estresado que empieza a dejar de poner atención a lo importante y empieza a tener retrasos en su desarrollo por altos niveles de estrés. Comenzarás a ver conductas retadoras, oposicionistas y agresivas porque ya no eres un lugar seguro y de confianza.

Todas estas acciones que no estaban presentes en la vida del niño, pero que se presentaron después de generar defensas, hacen que el padre se pregunte qué está pasando; muchos de ellos deciden empezar procesos terapéuticos porque creen que la actitud del niño es anormal, y lo que pasa con mucha frecuencia es que psicológicamente se piensa que el niño actúa así porque tiene déficits emocionales y de atención, pero…

¿Es realmente TDA?

Cuando una persona está sobreestresada, deja de poner atención porque su cerebro está en modo alarma. Empieza a mostrar signos de esta nueva carencia de concentración y, con todos estos nuevos síntomas, los doctores en muchas ocasiones diagnostican incorrectamente un déficit de atención. No significa que nuestros hijos deban iniciar un tratamiento para este trastorno, porque muchas veces tan solo están pasando por una temporada en la que el entorno en el que se están desarrollando ha dejado de ser seguro y están viviendo las consecuencias de la falta de tranquilidad que requiere el proceso de madurez.

Analízalo así: recuerda algún momento en que te sentiste sumamente estresado porque todo tu entorno parecía agobiante: se te juntaron problemas en el trabajo, preocupaciones con la escuela de tus hijos y además te avisaron que un familiar estaba enfermo. ¿Tu rendimiento era el mismo? Seguro te volviste más impaciente, explosiva, se te olvidaban las cosas y te costaba mucho trabajo concentrarte; no podías dar el cien en ninguna de las áreas de tu vida. Eso es justo lo que les pasa a los niños cuando su contexto no funciona como ellos quisieran.

Cuando estamos estresados, nuestro cuerpo produce hormonas como el cortisol, que están asociadas con la respuesta de "lucha o huida". Este estado puede llevar a cambios en la química del cerebro y afectar la función cognitiva, incluida la atención.

Según un estudio de 2015 publicado en *Current Opinion in Behavioral Sciences*, el estrés crónico puede reducir la capacidad de atención y la memoria de trabajo, debido a que la atención se ve comprometida por la sobrecarga cognitiva y emocional que el estrés crónico puede provocar (Shields *et al.*, 2015).

Si un adulto vive todo eso, ahora imagina cómo afecta en un niño tener estos niveles de estrés y ansiedad. Por eso, no dejes pasar los signos que hay detrás de esas conductas.

Distintos rasgos de personalidad

Por lo general solemos aplaudir a niños sociales, amigueros, valientes, atrevidos y extrovertidos, pero no tiene nada de malo ser introvertido, medido, tímido o callado. Por eso hablaremos de algunas de las personalidades que la mayoría de los niños híper o altamente sensibles tienen. Necesitamos entender que nuestros hijos no tienen nada de malo; sí, son complicados, pero comprender su mundo es el primer paso para conocerlos y fortalecer la relación.

Existen cinco "rasgos de personalidad" básicos en niños; voy a describir sus características, pero recuerda que todos somos especiales y únicos, así que no necesariamente tu niño tendrá todos los rasgos, puede encajar en uno o varios. Aun así, esta es una guía bastante útil para empezar a conocer las motivaciones, miedos, el porqué de sus reacciones y todos los elementos de la vida interna de los niños.

El niño neurotípico

Un niño neurotípico se desarrolla siguiendo un ritmo que es común para su edad en áreas como la cognitiva, del lenguaje y la socialización. Aprende y comprende el mundo a su alrededor de manera natural, alcanzando los hitos del desarrollo que se esperan a medida que crece. En sus interacciones sociales, es capaz de comunicarse y jugar con otros niños, entendiendo y respetando las reglas básicas, como compartir y tomar turnos. Cuando se trata de emociones, un niño neurotípico puede expresar lo que siente con claridad y, aunque todavía está aprendiendo a manejar emociones más intensas, empieza a desarrollar habilidades para regular sus sentimientos.

Además, procesa la información sensorial de forma equilibrada, lo que le permite adaptarse a diferentes entornos sin sentirse abrumado. A medida que crece, va ganando independencia, manejando sus rutinas diarias y adaptándose a los cambios con una resiliencia propia de su edad.

El niño reservado

Muchas veces, como padres, nos preocupa que nuestros pequeños muestren actitudes reservadas. Nos apena cuando evitan saludar a ciertos adultos, rehúsan juntarse con otros niños o se muestran reacios a participar en alguna actividad. Estos niños suelen ser juzgados con dureza por la gente y por nosotros, sus padres. Solemos aplaudir a los pequeños extrovertidos, llenos de amigos, siempre dispuestos a saludar e interactuar. Mientras tanto, los más tímidos quedan en la sombra.

Pero ¡detente! No hay nada de malo en que tu niño sea reservado.

Ellos son sumamente observadores, al llegar a un lugar nuevo o alguna fiesta escanean con detenimiento todo el lugar.

Por lo regular no se quieren separar de ti, y entre más pequeños son, más se esconden detrás de tu pierna o te piden que los cargues. Cuando alguien los saluda, tienden a responder con monosílabos y respuestas muy cortas. Tanto lugares nuevos como personas desconocidas les resultan intimidantes.

Los cambios les cuestan mucho trabajo, y les da mucha calma saber los planes con anticipación. Eso sí, aunque no sean muy comunicativos escuchan todo.

No deberíamos desear que cambien o forzarlos a integrarse en situaciones incómodas para ellos. Nos convertiremos en su carta de presentación ante todas las personas nuevas de su vida. No los presiones, con el tiempo y teniendo más autoconfianza lograrán irse abriendo cada vez más.

Los chicos reservados siempre eligen con cuidado con quiénes quieren relacionarse. Son los capitanes de su barco, decidiendo a quién permiten que se suba a bordo y a quién no. Incluso familiares cercanos o amigos íntimos pueden parecer figuras amenazantes para ellos, por lo que preferirán mantener cierta distancia.

Tienden a reservarse también sus sentimientos y solo cuando ellos deciden abren su corazón a alguien más.

La mirada es su herramienta secreta; evitan fijarla en alguien, ya que sienten que esto los hace vulnerables, y harán lo que sea necesario para evitarlo.

Si sabes que tu hijo es reservado lo primero que hay que hacer es presentarle primero a todos los adultos que participarán en su vida (maestros, *coaches*, *counselors*, amigos y familiares). Es muy importante que tu hijo pueda ver que tú también conoces a las personas que van a estar a cargo de él cuando no estés.

La adaptación a cambios no es su fuerte y tienden a resistirse a ellos. Suelen tener un círculo social reducido y les cuesta mucho abrirse a nuevas amistades. Además, son expertos en guardar sus emociones y opiniones bajo llave.

Puede que no sean igual de reservados con todos, quizá con sus amigos muestren una confianza que transforma por completo su actitud simplemente porque han encontrado un círculo donde se sienten seguros para ser ellos mismos.

Un ejemplo personal: durante varios años mi hijo Fer seguía escondiéndose cada vez que veía a mi papá; era una situación triste desde nuestra perspectiva, pero forzar esa relación no era la respuesta; al poco tiempo, mi papá entendió que la responsabilidad recaía en él para acercarse y ganarse la confianza de mi niño. Comprendió que Fer no era un niño grosero ni maleducado, así que poco a poco, con su permiso, empezó a adentrarse en su círculo, y él decidió aceptarlo al identificarlo como un amigo, no como una amenaza.

Hay que introducirlos poco a poco a nuevas experiencias o personas, sin presionarlos ni empujarlos, sino creando un entorno seguro donde puedan sentirse cómodos.

Recuerdo el caso de Manuel, un niño que solía ser muy reservado y selectivo en sus relaciones. Cada vez que alguien intentaba saludarlo, él respondía con gritos. Su madre comentaba que las personas se asustaban al ver la reacción de su hijo, por lo que optó por pedirles de antemano que no lo saludaran para evitar la situación. Al platicar con ella, la ayudé a comprender que para su hijo tener que saludar a extraños era una experiencia abrumadora y que su forma de protegerse era alejando a las personas mediante gritos. La solución fue convertirse en un escudo para él: al llegar a un lugar, su mamá les explicaba a todos que Manuel prefería saludar desde lejos con la mano. No lo forzó a actuar de manera distinta, sino que le proporcionó una alternativa segura para conocer a gente nueva.

Nosotros también debemos ver a otros adultos desde esa misma perspectiva. Para estos niños establecer vínculos es un acto de enorme vulnerabilidad, y es por eso que debemos ser el puente inicial en sus relaciones.

Tenemos que anticiparnos al cambio cuando entran a una nueva escuela, cuando nos vamos de vacaciones, cuando los inscribimos en una clase de arte o deporte, o cualquier modificación que queramos introducir en su rutina.

Debemos prepararlos para lo nuevo, mantener conversaciones abiertas con ellos y, de forma gradual, presentarles a estas nuevas personas y lugares para ayudarles a superar sus miedos. Hablar con los maestros, llevarlos de visita y proporcionarles una muestra de los nuevos entornos, ya sea con fotos del campamento al que van a asistir o una plática con su nueva maestra de la escuela, son tareas esenciales que recaen sobre nosotros como padres.

El niño rígido

Los niños rígidos tienen muy poca flexibilidad cognitiva, suelen ser bastante peculiares, y es común encontrar estas características en niños con Asperger o con una hiposensibilidad, aunque no es necesario tener un diagnóstico para manifestar estos rasgos. Para muchos de ellos, el lenguaje figurado es un enigma; todo es tomado de manera literal, lo que hace que frases como "Se está cayendo el cielo" resulten incomprensibles. Además, experimentan dificultades para descifrar sus propias emociones, les resulta complicado conectar el concepto con la sensación.

Fernando tenía muchas dificultades para nombrar de forma correcta sus emociones y sentimientos. A veces estaba jugando y me decía que estaba aburrido, y yo le preguntaba:

—Fer, pero ¿cómo puedes estar aburrido si estás jugando y te la estás pasando bien?

—Sí, mamá, estoy aburrido —y se ponía de muy mal humor.

Con el tiempo empecé a notar que en realidad a lo que se refería Fernando es a que tenía hambre, pero no era capaz de reconocer de manera correcta las reacciones de su propio cuerpo, no podía relacionar la sensación con el sentimiento: hambre.

Poner nombre al sentimiento —aburrimiento, cansancio, felicidad, preocupación o miedo— les resulta un desafío. Por eso los padres tenemos que ponerle el nombre a lo que están sintiendo para que ellos lo integren y así lo expresen más adelante.

Tienen un nivel de exigencia consigo mismos extremadamente alto, lo que les dificulta aceptar errores. Su tolerancia al fracaso es casi nula. Estos niños suelen tener un pensamiento muy estricto: cambiar cualquier estructura fuera del orden que conocen les resulta complicado.

Un ejemplo de esta rigidez la viví cuando Fer cumplió 10 años. Su padrino le envió un regalo de cumpleaños un día antes. Tanto yo como sus hermanos estábamos emocionados y le insistimos en que lo abriera, pero él se negó diciendo que ese día no era su cumpleaños, sino al día siguiente, y que por esa razón no podía abrir su regalo.

Estas situaciones que no encajan con su percepción de cómo deberían funcionar las cosas son bastante comunes.

En general tienden a ser muy obedientes, como si fueran robots. Les cuesta mucho tomar decisiones, ya que analizan minuciosamente todas las opciones, incluso decisiones simples como elegir un postre o una película. Para ellos, todas las opciones que no eligen se perciben como una pérdida, lo que puede llevar a situaciones de mucho estrés, ya que no se quieren equivocar.

Recuerdo el relato de una madre que me contó sobre una experiencia que tuvo con su hijo al llegar a una juguetería. Fueron a escoger un regalo para su pequeño, pero en lugar de ver la cara de felicidad en su hijo al entrar, comenzó a notar una expresión de angustia. La madre le decía que escogiera ya un juguete porque tenían que irse, pero en ese momento el niño comenzó a llorar sin parar. ¿Qué sucedía? La madre no lo entendía.

Le expliqué que para su hijo escoger un juguete significaba dejar atrás todos los demás, y el miedo a equivocarse era abrumador.

Como padres podemos aliviar este estrés limitando las opciones. En lugar de presentarle una abrumadora selección de 100 juguetes, optamos por ofrecer solo dos; de este modo evitamos que se agobie pensando en cosas por las que no vale la pena sufrir.

También evitan realizar actividades que les resulten difíciles. Aunque esta es una característica común en todas las personas, en estos niños la rigidez es mucho más pronunciada debido a su aversión a sentir vergüenza o cometer errores.

Aquí es donde debemos discernir entre situaciones incómodas pero necesarias y aquellas que no son esenciales para su desarrollo.

Por ejemplo: asistir al kínder puede ser una situación incómoda, pero es fundamental y deben enfrentarla, mientras que una fiesta de cumpleaños suele ser menos relevante.

Nuestra tarea como padres es proporcionar el apoyo y la orientación necesarios para que enfrenten las situaciones indispensables y, al mismo tiempo, no forzarlos a pasar por circunstancias que les generen un estrés excesivo y que no sean fundamentales para su crecimiento. Debemos saber elegir nuestras batallas.

Aquí puede que te preguntes: ¿cómo sé cuándo debo forzar la situación y cuándo evitarla? Recuerda que todos los papás estamos dotados de intuición, y es importante ser sensibles a esa "voz interior" que nos dicta el camino correcto. Además podemos hacernos esta pregunta: ¿corresponde que lo empuje un poco o no?

Tú tienes la sabiduría suficiente para decidir si lo acompañas a afrontar la situación o si mejor evitas el problema. Confía en tu intuición, y si te equivocas, no te preocupes; así es como aprendemos los padres: a través de la prueba y el error. Ninguno de nosotros tiene todas las respuestas.

El niño superdotado

La mayoría de estos niños suelen tener una hipersensibilidad, por eso tienden a nacer con muchas defensas y les cuesta mucho trabajo aceptar límites y respetar a la autoridad. Tienen una curiosidad aguda, un vocabulario muy avanzado para su edad, facilidad de aprendizaje y un potencial intelectual muy alto. Estos niños tienen un razonamiento rápido, una gran memoria, mucha creatividad y una alta habilidad para adaptar o modificar ideas. También discuten y cuestionan mucho y se la pasan preguntando el porqué de todo, tienen un hambre enorme de entendimiento, pero muchas veces estas preguntas interminables, incansables y persistentes ocasionan que los padres nos agotemos y que nos pongamos a su mismo nivel.

En las discusiones siempre van a buscar el sí, siempre querrán ganar y cuentan con habilidades para hacerlo, o al menos para hacernos enojar en el proceso. Cuando le digas "no" a algo, ofrécele una explicación clara sobre el motivo de tu decisión. Mantente firme y evita intentar convencerlo demasiado. Si te ve con claridad y calma, se adaptará más fácil.

Aunque en términos de su intelecto pueden estar muy avanzados, su desarrollo emocional y social puede alinearse más con su edad cronológica o incluso estar por debajo, lo que a veces genera frustración tanto para ellos como para nosotros como padres.

Las actividades en equipo y el juego con otros niños pueden ser valiosos para equilibrar sus necesidades intelectuales con la supervisión y el apoyo emocional.

Podemos ayudarles de la siguiente manera: promueve la lectura de libros desafiantes, talleres especializados o proyectos que estimulen su mente; estos pueden ser grandes aliados. Es importante fomentar su aprendizaje autodirigido, permitiéndoles seguir su curiosidad natural.

Enfócate más en el esfuerzo y la perseverancia que en el resultado, ya que tienden a buscar la perfección. Esto les permitirá ver los desafíos como oportunidades en lugar de amenazas.

El niño perfeccionista

En una encuesta realizada a los padres con hijos que tienen una alta sensibilidad, descubrí que 65% de los niños tiende a ser perfeccionista.

Constantemente, su cerebro trabaja para obtener la mirada de aprobación de los demás, en especial de figuras de autoridad como padres y maestros, para confirmar que están haciendo las cosas bien. Cuando identifican que son aplaudidos al portarse bien, al ser complacientes, al ser responsables y al tener éxito en la escuela, intentan replicar estas mismas conductas para seguir recibiendo amor y validación.

Es muy común que los padres de estos niños sean menos tolerantes con sus errores, lo que puede generarles enojo ante conductas inapropiadas. A menudo tienden a ser más "duros" al corregir. Esto ocurre porque el cerebro del adulto percibe que, al considerarlo maduro, debería tener más autocontrol. En cambio, con el otro hermano, que comete más errores, suelen ser más tolerantes y exigirle menos.

Son extremadamente sensibles a la crítica, incluso cuando es constructiva, y pueden tomar cualquier comentario como una señal de que no han cumplido con sus altos estándares.

Me ha pasado y de seguro a ti también. Cuando tenemos un niño perfeccionista, con la mejor intención utilizamos frases como:

- ¿Ese fue tu mayor esfuerzo? Yo sé que puedes hacerlo mejor.
- Tú siempre eres muy compartido.

* ¿Te sacaste un 9? ¿Y por qué no un 10?
* Me encanta que siempre estás de buen humor.
* Tú siempre eres bien obediente.

No sabemos el impacto que causa en ellos cuando aplaudimos o reprobamos sus logros y fallas. Tristemente, estos niños reciben el mensaje de: "No me quieren por cómo soy" y "Siempre esperan más de mí".

Evitan dar problemas, tienden a ocultar sus propios deseos y emociones para complacerte, lo que les genera mucho estrés, frustración y ansiedad. Un niño sumamente complaciente con sus padres o adultos cuando llega a la adultez puede tener dificultades en poner límites saludables en sus relaciones, puede basar su valor en la aprobación y el reconocimiento ajeno, sintiendo que su valía está ligada a cuánto agradan y complacen a los demás. Podrán tener problemas para expresar sus propias necesidades y deseos, ya que su enfoque está en lo que los demás quieren o necesitan. Así es como se afecta su autoestima.

El cerebro de los niños necesita ser visto, ya sea por las buenas o por las malas. Cuando el niño pierde la atención y el cuidado de mamá, sucede lo siguiente.

Los papás de una niña de nueve años llegaron a terapia conmigo porque su hija Lucía presentaba altos niveles de ansiedad y estrés. Yo no atiendo a niños porque me enfoco en ver qué está pasando en el contexto, en la escuela y en la relación de los niños con sus padres y cómo esto genera los distintos desafíos. Lucía era la hermana mayor de dos gemelos, uno de ellos con muchos problemas de conducta, lo cual demandaba toda la atención de mamá. La niña, por otro lado, era muy independiente, responsable y nunca había tenido problemas para realizar todas sus tareas: "la niña perfecta".

Platicando con los papás y haciendo cuentas de cuánto tiempo invertían en cada hijo, se dieron cuenta de que, en efecto, a la pequeña no le dedicaban tiempo y se sentía olvidada y aislada.

Los papás recordaron una tarde donde la niña explotó en llanto y les dijo: "Obedezco en todo, no doy problemas, ayudo en la casa, soy responsable. ¿Quieren que me vaya mal en la escuela o me porte mal para que me hagan caso?".

No importa si tus pequeños ya pueden hacer sus tareas solos, si nunca tienes que repetirles dos veces que se metan a bañar o si desde muy temprana edad aprendieron a ordenar su cuarto solitos. Todos los niños necesitan sentirse vistos, ayudados y escuchados, incluso cuando parece que no lo necesitan. Debemos darles nuestro tiempo.

¿Qué hacer con el niño perfeccionista?

* Pon atención a tu lenguaje y revisa tus expectativas para que estén en la misma sintonía con las de tu hijo.
* No utilices tantos elogios, condicionamientos ni castigos.
* Deja que se expresen sin ser juzgados o desaprobados por ti.
* Dile que cuando se frustre, se vale expresarlo libremente sin lastimar a otros.
* Dale tiempo a solas y ofrécele ayuda y acompañamiento, aunque no lo pida o lo necesite.
* Cuestiónate si, cuando le das una orden, en verdad tiene el deseo de hacerlo o se siente obligado por miedo a no complacerte y la consecuencia que vendrá.
* Reconocer nuestros propios errores y nuestra imperfección delante de ellos ayuda a que vean que en la vida se aprende a través de los errores. Platícale de alguna situación parecida a la que te hayas enfrentado y cómo la utilizaste para aprender de ella.

Por ejemplo: me pasó con la hija de una amiga llamada Valeria. Estábamos de vacaciones todos juntos y mi amiga le pidió a su hija que, por favor, entretuviera a los niños más pequeños. Valeria le dijo a su mamá que le daba mucha flojera, a lo cual mi amiga le respondió: "Tú eres una niña muy linda, juega con ellos".

Me percaté de los gestos y la mirada de frustración de Valeria y me di cuenta de que lo estaba haciendo solo para complacer a mamá y evitar que se enojara con ella. En ese momento le recomendé lo siguiente a mi amiga: acércate y pregúntale si en realidad tiene ganas de obedecerte o si lo está haciendo para que no te enojes. Mi amiga se dirigió a Valeria y le hizo la pregunta. La respuesta fue: "La verdad no quiero jugar, pero no quiero que te enojes conmigo".

Valeria iba a reprimir sus deseos para preservar la conexión con mamá. Mi amiga reflexionó y le dijo: "¿Sabes qué? No tienes que jugar. Sigue disfrutando".

La mirada y la sonrisa de Valeria cambiaron; se veía feliz porque tuvo el espacio de no ser la niña perfecta y realizar su deseo. Esto le dio un sentido de identidad.

Es crucial darles a estos niños la oportunidad de expresarse y equivocarse. Es fundamental demostrarles que pueden ser ellos mismos, que no siempre tienen que hacerlo todo bien. Recuerda: un niño muy complaciente con mamá o papá hará lo mismo con amigos o parejas, ya que su cerebro registra que "para ser querido, aceptado y valorado hay que complacer".

Reprimiendo emociones

Los niños pueden reprimir sus emociones por diversas razones, muchas de las cuales están relacionadas con su entorno y experiencias. A veces lo hacen por miedo al rechazo o al castigo, en especial si han sido criticados en el pasado por expresar lo que sienten. Otros niños reprimen sus emociones porque desean complacer a sus padres y no quieren causarles preocupaciones o decepciones.

La falta de un modelo saludable de expresión emocional en su entorno también puede llevarlos a ocultar lo que sienten, ya que no saben cómo expresarse adecuadamente. La vergüenza es otro factor importante: si han sido ridiculizados por mostrar sus emociones, pueden optar por ocultarlas para evitar más humillaciones.

Cuando los niños reprimen sus emociones, suele ser porque no se sienten seguros o comprendidos al expresarlas. Esto ocurre cuando perciben que sus sentimientos no son bienvenidos o son demasiado intensos para los adultos a su alrededor. El miedo a decepcionar puede ser muy amenazante, y llegan a ocultar quiénes son para no perder tu admiración y cariño.

A veces enfrentan situaciones complicadas en la escuela o con amigos, y cuando el dolor se vuelve abrumador, prefieren callar. Piensan que si no lo hablan o evitan el tema no dolerá. Pero la realidad es que toda emoción, así como entra, debe salir.

Cuando las emociones se reprimen no desaparecen; se acumulan y pueden manifestarse más adelante como comportamientos desafiantes o dificultades emocionales.

Estos niños acumulan mucha frustración. Cuando el niño acumula frustración tiene que liberarla sí o sí, y hay dos maneras en que estos niños la expresan cuando no la pueden poner en palabras. La primera forma es a través de desbordes emocionales, que los papás pensamos que vienen de la nada.

Puede ser que por un mínimo desagrado reaccionen de forma intensa con llantos, insultos o gritos. Pero esta explosión no sale de la nada; más bien es la suma de pequeñas frustraciones que estuvieron contenidas durante un largo tiempo.

La segunda forma en que un niño altamente sensible expresa su frustración es a través de lo que llamo "chingar quedito", es decir, que tiene pequeñas actitudes —sobre todo con sus hermanos y también con papá y mamá— que pueden ser molestas. Por ejemplo: de forma constante se burla del hermano, le agarra sus cosas, lo provoca, le pone apodos, hace ruidos molestos, cualquier cosa para hacerlo enojar.

A menudo, los padres ven solo a un niño que no para de molestar y que, pese que se le ha repetido varias veces que se detenga, sigue haciéndolo una y otra vez. Lo más increíble es que muchos padres no logran entender que los niños no pueden controlar esta conducta; hay una frustración acumulada que necesita salir. Están desplazando su frustración hacia alguien más en su vida.

Debemos darles espacio para que se expresen, sin lastimarlos, avergonzarlos o desacreditarlos. Esto te acercará más a ellos y sentirán tu empatía y comprensión.

Con Pame observé que siempre accedía a todo lo que yo le pedía, ella misma se reconoce como una niña obediente y no le gusta salirse de ese papel. Un día le pregunté si en verdad quería obedecerme y me dijo que no. Me di cuenta de que cedía a todo con tal de tenerme contenta.

En una ocasión me pidió permiso para salir con sus amigas, pero en esa reunión había personas que yo no tenía idea de quiénes eran; por cuidar su seguridad le contesté con un rotundo:

—No, Pame, no hay forma.

Evidentemente se frustró, pero en vez de insistir decidió irse molesta.

¿Por qué no me insistía? ¿Por qué había aceptado el no tan fácil? Me di cuenta de que no estaba luchando por lo que quería y le pregunté:

—Pame, ¿por qué no peleaste por ir a tu reunión?

—Porque ya me dijiste que no hay posibilidad.

—Sí, pero no seguiste la conversación, no me dijiste quiénes eran y de dónde los conocías, no me platicaste nada más como para tener más información.

—¿Para qué, si ya me habías dicho que no?

No me gusta que se guarde sus pensamientos; quiero una hija que pueda expresar lo que quiere y que intente hacer lo posible para que se hagan realidad sus deseos. Le respondí:

—Pame, quiero que defiendas las cosas que anhelas, aunque yo no tenga la misma opinión. A la próxima, cuando no esté de acuerdo contigo pero tú desees con todas las ganas eso que quieres, entonces defiéndelo y te ofrezco escucharte para conocer tu perspectiva.

Necesitamos trabajar mucho en la comunicación con nuestros hijos, entender si en verdad disfrutan las clases de arte o deporte en las que están inscritos.

Pregúntale a cada uno sobre sus *hobbies*, las materias que disfruta, su programa favorito, y empieza a entrar más en su mundo.

Estos niños tienden a acceder a todo y a obedecer a todos porque no quieren desagradarte, no quieren que te enojes con ellos. Y claro, la obediencia es importante, pero no debería ser condicionada; la obediencia debería ser una respuesta natural porque el hijo se siente amado, aceptado, y por lo tanto quiere caerle bien a mamá. El niño no debería ser complaciente por miedo.

Riesgos de no intervenir de forma adecuada

Lo verdaderamente duro y peligroso para los niños con hipersensibilidad y alta sensibilidad es el riesgo elevado de desarrollar niveles altos de depresión y ansiedad o caer en alguna adicción. Me resulta muy doloroso escuchar a padres de niños de apenas seis o siete años ya enfrentando problemas de ansiedad como ataques de pánico o con trastorno obsesivo compulsivo (TOC).

En adolescentes vemos niveles altísimos de ansiedad, depresión y falta de motivación, y son muy propensos a caer en adicciones para anestesiar los sentimientos de alarma. Pueden llegar a autolesionarse con el *cutting* o, en el peor de los casos, pueden pensar en el suicidio.

Si no logran establecer conexiones emocionales sólidas en su hogar, buscarán llenar ese vacío creando vínculos con otros círculos, ya sea a través de sustancias o actividades destructivas.

Este es precisamente el tipo de riesgos que me motiva a realizar mi trabajo y a ayudarte. En este mundo que va a toda velocidad y donde la tecnología logra sustituir las relaciones personales, los peligros de tener una desconexión con nuestros hijos se vuelven más presentes que nunca. Es difícil ganar la atención de nuestros hijos e influir en ellos cuando tienen pantallas a su disposición que les dicen y muestran todo lo que quieren ver y escuchar al instante. Estamos compitiendo contra dispositivos electrónicos, redes sociales y grupos de amigos que nos sacan de su órbita, y en muchos casos estamos perdiendo esta batalla.

Saber que situaciones tan graves como estas podrían ser una realidad para mis propios hijos me ha llenado —como madre y como terapeuta— de un sentido de urgencia para enfrentar estas creencias limitantes acerca de los "niños problema".

Mi objetivo es hacer conscientes a otros padres sobre los riesgos de que minimicen estos temas y sobre por qué, como sociedad, no debemos relegar a estos niños al estatus de "problemáticos".

Te invito a que, como padres, nos convirtamos en agentes de cambio. Trabajemos juntos para lograr cambios significativos y compartamos esta información valiosa con otros padres y educadores. De ese modo podemos brindar a estos pequeños la oportunidad de un futuro brillante y ayudarles a encontrar un lugar seguro en nosotros, en vez de buscarlo en una vida llena de vacíos y peligros.

Cómo se desarrolla una relación

A menudo creemos que, solo por ser sus progenitores, los niños nos seguirán y que tendremos autoridad e influencia natural sobre ellos, y se sentirán amados y conectados. Esta creencia tiene algo de verdad; estar vinculados de manera consciente y adecuada nos permite cumplir con nuestra labor. La crianza consciente depende de una jerarquía correcta: los padres deben ser los líderes que provean seguridad, cariño y protección, cubriendo así todas las necesidades de los niños, quienes deben estar en una posición de dependencia para recibir amor y sentir seguridad. Si esta jerarquía es adecuada, podrás conectar con tu hijo y guiarlo en su madurez.

Sin embargo, muchos padres no saben que esto no siempre ocurre, ya que algunos niños no pueden asumir una posición de dependencia. Cuando la jerarquía se invierte y los niños toman el liderazgo, la crianza se convierte en un desafío lleno de conflictos, gritos y amenazas, lo que desgasta la relación. Los niños hipersensibles suelen asumir el liderazgo desde el nacimiento, ya que la dependencia como vulnerabilidad es intolerable para ellos.

Los niños con alta sensibilidad, al no sentir seguridad en la dependencia —ya sea porque sus necesidades no han sido completamente satisfechas o han experimentado heridas—, también evitarán depender y asumirán el liderazgo.

Estos niños tienden a adoptar una jerarquía alfa, como menciona el doctor Gordon Neufeld en su libro *Regreso al vínculo familiar*. Según Neufeld, "los niños que no se sienten seguros en su dependencia pueden intentar asumir el rol de liderazgo para protegerse, lo que los lleva a adoptar una postura dominante y desafiante" (Neufeld y Maté, 2006).

Los niños que no quieren depender suelen ser mandones y voluntariosos, quieren tener la última palabra, decidir cuándo bañarse, a qué hora hacer la tarea o cuándo jugar. ¿Te has dado cuenta de cómo se enojan intensamente o te retan si no haces lo que desean? Esto es común, ya que su cerebro en realidad cree que ellos están al mando.

Esto lleva a que los padres busquen recursos externos para lograr que los niños obedezcan, ya sea amenazando con quitarles objetos, un plan o incluso ignorándolos para controlar su conducta. Esto puede dañar significativamente la relación.

Como padres, es frustrante lidiar con niños que no quieren depender, y la situación se convierte en una lucha constante a menos que cumplas todos sus deseos. Ser padre es proporcionar lo que el niño necesita, no simplemente hacer lo que el niño quiere.

Cuando un niño se atora en la posición de alfa, comienza a atorarse el proceso de madurez.

Para que la relación mejore y los niños puedan florecer, necesitamos recuperar nuestra posición de alfa en la jerarquía, y somos nosotros los encargados de profundizar y trabajar la relación. Este es el enfoque principal que trabajo con los padres: insisto en que la conducta es solo la punta del iceberg. La mirada y la intervención deben centrarse en cambiar la relación para abordar el problema desde la raíz.

Desarrollando la relación

El doctor Gordon Neufeld, en su curso "La conexión vital", propone que una relación sana entre padres e hijos se desarrolla a través de seis niveles durante los primeros seis años de vida del niño. Estos niveles reflejan etapas clave en las que el niño establece vínculos emocionales profundos y aprende a confiar en sus cuidadores para su seguridad emocional y desarrollo personal.

La figura 2.2 refleja lo que explicaré a continuación.

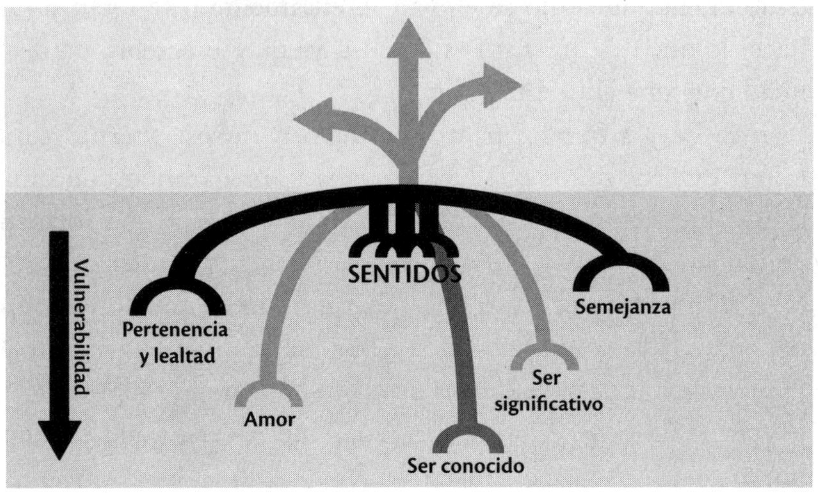

Figura 2.2. © Dr. Gordon Neufeld

Imagina que la ilustración es una maceta, la parte inferior con fondo gris es la tierra, donde se encuentran las raíces de la planta. Las flechas de tono más claro es la plantita que está floreciendo.

Esta analogía funciona igual con nuestros hijos. La planta es el significado de los procesos de madurez de un niño, y lo manifiestan a través de las conductas que vemos en ellos. Si florece adecuadamente es porque sus raíces están bien nutridas y son sólidas. Lo mismo que con los niños, si sienten que tienen una buena relación en casa su maduración se irá dando en automático, y veremos niños responsables, independientes, que aceptan límites, tienen autocontrol, son estudiosos y considerados: en fin, dan todos los frutos que como padre quieres ver en tu hijo.

Pero ¿qué pasará si a esa planta no la riegas, no le das la luz que requiere ni su debido cuidado? Lo más probable es que se marchite. En tu niño será igual: la tierra donde se encuentran las raíces es la relación contigo. Cuando llegan padres a consulta y me narran todos los problemas que presenta su hijo, ya sean de conducta o de aprendizaje, mi primer pensamiento es: "¿Qué estará pasando en la relación del niño con sus padres para que yo esté viendo a un niño grosero, retador, desmotivado, ansioso, demandante, etcétera...?".

Por esta razón mi enfoque no está en cambiar las conductas del niño, ya que son el reflejo de cómo se sienten conectados a ti.

Mi enfoque está en trabajar la relación de los padres con su hijo, ya que si él se siente querido, que pertenece a ti, que es importante, valorado, escuchado y que lo aceptas por quien es, definitivamente florecerá.

¿Te has fijado que el hijo al que consideras más maduro de tu casa es con el que mejor relación tienes?

La relación con tu hijo requiere de desarrollo, no se da solo porque seas el padre que lo trajo al mundo; esto requiere de trabajo y solo a los padres les corresponde nutrirla para poder así ver los frutos de su madurez.

El vínculo es nuestro poder.

Cómo se desarrolla una relación profunda

Te explico cómo se desarrolla una relación.

El doctor Neufeld menciona que durante el primer año de vida un niño solo se siente conectado a ti a través de los sentidos: si te toca, si te ve, si lo tienes cerca, si te huele y si te escucha. Esa es la única forma en que el bebé puede sentirse vinculado a ti.

Alrededor del segundo año de vida se da el vínculo de la semejanza. Los niños quieren parecerse a quienes están vinculados. Si están vinculados a papá, querrán imitar a papá; si están vinculados a un superhéroe, hablarán como él e imitarán a ese personaje.

Por eso a los dos años de edad, más o menos, aprenden el lenguaje. Una de las causas por las cuales los niños que tienen problemas de lenguaje se atoran en este nivel es que no pueden llegar al vínculo de semejanza por culpa de sus defensas.

Cerca del tercer año de vida aparecen la pertenencia y la lealtad; es decir, el niño ya siente que pertenece a ti. Si tu niño alcanza este nivel de vínculo, entonces será leal y obediente de manera natural. Pero si siente que quien realmente pertenece a papá o a mamá es su hermanito, entonces enfrentará esa separación que le generará una gran frustración. Es una etapa donde aparecen los celos. Para el niño la mamá es suya.

Alrededor del cuarto año de vida el niño se quiere sentir importante para ti. Le encanta que lo escuches y que le hables, que tengas planes con él y que te intereses en lo que le gusta. Quiere sentirse visto y escuchado por ti y que valores quién es y las opiniones que tiene. Es por eso que les encanta escuchar historias sobre cuando mamá estaba embarazada, y lo emocionados que estaban los dos por esperar su llegada. Necesitan sentir que son importantes para ti.

Alrededor del quinto año de vida se da el vínculo del amor, es decir, la intimidad emocional. Si todo va bien, el sistema límbico y el corazón se abren, el niño da su corazón a los que está vinculado. Comienzan a realmente sentir amor, a sentirse valiosos, y crean conexiones más profundas.

Alrededor del sexto año de vida el niño puede llegar al vínculo más profundo, que es el de ser conocido. Esta es la parte más vulnerable e íntima del ser humano: es la intimidad psicológica. Me aceptan por quien soy y conocen todo de mí, incluidos mis defectos, mis secretos, me abro ante ti. Es aquí cuando logramos abrir nuestra parte más íntima, nuestra vulnerabilidad, y por tanto estamos más expuestos a ser lastimados. Si logras un vínculo profundo con tu pequeño entonces conocerás sus secretos y, a pesar de que no es el hijo perfecto, estará seguro de que es aceptado por completo. Sabrá que no lo quieres cambiar, y a pesar de que comete errores, sabrá que sigue siendo amado y aceptado por quien es, no por quien mamá y papá esperan que sea.

Es fácil entender la importancia de un vínculo con estos niveles al pensarlo en una relación de pareja. Cuando empiezas a salir con alguien, lo haces por una primera conexión física **(a través de los sentidos)**: te gusta tener a la persona cerca, te gusta cómo se ve y hasta cómo huele. Después, lo físico avanza; te invita a salir y te das cuenta de que tienen mucho en común **(semejanza)**, les gusta el mismo deporte, ven las mismas películas y tienen muchos amigos en común. Hay mucha similitud entre él y tú, la cita salió perfecta y, después de unas cuantas salidas más, te pide que seas su pareja y que se sean fieles el uno al otro **(pertenencia y lealtad)**. Ya hay un compromiso entre ambos y eso despierta el deseo de querer agradar a tu pareja. Al pasar el tiempo, te das cuenta de que eres importante para ella **(significancia)**. Soy importante para mi pareja y ¿cómo lo sé? Porque me busca, me procura, me ofrece ayuda, me escucha, recuerda cosas que le compartí. Es claro que la relación va escalando y no te das cuenta en qué momento comienzas a sentir que… "lo amas" **(amor)**. Sientes amor y te sientes amado. Hay una intimidad emocional profunda con tu pareja. Y si la relación sigue avanzando, te das cuenta de que eres aceptado tal cual eres **(ser conocido)**. A pesar de que conoce mi lado oscuro, mis errores y mi vulnerabilidad, me acepta y me quiere tal cual soy.

Como podrás observar, así se desenvuelve cualquier relación. Pero hay una gran diferencia entre una relación de adultos y una relación con niños. Entre adultos hay una fórmula: yo te cuido y tú me cuidas. Entre padres e hijos, no.

Los niños no logran vincularse profundamente con sus padres por evitar sentir vulnerabilidad, por el miedo a salir lastimados. Entonces los niños con hipersensibilidad, los altamente sensibles o los que generaron defensas no podrán llegar a vínculos profundos, ya que si te dan su corazón, corren el riesgo de ser lastimados. Y se atorará su proceso de madurez.

Nosotros somos los que debemos trabajar para que el niño se vincule a los seis niveles. El niño no tiene que trabajar para hacernos sentir importantes como padres; al contrario, tú eres quien debe trabajar para profundizar la relación.

Así funciona el desarrollo de la conexión y los vínculos con nuestros hijos. **Debemos estar presentes en todos los sentidos, en especial en la parte emocional, y hacerlos sentir seguros de que, independientemente de lo que hagan, no dejarán de ser amados.** Esa es la fórmula perfecta para bajar sus defensas. Cuando tu niño no se siente aceptado y amado, entonces vivirá en una constante frustración que sin duda tendrá consecuencias en su conducta. Y lo más preocupante no son sus reacciones: que le pegue al hermanito, que grite, que se enoje o que esté de mal humor. Esa es apenas la punta del iceberg. Lo más triste y preocupante es que estos niños no se sienten validados, valorados, ni amados.

¿Qué hacer? *Anticipación* es la palabra clave, es saber que tú eres el encargado de llenar sus necesidades. **Un niño se siente querido solo cuando es buscado o invitado por sus padres**.

Necesitas tiempo de calidad, tiempo uno a uno, que sean proactivos y busquen la conexión, busca qué tienes en común con cada uno (*semejanza*) para empezar a trabajar en fortalecer la relación.

Métete en su mundo, ve qué le gusta y hazle sentir que los dos tienen algún interés en común: jugar futbol, armar Legos, dibujar o cualquier actividad que les interese, porque en este punto es importante fortalecer el vínculo.

Cada uno de tus hijos debe sentirse único y especial. Con cada uno de mis hijos yo buscaba la semejanza: con Pame, éramos las niñas de la casa, nos pintábamos las uñas, nos gustaba la misma música. Pato es muy parecido a mí físicamente, y eso nos unía; le encantaban los coches y me metía a jugar con él, teníamos nuestro propio saludo. Con Fer éramos muy similares en nuestros gustos por la comida; le encantaba armar Legos y, aunque muchas veces me daba flojera, lo acompañaba a poner las piezas y era nuestra actividad juntos. Yo me encargaba de acercarme a ellos, de hacerles sentir que me gustaba pasar tiempo a su lado. Eso los hacía sentirse importantes, valorados por mamá.

Cuando quería trabajar el vínculo de *significancia* me acercaba a ellos y les preguntaba su opinión: "¿Cuál se me ve mejor, la blusa roja o la gris?". Eso los hacía sentir que eran importantes para mí.

El vínculo se demuestra con hechos y con acciones, ya que a las palabras se las lleva el viento.

Si tu niño no quiere depender de ti, como debería funcionar en cualquier relación de padres e hijos, entonces el vínculo entre ambos se lastimará. Ojo, **un niño que siempre está pegado a ti no necesariamente significa que tiene un vínculo fuerte;** tal vez es demasiado superficial y estar a tu lado 24/7 se da porque tiene miedo a desconectarse de ti. Entre más profundo es el vínculo hay más espacio para que pueda separarse de ti y al mismo tiempo sentirse conectado.

Recuerda que lo que hoy ves en tu hijo es solo la superficie del problema. Cuando un niño es explosivo, grosero, oposicionista, le pega al hermano, es muy impulsivo y tiene atraso en su desarrollo, solo está expresando los síntomas que subyacen del problema de raíz.

La perspectiva de este libro radica en que las conductas son solo el síntoma, y nosotros intervenimos de raíz: si arreglamos la relación en casa, el niño podrá madurar a través de sentir vulnerabilidad.

Más adelante platicaremos sobre cómo guiar a tu niño a experimentar estas emociones de vulnerabilidad y a sentirse conectado a ti a pesar de estar lejos.

Retos para los padres

Es innegable la preocupación y el interés genuino que sentimos por nuestros pequeños. Probablemente has invertido muchos recursos, tiempo y esfuerzo buscando ayuda externa para comprender y ayudar a tu hijo. Es vital que reconozcas tu capacidad y autoridad para ser el principal agente de cambio en la vida de tu pequeño. Aquí te presento algunas acciones que puedes implementar para ganarte la confianza de tu hijo:

1. Platica con los adultos de su vida sobre quién es tu hijo.
2. Deja tu miedo al futuro a un lado.
3. Evita actividades que los puedan estresar de más.
4. Júntate con personas que tengan una similar versión de crianza.
5. Haz presentaciones a toda la gente nueva.
6. Dale la mirada de aceptación por quien es.
7. No te enfoques en tratar de controla su conducta, mejor reflexiona: ¿qué pasará en la vida de mi hijo para que tenga esa conducta?
8. Trabaja la relación y dales tiempo de calidad por separado a cada uno de tus hijos.

Tal vez si nunca habías escuchado sobre esta guía de conexión entre padres e hijos creerás que hay mucha información nueva de golpe. No te abrumes, cada hijo es diferente y no necesitamos etiquetarlo para identificar cómo mejorar su crianza. Solo necesitamos entender la fórmula de: "A mayores defensas, más problemas de conducta y déficits madurativos".

¿Y cómo bajar sus defensas? Trabajando el vínculo, haciéndole sentir que puede descansar en nosotros, que no necesita estar a la defensiva porque su responsabilidad no es protegerse así mismo, para eso estamos nosotros. Para asegurarles amor y protección.

Enfócate en conocer y conectar con tu hijo, tu prioridad debe ser la relación para que veas el fruto del vínculo.

CAPÍTULO 3

LA FUENTE DE LAS HERIDAS

> Una de las experiencias más dañinas para un niño es la falta de conexión emocional y seguridad con sus padres o cuidadores. Esta ausencia puede generar un profundo sentimiento de inseguridad y desvalorización, afectando negativamente su desarrollo emocional y mental.
>
> GABOR MATÉ

¿Te has detenido a pensar qué siente tu hijo cuando le gritas, lo amenazas, le aplicas la ley del hielo, lo avergüenzas o lo aíslas como consecuencia?

Todos hemos caído en el error de aplicar esas medidas de disciplina, lo hemos normalizado porque es la crianza que probablemente nuestros padres aplicaron con nosotros. ¿Recuerdas alguna experiencia dolorosa que te haya marcado en tu niñez o adolescencia en la que te sentiste solo y lastimado por la desaprobación de tus padres?

Enfrentar separación o desconexión

Recuerdo que en uno de los cursos que tomé con el doctor Neufeld mencionó que **lo que más le afecta a un niño, y que constituye el origen de 95% de los problemas de conducta (el restante 5% se da cuando hay algún tipo de daño neurológico), es enfrentar separación, esa desconexión tanto física o emocional con las personas con las que estamos vinculados.**

Tal vez dentro de tu casa hay dinámicas que utilizas para mantener el orden, prácticas que son altamente comunes en todos los hogares, como mandar a los niños a su cuarto cuando hicieron algo mal, aplicar la famosa "ley del hielo", condicionar planes, restringir el uso de aparatos electrónicos o limitar el tiempo que pasa tu hijo contigo por castigo a alguna conducta inadecuada que tuvo. Probablemente tus papás aplicaron estas dinámicas contigo o son tan universales que las vemos en muchas familias a nuestro alrededor. Yo creo que pocos papás se detienen a analizar si en verdad son efectivas, y en caso de que lo sean, cuál es el impacto que tiene generar esta amenaza como mecanismo para que nuestros hijos se comporten mejor.

Aquí integraremos un nuevo concepto, será fundamental no solo que aprendas lo que significa y qué actitudes pueden generar este sentimiento de separación en el niño, sino que además necesitas invertir toda tu atención en entender cuándo y cómo estás tomando actitudes que enfrentan a tus hijos a sentir separación, pero…

¿Cómo se define la separación?

De acuerdo con el psicólogo John Bowlby, la separación es una interrupción significativa del vínculo afectivo, que puede causar ansiedad y perjudicar el crecimiento emocional del niño.

Entonces, la separación es toda aquella acción, palabra o actitud que nuestros niños perciben ante cualquier interrupción de la conexión que tenemos con ellos. **Es importantísimo recalcar que la separación no necesariamente es un hecho, sino una percepción.**

¿Qué significa esto? Que puedes estar en el mismo espacio y tiempo con tu niño, y aun así él podría sentir separación si no se siente conectado contigo. Puede ser que ambos estén acostados en el sillón, pero como tú estás metida en tu celular entonces tu niño siente que ese aparato lo aleja de ti.

Algunas situaciones no necesariamente malas, pero que pueden resultar dolorosas para estos niños, incluyen: que pases tiempo con sus hermanos sin él, que tengas una atención excesiva al teléfono celular, que realices actividades tan simples como ir al baño o elogiar a un hermano o irte de viaje o que se vayan a la escuela, entre otras. Aunque estas situaciones pueden no ser amenazantes en sí mismas, para estos niños, que son altamente sensibles en lo emocional, pueden sentirse como tales.

Recuerdo la experiencia con un pequeño llamado Lucas, quien no podía estar ni cinco minutos sin estar pegado a su mamá, ¡ni siquiera cuando se bañaba! Comentaba que tenía que meterlo con ella al baño y que él tenía que estarla viendo todo el tiempo detrás de la puerta de cristal de la regadera para asegurarse de que seguía ahí. Sin embargo, eso tampoco era suficiente, era tal su llanto que una puerta de cristal donde claramente podía verla lo hacía sentir alejado. La única solución que lo tranquilizaba era si su mamá se bañaba mientras le daba su dedo índice para que se sintiera conectado a ella.

Otros ejemplos de situaciones que implican separación son:

* Que no puedan controlar tus decisiones ni tu agenda.
* Que estés cansada o enferma.
* Una mirada o el tono de tu voz.
* Que estés inmerso en tus pensamientos y no los escuches.
* Cambios en su vida (que nazca un nuevo hermanito, que se muden de casa o lo cambies de escuela).
* Ir a la escuela o a la clase de ballet.
* Personas y lugares nuevos.
* Perder su objeto favorito.

La hora de dormir es en especial complicada, muchos niños le tienen bastante miedo a esta hora del día y te dan mil excusas para que no los dejes solos, te preguntan cuánto tiempo durará la noche o también se despiertan a mitad de su sueño por miedo.

La noche es el momento más vulnerable del ser humano, así que es natural que a un niño también le cuesten mucho trabajo estas horas de noche. Todo esto se provoca porque su sistema de alerta está activado al no sentir una conexión contigo: al no verte, sentirte o escucharte (recordemos que el primer nivel de vínculo se da por los sentidos). Si tu hijo sintiera que pertenece a ti, no te iría a buscar a la mitad de la noche.

Habrá muchas situaciones que pueden hacerlo sentir alejado y que no podemos evitar. Por ejemplo: no vamos a sacarlos de la escuela porque sufran separación.

En cambio, hay otras situaciones que sí necesitas eliminar o al menos disminuir lo más posible. Sé que puede ser difícil porque tal vez estás acostumbrada a manejar los problemas de conducta a través de estas dinámicas, pero quiero decirte que en caso de que creas que funcionan, únicamente lo hacen de manera temporal, y que hacerle sentir a tu niño que no está conectado contigo puede tener tristes consecuencias en un futuro.

Empezaremos a trabajar para modificar las siguientes medidas y eliminarlas lo más posible:

* Castigos.
* *Time out* (alejarlos de ti para que se vayan a reflexionar).
* Mandarlos a su cuarto.
* Gritos y amenazas.
* Ley del hielo.
* Prohibirles el uso de aparatos con los que están vinculados (televisión, iPad, celular, etcétera).
* Condicionamientos.
* Los ultimátum.

Muchos papás se inclinan a pensar que las reacciones tan explosivas de sus hijos se dan porque son rebeldes o tienen alguna condición neurológica que les impide ser "normales".

¿Qué se siente darte cuenta de que en realidad sus reacciones solo demuestran que estos niños sienten una profunda frustración y mucha inseguridad alrededor de sus figuras de amor y autoridad cercanas?

No quiero que te sientas culpable, al contrario, quiero que entiendas el enorme poder que tienes para ayudar a que tu hijo tenga una vida mucho más plena. Quiero que tú también vivas una transformación para que no solo se arreglen los problemas en casa, sino que la relación con tus hijos se vuelva envidiable.

Recuerda que —claro— las terapias, los doctores y los psicólogos ayudan, pero lo que marca una diferencia disruptiva es todo el trabajo que nosotros invertimos en demostrar con hechos a nuestros hijos que son queridos y que merecen respeto. Ningún experto y ningún tratamiento terapéutico va a poder darle a tu pequeño esa seguridad que solo tú puedes darle.

Todo niño sabe que lo quieres, sabe que lo cuidas, mas no necesariamente se siente cuidado y valorado por ti.

Lo que más lastima a un niño: burlas y amenazas

Otra de las cosas que más lastiman a tu niño es cuando te burlas de él y lo avergüenzas. Y muy probablemente ahora vas a pensar: "Pamela, ¿cómo se te ocurre que voy a avergonzar a mi propio niño?". Muchos papás lo hacemos de forma indirecta.

Decirles que no están dando el ancho, compararlos con otros niños o con sus hermanos por sus capacidades o su madurez, decir frases como: "Mira, ese niño ya sabe sumar y apenas tiene cuatro años, tú tienes seis y no puedes", "Deja de llorar, pareces niño chiquito", "¿¡Cómo te puedes poner así!? No es para tanto", es sumamente doloroso, hay que erradicarlo de nuestro lenguaje.

Nadie mejora tratándolo peor, humillándolo o exponiéndolo; recuerda que muchos de estos niños tienen miedo al fracaso, y no pueden hacer nada nuevo porque tienen pavor de equivocarse: **si los acusamos cada vez que se equivocan, tenemos la fórmula perfecta para frenar su desarrollo**.

Lastimamos su corazón cuando los regañamos frente a sus amigos, también cuando les hacemos bromas con tonos de ofensa. Muchos de estos niños no comprenden el lenguaje figurado y todo lo toman literal, así que incluso bromas inofensivas pueden lastimarlos. Puede que las bromas, por más inocentes que sean, para ellos sean intolerables, así que si notas que tu hijo es especialmente sensible respecto a ellas, bórralas y pídele al resto de las personas que lo rodean que por favor haga lo mismo.

Señalarlos por ser penosos o por no ser sociales los lastima, así como también las amenazas y condicionamientos: "Si no haces esto, no puedes ir a este lugar", "Si no te comportas, no puedes obtener esto". Y el amor no debería ser condicionado.

El amor no es un trueque. Puede que a veces el trueque dé resultados, pero en el fondo hay rencor y frustración, porque nadie debería condicionar nuestras relaciones.

Ponte en la posición de tu niño con este ejemplo: tu pareja te dice que será más cariñoso y atento contigo, que te regalará flores y te hablará con más ternura solo si tienes la casa ordenada y no tienes cambios de humor. También te dice que se irán de viaje para vacacionar pero que solo lo harán si te arreglas todas las noches. Te propone llevarte a cenar una vez a la semana, pero con la condición de que no te estés quejando todo el día.

¿Te sentirías realmente escuchada, aceptada o querida? ¿O creerías que es un amor condicionado? ¿Solo si encajas en sus expectativas te sentirías aprobada por él y merecedora de su amor?

Cuando condicionamos el amor, la aceptación y la conexión con el niño dependiendo de su conducta, en el fondo él se siente frustrado e inseguro de tu amor.

Me encanta utilizar esta analogía que te va a ayudar: quieres fortalecer tu cuerpo porque necesitas ganar músculo y mejorar tu condición física, pero para ver cambios es necesario que tengas suficiente autocontrol para hacer los sacrificios necesarios: dejar el azúcar, las grasas, los carbohidratos en exceso, hacer ejercicio con regularidad, etcétera.

Hay tres caminos. El primero sería quedarte igual, no cambiar tu rutina ni tus hábitos alimenticios; seguirás con la misma fuerza y condición física, sin progresos. El segundo camino sería abandonar el esfuerzo y volver a tus hábitos anteriores, ya que no puedes mantener el compromiso. Es muy probable que tu condición física se deteriore aún más. El tercer camino sería comprometerte con el plan de fortalecimiento, lo cual implica un gran esfuerzo. Sin embargo, a lo largo de las semanas podrás ver que poco a poco tu fuerza y musculatura aumentan, y los resultados serán evidentes.

Lo mismo pasa en la crianza con tus hijos: **si quieres que mejoren sus conductas y surja el proceso de madurez como se debe, es necesario que tomes el tercer camino, el del autocontrol, que requiere de esfuerzo, paciencia y constancia.**

Si tomas el primer camino, seguirás viendo las mismas conductas y teniendo los mismos problemas (y a medida que pase el tiempo empeorarán). Si decides tomar el segundo camino y fomentar la crianza dura y autoritaria, tendrás muchos mayores problemas con tu hijo, hasta el punto en que se desgaste tanto la relación que será complicado recuperarla. El tercer camino requiere disciplina y esfuerzo, pero es el único para lograr los cambios que deseas.

Sé que no es fácil y que las conductas de los niños pueden despertar al dragón que llevamos dentro, pero es necesario para que esto funcione.

Necesito de ti autocontrol y constancia. ¿Por qué? Si un día tú y tu pareja se portan muy comprensibles, empiezan a reducir las amenazas, comienzan a trabajar la relación y a darse tiempo de calidad, pero al siguiente regresan los castigos y las amenazas, entonces el cerebro de tu hijo no creerá que eres confiable y vivirá con mucha incertidumbre de saber si son un vínculo en el cual confiar y descansar.

El cerebro de estos niños es muy inteligente y si detecta que eres muy ambivalente no bajará sus defensas. Los niños no pueden depender de personas que no les ofrezcan seguridad y ternura sin restricciones.

Condicionamientos versus reglas

Hay una diferencia entre los *condicionamientos* y las *reglas*: las reglas se deben establecer, pero en ellas no hay amenaza como en los condicionamientos. La diferencia se logra a través del uso del lenguaje y del tono de voz. Observa el contraste entre las dos frases siguientes:

* ¡Si no terminas tu tarea, no vas a jugar con tu Xbox!
* Para que puedas jugar con tu Xbox, primero necesitas terminar tu tarea.

Hay una gran diferencia en el uso de las palabras: en la primera frase estamos condicionando algo con una orden, en cambio en la segunda opción estamos creando acuerdos para que ellos entiendan que los procesos y las reglas son importantes. Tampoco tenemos que ceder a todo para evitar conflictos; sin embargo, modificar nuestro lenguaje no es negociable.

Evita discutir frente a tus hijos

Los conflictos entre padres también se interpretan como amenazas para ellos. Recordemos que estos niños están extremadamente atentos a su entorno y que todo el tiempo están pendientes de los tonos de voz, las miradas, los ademanes y cualquier otra señal que manifestemos durante los conflictos entre parejas. Si nos ven discutir frente a ellos, pueden empezar a imaginar los escenarios más catastróficos y a sentir inseguridad en sus vínculos más cercanos.

Si ya sabemos que una conversación con la pareja va a convertirse en una discusión, usemos una palabra clave para establecer que vamos a continuar la conversación en un espacio privado. Si ya ha habido una discusión y sus hijos lo notaron, háganles saber que papá y mamá no están de acuerdo, pero que no están enojados ni peleados y que siguen queriéndose a pesar de no opinar igual.

Cuando no tienes un vínculo fuerte con tus hijos, no tienes influencia y autoridad natural en ellos; por eso te inclinas a usar la crianza autoritaria con base en el miedo y el uso de la fuerza.

Por instinto comienzas a gritar, amenazar, castigar, condicionar, pelear y presionar para que tu hijo cambie. Estas medidas de disciplina sí funcionan, pero a costa de la pérdida de emociones vulnerables; tus hijos no podrán depender de ti y por lo tanto su relación no será sana.

Piénsalo como un jefe dictador en el trabajo. Si todo el tiempo te humilla, te grita, te dice que si vuelves a cometer un error en el trabajo te va a despedir, es probable que tu rendimiento sea bueno, estarás atento a no cometer equivocaciones, pero en cuanto tengas la oportunidad, te irás de ese lugar.

No te gustaría que las finanzas de tu familia dependieran de un jefe que si despierta de malas te puede humillar y hasta correr, ¿no? En cuanto puedas huir, buscarás un nuevo empleo con la posibilidad de encontrar un jefe que te motive, te guíe, te escuche, sea empático y tolerante a las equivocaciones que puedas cometer.

El miedo funciona a costa de un precio muy alto, que te explico a continuación.

Qué sucede en el cerebro. ¡Alarma!

Veamos un poco de neurociencia. La amígdala cerebral forma parte del sistema límbico y desempeña un papel fundamental en el procesamiento y la regulación de las emociones, en especial las relacionadas con respuestas de miedo y estrés. Actúa como un centro de alerta temprana, detectando posibles amenazas en el entorno y desencadenando respuestas automáticas de supervivencia, como el aumento del ritmo cardiaco y la liberación de hormonas de estrés.

En su curso "La conexión vital", la teoría del doctor Gordon Neufeld, explica que cuando el ser humano enfrenta un proceso de separación, se activan en el sistema límbico del cerebro tres emociones: búsqueda, alarma y frustración. No necesariamente se encenderán las tres al mismo tiempo, pero una vez que una de ellas se activa, surgirán las otras dos.

Para ilustrar este proceso consideremos un ejemplo común: cuando perdemos a nuestro hijo en un parque de diversiones. Imagina que tu hijo se te pierde en Disney; en automático te enfrentas a la amenaza de separación que implica el perderlo. Tus emociones se encienden y se manifiestan de la siguiente manera:

Búsqueda: Comenzarás a buscarlo, recorriendo cada atracción y preguntándole a todo mundo si lo ha visto. Al mismo tiempo se enciende la alarma.

Alarma: A medida que pasa el tiempo sin encontrarlo, nuestras preocupaciones aumentan. Comenzamos a imaginar escenarios preocupantes, como que el niño podría haber tenido un accidente, esté solo llorando o incluso se haya ido con un desconocido.

Frustración: Cuando por fin logras encontrar a tu hijo, es posible que tu frustración sea tan fuerte que ataques a tu hijo regañándolo o castigándolo porque te desobedeció y se alejó de ti.

Esto es exactamente lo que pasa en el cerebro de nuestros niños cuando enfrentan separación: este ciclo de búsqueda, alarma y frustración no termina, se sigue reproduciendo. **Por eso verás mucha frustración acumulada en tus niños.**

Más adelante aprenderemos cómo romper con este ciclo y hacer todo lo contrario: cómo disciplinar asegurando que la relación no se rompa. Sin embargo, no podemos llegar a ese punto si nosotros seguimos infundiendo miedo a través de nuestras conductas. Por eso es indispensable que vayas modificando todas las acciones, palabras y reacciones que enciendan la amenaza de tu niño y le provoquen una creciente frustración.

La frustración es natural, aunque claro que lo ideal es evitar escenarios y situaciones que enciendan la alarma de nuestros niños, sobre todo cuando somos nosotros la fuente de heridas. Sin embargo, tampoco podemos tenerlos en una esfera de cristal; la vida los hará enfrentar momentos de frustración y eso es inevitable. No queremos sobreprotegerlos, solo eliminar aquellas situaciones que les provocarán una frustración innecesaria. La frustración es parte de la vida de todos, incluso de los adultos neurotípicos.

Por ejemplo: imagina que ibas a cerrar un trato en el trabajo y que eso ya te había asegurado un bono de dinero que sabías que ibas a utilizar para pagar un préstamo, para irte de vacaciones con tu familia o para pagar una deuda. De un momento a otro te dicen que ese *deal* ya no se va a cerrar (**separación** de perder el dinero) y empiezas a **buscar** la manera de resolverlo, pero no lo logras y llegas a casa frustrado porque te arruinaron los planes que ya habías programado para el uso de ese dinero. Al mismo tiempo surgirá una gran preocupación **(alarma)** por tu futuro financiero. ¿Ahora dónde vas a conseguir el dinero para pagar el crédito que está por llegar a su fecha límite? No solo los niños experimentan este ciclo, todos los humanos lo hacemos cuando vivimos etapas o momentos de frustración.

La frustración es una energía —no necesariamente consciente— que necesita liberarse. Es la emoción detrás del enojo y genera energía de ataque cuando no se puede conseguir algo.

La frustración es algo muy natural que todos experimentamos cuando las cosas no salen como nos gustaría. El problema con estos niños es que se frustran muy fácil por situaciones cotidianas que no deberían causarles tanto estrés. Los tratos rudos y nuestra incapacidad para adaptarnos a una crianza llena de seguridad y amor que comprenda las necesidades de nuestros hijos muchas veces los lleva a vivir en constante frustración. Claramente, ellos encontrarán maneras de liberar tanto estrés y ansiedad a través de reacciones que nosotros podemos considerar extremas o intensas: llantos, golpes, gritos, etcétera.

El cerebro de estos niños empieza a utilizar toda su energía para defenderse en vez de madurar. Evitan a toda costa ser lastimados emocionalmente y, por lo tanto, buscan no depender del adulto y mostrar vulnerabilidad. El niño lo vive de este modo: "No me siento seguro porque el amor de mamá no es consistente. Al acompañar a mi hermano a bañar, me enfrenta a la separación de estar con ella, entonces voy a tratar de demandar su atención **(búsqueda)**. Por más que la llamo, no me hace caso y empiezo a sentir ansiedad **(alarma)**, me frustro a tal nivel que lo único que puedo hacer es llorar, gritar y hacer un enorme berrinche **(frustración)**, ya sea para liberar mi enojo o para conseguir que mamá me haga caso".

Cada una de estas tres emociones tiene una función. La función de la frustración es generar un cambio, la de la búsqueda es preservar un vínculo y la de la alarma es cuidarte de alguna amenaza. (Si te interesa profundizar en este tema, te recomiendo consultar el libro *Regreso al vínculo familiar*, de Gordon Neufeld. Este texto ofrece perspectivas valiosas sobre la crianza que pueden enriquecer tu comprensión).

Como consecuencia, nuestros niños no pueden depender de nosotros. Porque no les ofrecemos un espacio seguro donde puedan expresar sus emociones con libertad. No quieren entregarte su confianza porque "si mamá me falla, entonces me lastimará; por lo tanto voy a evitar sentir cualquier tipo de vulnerabilidad". Esto coloca a los niños en la posición de alfa que abordamos en el capítulo anterior, porque su sistema de defensa no les permite confiar ni respaldarse en sus padres, impidiendo la jerarquía ideal para una crianza efectiva.

En situaciones de separación y alerta, la amígdala del cerebro se enciende y decide atacar, huir o paralizarse. Si nosotros activamos constantemente la amígdala de estos niños, se alejarán de nosotros. Imagina que te está persiguiendo un perro: tus opciones son lanzarle una piedra invisible (atacar), correr (huir) o quedarte quieto por el miedo (paralizarte). El cerebro de tu hijo también elegirá cualquiera de estas opciones.

Conductas típicas ante el exceso de amenaza

Estos niños ya sienten mucha amenaza al recibir constantes estímulos e información que llegan de golpe sin ser filtrados sensorialmente. Si a esto le sumamos gritos, miradas, amenazas y regaños, se produce una sobresaturación de emociones que necesitan liberar de algún modo.

Cuando el cerebro siente exceso de amenaza (alarma), se manifestarán conductas como ansiedad, miedos, fobias, tics, problemas de sueño y agitación. Los niños que enfrentan frustración muestran mucha agresión, insultan, gritan, se autolesionan para cubrir su dolor emocional, hacen berrinches y son oposicionistas. Cuando la búsqueda de un niño está muy activada, constantemente demandará atención, planes, compras, comida, apoyo, ayuda y acompañamiento, porque sienten niveles altísimos de inseguridad, obsesión y búsqueda de estímulos, lo que los convierte en niños muy demandantes.

¿Ya notas cómo todos los temas se empiezan a hilar? ¿Ahora entiendes un poco mejor por qué te digo que tenemos que enfocarnos en trabajar la relación y no en corregir conductas?

Estos niños nacen con una sensibilidad que los sobrepasa, generando defensas para no sentir dolor ni vulnerabilidad, lo que interrumpe su proceso de madurez y crea problemas para vincularse, resultando en dificultades de aprendizaje y problemas de conducta. Es muy difícil ser padre de estos niños, porque, como ya vimos, evitan la vulnerabilidad, y lo que impulsa el proceso de madurez son precisamente las emociones vulnerables.

Función de las emociones en el proceso de madurez

El motor principal de la madurez es el desarrollo de la autoconciencia y la capacidad de autorregulación emocional. Es decir, las emociones mueven al ser humano, y para que un niño madure necesita poder expresar, reconocer y nombrar el sentimiento de esa emoción.

En su libro *El rostro de las emociones: cómo leer las expresiones faciales para mejorar sus relaciones*, Paul Eckman menciona que las emociones son respuestas psicofisiológicas automáticas a estímulos específicos, que involucran cambios en el cuerpo y la mente, y suelen ser inconscientes.

Un ejemplo muy básico es ese "miniinfarto" que tienes al no sentir tu celular en la bolsa y creer que ya lo perdiste o, peor, que ya te lo robaron. Tu sistema de alarma se enciende en el momento en que metes la mano a tu bolsa y no lo sientes. No te pones a analizar con calma dónde pudiste haberlo dejado, sino que con desesperación lo buscas en todos los rincones. Ese miedo de haber pedido el celular no fue racional, sucedió por inercia.

Los sentimientos, en cambio, son la interpretación consciente y subjetiva de esas emociones, perduran más tiempo y son el resultado de un procesamiento cognitivo más profundo. Por ejemplo: reflexionar sobre el miedo experimentado y sentir preocupación por que alguien pueda entrar a tu app del banco, que se comuniquen con tus contactos para extorsionarlos o que puedan acceder a tu información privada.

Entonces, para concluir, **la emoción es inmediata e inconsciente y los sentimientos son la consecuencia de**

haber hecho consciente la emoción; estos sí requieren de un procesamiento mental.

Las emociones son energía que, al igual que el aire que respiramos, necesitan entrar y salir. Si entran emociones de frustración, también deben liberarse. Los niños no siempre son conscientes de la frustración que están acumulando; muchas veces es el cansancio, el hambre o simplemente el agotamiento tras un largo y difícil día en la escuela lo que desencadena una explosión emocional ante una orden tan simple como: "Lávate las manos, que ya vamos a comer". No te dejes llevar por lo que ves, hay que observar qué emoción lo está moviendo.

La importancia de las emociones

> Permanecer vulnerables es un riesgo que debemos tomar si queremos experimentar conexión.
>
> BRENÉ BROWN

Una persona con inteligencia emocional es aquella que acepta las emociones vulnerables en su vida. No es reactiva, sino que evalúa sus acciones y no se deja guiar nada más por sus impulsos. La vulnerabilidad es esencial para la inteligencia emocional.

Cuando conocemos a alguien que consideramos emocionalmente inteligente nos damos cuenta de que esta habilidad no se aprende a través de libros, sino que se desarrolla mediante experiencias que le permiten manejar sus emociones con equilibrio. Estas personas son capaces de experimentar y expresar una amplia gama de emociones, desde tristeza, enojo y dolor, hasta felicidad, gozo, tranquilidad y empatía.

En el pasado, las emociones como llorar, hacer un berrinche o expresar enojo solían ser mal vistas y podían causar problemas con los padres. Sin embargo, la neurociencia actual ha demostrado que las emociones son procesos fundamentales que afectan todos los aspectos de la vida humana, desde la toma de decisiones hasta la salud física y mental. Las emociones nos ayudan a adaptarnos, aprender y conectar con los demás. No frenes las emociones de tus hijos en la medida de lo posible.

En este proceso resulta indispensable considerar el costo de frenar, minimizar o ignorar las emociones de tus hijos. **Al reprimir sus emociones, también estamos frenando su proceso de maduración.**

Para que un niño desarrolle obediencia, motivación, consideración, para que acepte límites y sea responsable, independiente, resiliente, y para que tenga autocontrol y se integre socialmente, es crucial que establezca un vínculo profundo con sus padres.

Debe ser capaz de experimentar tristeza, dolor, angustia y miedo, confiando en que mamá y papá lo acompañarán y apoyarán, en especial en esos momentos en que se siente vulnerable.

Solo con un vínculo fuerte y seguro podrán surgir estas cualidades y facilitar el proceso de individuación de su propio yo.

Evita juzgar, minimizar o negar; valora sus emociones

Elimina de tu vocabulario las frases que avergüenzan y humillan a un niño, como: "Eres un llorón" o "Qué dramática eres, así nadie te va a aguantar". Tampoco uses frases que minimicen sus emociones, como: "No es para tanto", "Ya tienes siete años y sigues poniéndote así" o "No puedes llorar por eso".

A menudo, los niños lloran por cosas que parecen triviales porque no se sienten cómodos expresando el motivo verdadero: una falta de conexión profunda que los hace sentir olvidados y frustrados.

Evita también frases que controlan la emoción, como: "Si sigues llorando, me voy", "Deja de llorar", "Hasta que te tranquilices te hago caso", "Deja de hacer berrinches". Al eliminar estas frases de tu lenguaje notarás una disminución en la ansiedad y los problemas de conducta.

La corteza prefrontal, la impulsividad y el autocontrol

Todo niño sabe que está mal pegar, insultar, gritar, desafiar, no obedecer o no compartir. Pero ¿por qué no dejan de hacerlo? Debemos entender que este proceso de madurez no depende solo de la razón, sino de la capacidad de sentir vulnerabilidad. Permíteme explicarlo.

La corteza prefrontal ayuda a regular las respuestas emocionales generadas por el sistema límbico, en especial las respuestas impulsivas mediadas por la amígdala. Es la parte del cerebro encargada de la toma de decisiones, la planificación, la organización, la atención, la concentración, la memoria de trabajo, el manejo de emociones y el control de impulsos.

Es la última parte del cerebro en desarrollarse y es fundamental para el autocontrol. En niños neurotípicos, las conexiones neurológicas que permiten el autocontrol se forman alrededor de los cinco y siete años de edad, siempre y cuando su proceso de madurez sea óptimo.

Sin embargo, en niños con híper o alta sensibilidad, este desarrollo puede tardar un poco más. ¿Por qué tardan más? Como son niños que sienten demasiado y sus reacciones son muy intensas, es necesario que llegue otra emoción opuesta con la misma intensidad a frenarlo. Realmente no lo pueden controlar, no depende de la razón, depende de procesos madurativos.

Por ejemplo: tu hijo maduro de seis años está muy frustrado porque su hermano menor se comió el último dulce que él guardaba. Él siente el impulso de pegarle, y cuando está a punto de hacerlo surge en él otro sentimiento al mismo tiempo de ternura y miedo reconociendo que podría lastimarlo, esto lo frena y logra controlarse.

Para tener un niño balanceado, con perspectiva, considerado y con buen manejo emocional, se necesita sentir dos emociones o dos pensamientos a la vez. Se trata de una mezcla de sentimientos y pensamientos que surgen automáticamente y que llevan al niño a actuar de manera civilizada.

Este proceso es gestionado en automático por el cerebro, un mecanismo proporcionado por la naturaleza.

Para que el cerebro pueda realizar esta función, es necesario que los padres permitan al niño contactar con sus emociones vulnerables. Esto se logra creando un espacio para la expresión emocional, validando lo que sienten y ofreciendo una conexión profunda con nosotros, sus padres.

Por ejemplo: un niño de cinco a siete años, por naturaleza inmaduro, tenderá a ser impulsivo, egocéntrico, egoísta; no querrá compartir, querrá todo de inmediato y no tendrá la capacidad de prever las consecuencias de sus actos. Si le dices que no le pegue a su hermano o que no aviente piedras; si su deseo es hacerlo, no se detendrá a pensar en las consecuencias de sus acciones.

Esto también sucede con niños mayores de siete años si su proceso de madurez se ha estancado. Tendrán conductas similares a las de un niño de cuatro años, incluso si tienen 12, 18 o 40 años.

¿Conoces a un adulto cercano que te parezca inmaduro? Es probable que sí, ya que seguramente lo ves impulsivo, egocéntrico, sin perspectiva y carente de empatía.

El problema con estos niños radica en que, al no experimentar los sentimientos necesarios debido a sus defensas, no pueden vivir esa mezcla emocional que los lleva al autocontrol. Ellos actúan por un impulso, por un deseo, por un pensamiento, y eso los mete en problemas. La respuesta es que el niño pueda sentir "conflicto interno".

Por ejemplo: cuando tu hijo te desobedece o le pega a su hermano, es comprensible que sientas una gran frustración, lo que puede llevarte a tener el impulso de regañar, gritar o castigar. Sin embargo, como has leído en los capítulos anteriores, es posible que surja un pensamiento simultáneo que te diga: "¡Detente!". Este pensamiento te recuerda que esas acciones solo causan daño, alejan a tu hijo de ti y fomentan la formación de más defensas. El miedo de lastimar a tu hijo puede entonces surgir, ayudándote a controlarte.

Piensa en ti mismo: imagina que pronto tendrás unas vacaciones en la playa y decides empezar una dieta con anticipación porque te encantaría sentirte bien en el traje de baño que te acabas de comprar. Hacer dieta requiere esfuerzo y sacrificio y constantemente experimentarás un conflicto entre dos emociones y pensamientos opuestos.

Por un lado, tienes el deseo de verte bien bajando esos kilos y sabes que para lograrlo necesitas limitar tu alimentación.

Ahora... resulta que estás en una comida y alguien pide tu postre favorito justo frente a ti. Por un lado, sentirás el deseo de comerlo, pero si al mismo tiempo surge el recuerdo de la dieta y el deseo de verte bien en traje de baño es más fuerte, entonces lograrás hacer el sacrificio y dejar el postre para después. Pero ¿qué pasaría si decides comerte el postre y mandas todo a volar? Significa que fue más fuerte el deseo de comértelo en ese momento, y la otra emoción no logró el equilibrio. Esa mezcla de emociones, aunque no la notamos, está presente en todas las decisiones que tomamos para no ceder ante el primer impulso que sentimos en cualquier situación.

Otro ejemplo en la crianza: entiendo que te frustra mucho cuando tu hijo no hace caso para hacer la tarea y sientes el deseo de gritarle o amenazarlo para que obedezca. Sin embargo, si al mismo tiempo sientes miedo de dañar la relación y experimentas compasión y ternura hacia él, estos sentimientos opuestos pueden despertar la paciencia en ti y evitar que reacciones de manera agresiva. En este caso, esos dos sentimientos contradictorios te han detenido y te han impedido ceder a tu primer impulso.

Para concluir, es importante comprender que el proceso de madurez no se enseña, sino que se desarrolla. Y depende de los adultos responsables del niño apoyar este desarrollo.

Pero ¿qué sucede si tienes un hijo mayor de nueve años que sigue siendo impulsivo? No te preocupes, más adelante veremos cómo podemos ayudar a estos niños proporcionándoles guiones para que actúen con madurez mientras desarrollan la suya propia. Este proceso puede desbloquearse con paciencia y comprensión, entendiendo que simplemente decir "Debes controlarte" no funciona. Es crucial que sigas leyendo el libro para entender lo que sucede y, sobre todo, para reducir las defensas del niño, facilitando así su maduración.

Retos para los padres

1. Evita ser la fuente de heridas.
2. Enfócate en hacer que se sienta en casa para que pueda sentirse seguro.
3. ¿Te has fijado cómo les hablas a tus hijos? Cuida tu tono, disminuye gritos, amenazas y condicionamientos. Estos niños son sumamente sensibles a tus modos.
4. El problema no radica en la conducta, sino en la relación. Lo que ves ahora es solo la punta del iceberg; confía en que al cambiar tú, todo el sistema familiar también cambiará. Debes creer que tienes en tus manos la clave para ayudar a tu hijo, ya que solo tú eres quien mejor lo conoce y puedes ofrecerle el descanso que necesita.

5. Ajusta tus expectativas respecto a lo que le pides a tu hijo. No puede hacer dos cosas al mismo tiempo; si está viendo la televisión, no te escuchará. Si te insulta o te pega, no lo tomes personal; simplemente no ha podido controlar sus impulsos.
6. Habla de cosas vulnerables que te hayan sucedido a ti. No frenes sus emociones, reconócelas y valídalas. Es necesario para que tu niño se sienta aceptado por quien es, no por lo que te gustaría que fuera.

Entiendo que no es posible implementar todos estos nuevos conocimientos en casa de un día para otro. Sin embargo, para ver resultados necesitamos autocontrol, disciplina y constancia. Quiero animarte a cambiar tu perspectiva y cuestionar tus creencias y lo aprendido en tu infancia. En lugar de limitarte a dar órdenes, es crucial ayudar a nuestros hijos a enfrentar las situaciones que les provocan ansiedad.

Es natural querer evitar el sufrimiento; todos, por instinto, tratamos de minimizar el dolor. No obstante, los niños que han experimentado heridas emocionales con frecuencia desarrollan una aversión particular hacia la vulnerabilidad, lo que puede dificultar su capacidad para establecer vínculos significativos y ralentizar, o incluso obstaculizar, su proceso de maduración.

Ser emocionalmente inteligente no significa volverse insensible y no sentir nada. Implica aprender a gestionar nuestras emociones, comprenderlas y aceptarlas. Las emociones son el motor de nuestro crecimiento, y debemos ayudar a nuestros hijos a experimentar y manejar sus emociones de forma adecuada en diferentes situaciones. Esto incluye permitirles sentir la felicidad y la paz, así como el enojo y la tristeza cuando sea necesario.

CAPÍTULO 4

DEFENSAS Y AGRESIÓN

Cuando un niño es inmaduro, es más propenso a meterse en problemas y a generar conflictos tanto dentro como fuera de casa. **Es crucial que los padres comprendan que estos niños no son plenamente conscientes de sus acciones.** No se trata solo de un problema de comportamiento, sino de una cuestión emocional que les dificulta integrar habilidades emocionales y racionales, llevándolos a reaccionar de manera más impulsiva o defensiva.

Lo primero que quiero que sepas es que tu hijo seguirá enfrentando problemas, ya que estas defensas le impiden "ver" las posibles consecuencias de sus acciones. La puerta a sentir vulnerabilidad está cerrada.

En este capítulo abordaremos los mecanismos de defensa que el cerebro emplea para sobrevivir y cómo estas defensas afectan el desarrollo del niño, la disminución de la influencia parental y el endurecimiento emocional.

Identifica cuál o cuáles mecanismos ha adoptado tu pequeño según las defensas que generó, aunque el tratamiento para trabajar la relación aplica para todos.

Mecanismos de defensa

Todos los seres vivos hemos adoptado mecanismos de defensa para priorizar la sobrevivencia. Los entornos hostiles que no propician un desarrollo prolífico nos obligan a buscar maneras de adaptarnos para funcionar y sobrevivir. Las plantas tienen espinas para evitar ser devoradas, los zorrillos rocían sustancias malolientes para defenderse de depredadores que los acechan, los pulpos y los calamares tienen habilidades de camuflaje, y los humanos también creamos nuestros propios mecanismos de defensa para evitar ser heridos y seguir manteniéndonos con vida.

Estas conductas defensivas surgen cuando el niño percibe que su entorno no es completamente seguro o comprensivo. Al carecer de las herramientas cognitivas y emocionales necesarias para expresar y procesar sus sentimientos de manera saludable, el niño recurre a estas defensas como una forma de autoprotección. Estos mecanismos son estrategias inconscientes que utiliza para protegerse del dolor emocional.

Según diversos autores, podemos identificar varios mecanismos de defensa, sin embargo, en lo que todos coinciden es que surgen de una falta de conexión profunda en la relación padre-hijo.

¿Qué mecanismos de defensa pueden adoptar estos niños?

a) **Niño atorado en alfa:** puedes observar a un niño muy mandón, manipulador, controlador, voluntarioso y demandante, con baja tolerancia a la frustración y una gran dificultad para aceptar límites y manejar el estrés. Este tipo de niño intenta controlar todo lo que sucede en su entorno. Al alfa no le gusta aceptar pérdidas, siempre busca salirse con la suya y puede ser explosivo o agresivo hasta lograr que mamá y papá cedan a sus deseos.

Podríamos pensar que el niño será feliz si sus padres siempre lo obedecen, pero cuando la jerarquía está invertida el niño no se sentirá amado ni cuidado.

b) **Retirada:** algunos niños pueden optar por retirarse emocionalmente. Esto puede manifestarse en una falta de comunicación con sus padres, distanciamiento, represión de emociones o un interés reducido en actividades sociales.

c) **Desensibilización:** a simple vista, estos niños parecen "duros", al mostrar una aparente insensibilidad y falta de empatía. Su cerebro evita experimentar todo tipo de sentimientos, incluyendo la alegría, el amor que reciben y la satisfacción por lo que tienen, así como la angustia y la tristeza. No sienten el miedo que implica exponerse a situaciones nuevas y tienen una actitud más indiferente hacia sus resultados académicos. Es complicado captar su atención, y pueden llegar a resistir el contacto con sus padres.

d) **Sustitución de conexión:** el ser humano necesita estar vinculado a otras personas; es una necesidad básica de supervivencia. Cuando se activa un mecanismo de defensa, los padres pierden influencia sobre sus hijos. La falta de una conexión segura y confiable con sus padres lleva a los niños a buscar otras conexiones, ya sea con personas, objetos o entretenimiento que les "anestesie" el dolor.

¿Has notado que los niños a menudo prefieren estar fuera de casa, pasar horas en el iPad o redes sociales, o incluso se sienten más conectados a una mascota o un objeto que les brinda mayor seguridad (como un chupón, una manta o un peluche que llevan a todas partes)?

Es común que los niños pequeños usen estos objetos, pero el problema surge cuando, al no tenerlos, se descontrolan y experimentan altos niveles de estrés y frustración.

Cuando un niño siente un vacío emocional por la falta de una conexión profunda y satisfactoria con sus padres, buscará "llenar" esa sensación de ansiedad con algo que lo estimule o lo anestesie.

¿Cómo saber si el vínculo se ha transferido a otra cosa o persona? Las conductas más frecuentes incluyen: dificultad para alejarse de las pantallas o videojuegos, comer con ansiedad, exceso de ejercicio, apego a amigos imaginarios, dependencia de una ayudante en casa, necesidad constante de estar con sus amigos o apegados al celular.

Esta situación provoca que los padres pierdan influencia, la obediencia y la autoridad natural sobre sus hijos, ya que no han ganado su corazón.

Quien tenga el corazón del niño, tendrá su lealtad.

Por eso los amigos se vuelven tan importantes para ellos; los imitan, siguen su guía, sus valores e influencia. Recuerda el dicho que usamos los padres: "Si tu amigo te dice que te avientes por la ventana, ¿te avientas?".

Esto refleja que la lealtad del niño está con sus amigos. Sin embargo, no podemos olvidar que una de las principales fuentes de heridas para nuestros hijos son otros niños, lo que hace que los padres enfrenten una lucha constante para guiarlos.

Por ejemplo: imagina que tu relación de pareja no está fluyendo de una manera sana. Hay conflictos constantes, faltas de respeto, no te sientes escuchada ni importante para tu pareja. Es muy probable que te sientas herida y no te den ganas de estar cerca de él/ella (retirada). Es muy probable que esa energía que dedicabas a conectar con tu pareja la transfieras a alguna actividad, amigos, tu celular, ejercicio (sustitución de conexión) y por lo tanto evites llegar a casa o estés más "ausente" en tu relación. Es probable que su rechazo o heridas ya no te duelan tanto (desensibilización). Sin embargo, es evidente que será difícil abrir de nuevo tu corazón si la situación no cambia; estarás siempre alerta para evitar ser lastimada.

Si ya identificaste las defensas, entenderás por qué no tienes una influencia natural y autoridad sobre tu hijo y por qué puedes recurrir a gritos, castigos y amenazas.

Nuestro objetivo no es cambiar conductas ni descifrar qué consecuencias imponer, ya que un niño con fuertes defensas como diques y muros no aprende de los castigos ni de las consecuencias.

El verdadero objetivo es ir suavizando esas defensas y recuperar la jerarquía gradualmente. Este proceso puede ser largo, pero es esencial. Lo lograremos de tres maneras: disminuyendo la percepción de amenaza de separación o desconexión que siente hacia sus padres, restaurando la jerarquía parental para ofrecerle lo que necesita para madurar y tener una influencia positiva sobre él, y, por último, ablandando su corazón poco a poco para que pueda sentir amor y empatía, facilitando así su maduración emocional. Si cambiamos la relación, cambian los problemas de conducta.

Energía de ataque y desbordes emocionales

Estas defensas son la causa subyacente de problemas de conducta como ansiedad, agresión y dificultades de integración social, entre otros. **Reducir estas defensas es la parte más compleja del proceso, ya que impiden que el niño reconozca que se está metiendo en problemas, actúe impulsivamente y no mida las consecuencias de sus acciones, entre otras conductas.**

Los niños con defensas atoradas constantemente se sienten frustrados, ya que su vida no funciona como desearían, lo que resulta en ataques y desbordes emocionales. No tienen tolerancia a la frustración y lo que más les frustra es no sentirse conectados con sus padres, no sentirse importantes, comprendidos, vistos y amados.

Además, su alta sensibilidad contribuye a una sobreestimulación sensorial que intensifica su frustración. **La combinación de estos factores hace que vivan continuamente frustrados, y cualquier situación que se desvíe de su orden deseado puede desencadenar explosiones y agresión.**

¿Qué es la frustración?

La frustración es una emoción, ya sea consciente o inconsciente, que surge cuando algo no sale como esperábamos. Es similar a cuando planeamos un gran día y un imprevisto pequeño arruina nuestros planes. Para los niños, la frustración es una emoción muy real y a menudo difícil de manejar, que se manifiesta de forma directa y, en muchas ocasiones, sin control.

En los niños, la frustración se expresa de diversas formas, dependiendo de su edad y desarrollo emocional. Los más pequeños pueden manifestarla a través de berrinches, gritos o llanto, mientras que los niños mayores pueden mostrarla mediante quejas, comportamientos desafiantes o aislamiento. Algunos recurren a actitudes agresivas, como golpear o romper objetos, mientras que otros se vuelven más reservados y evitan actividades que antes disfrutaban.

A estos niños la frustración los acompaña desde que se despiertan hasta que se duermen. Si no logramos establecer una conexión con nuestro hijo y hacer que se sienta sostenido, los ataques y explosiones continuarán. Las defensas están diseñadas para evitar el sufrimiento, pero este nivel de protección también impide que el niño experimente amor, cariño y reconozca el esfuerzo que hacemos por él, llevándolo a sentir que nada es suficiente.

¿Tolerancia a la frustración?

¿Tu niño no tolera la frustración? ¿Explota por cualquier cosa y hace un drama todo el tiempo? Esto tiene una explicación: los niños no están diseñados para simplemente "tolerar" la frustración. "Tolerar" significa aceptar o soportar algo difícil, incómodo o desagradable sin reaccionar de forma negativa. ¿Te imaginas tener que tolerar una situación en tu vida, como una mala relación de pareja, y estar sonriendo y de buen humor siempre? ¿En verdad podrías? La respuesta es que sería muy difícil, a menos que te desvincularas emocionalmente de esa persona. Tú puedes decidir romper los lazos emocionales con tu pareja, pero los niños, que aún dependen de sus padres, no tienen esa opción.

Imaginemos que todos los seres humanos tenemos un vaso que nos ayuda a tolerar la frustración. Pero ¿qué sucede si ese vaso se va llenando poco a poco de decepciones y frustraciones a lo largo del día? Llega un momento en que la capacidad del vaso se desborda. Los niños que están atorados en una posición de alfa, y que no sienten una conexión profunda con mamá, papá o ambos, ya tienen 70% de su vaso lleno desde que amanecen.

Además, su vaso se llena más rápido que el de los niños neurotípicos debido a:

1. La falta de conexión emocional con papá o mamá.
2. La sobreestimulación sensorial.

Por lo tanto, ante cualquier situación como un suéter que pica, la burla del hermano, los gritos de mamá, un lunch que no le gusta, tener que hacer la tarea o un cambio de planes, tu hijo puede explotar y desbordarse. Como padre, podrías pensar que su reacción es exagerada y no entender por qué una simple indicación provoca una respuesta tan intensa. Es importante que sepas que eso fue solo la gota que derramó el vaso; hay algo más profundo que está afectando a tu hijo.

Todos hemos tenido esos días donde nos sale mal una cosa tras otra, y nos preguntamos qué más puede suceder para que el día se ponga peor. Pues esa es la vida diaria de estos pequeños, frustraciones que todo el día los saturan y que claramente en algún punto tienen que salir. **Y la energía de frustración se convierte en energía de ataque, berrinches, desbordes emocionales.**

Para comenzar a reducir los desbordes emocionales y la energía de ataque es fundamental cambiar la relación, ya que es lo que más genera frustración. Debemos reconquistar su corazón y evitar ejercer más presión para que controlen sus impulsos, ya que esto provoca el efecto contrario: a mayor presión, más intensa será la explosión. En lugar de centrarnos en controlar su comportamiento, enfoquémonos en fortalecer la relación. Al mismo tiempo, es importante darles espacio para que expresen su frustración sin que se rompa la conexión con nosotros. ¿Cómo lo logramos? Primero, es necesario entender cómo funciona la frustración en el cerebro y cuáles son las vías naturales para liberarla.

Manejando la frustración

Pon mucha atención porque esta es una sección que por ningún motivo te puedes saltar.

Este concepto se lo atribuimos a la investigación y metodología del doctor Neufeld en su curso "La conexión vital", que explica las tres salidas que tiene el cerebro de cualquier persona para liberar la frustración.

La energía de la frustración debe ser liberada, así como entra, debe salir. Cuando un niño se enfrenta a una situación frustrante, su cerebro intenta resolverla pidiendo lo que desea, como un nuevo helado si se le cae el anterior.

Si los padres ceden, la frustración se alivia. Sin embargo, si son firmes y no acceden, el niño debe adaptarse y aceptar la pérdida, lo que implica un proceso emocional de lágrimas y dolor. Este camino de adaptación es crucial para su maduración emocional.

Al enfrentar su frustración, el niño aprende que no todo en la vida se da de la forma que le gustaría. **Esta transición de sentimientos de enojo a tristeza es clave para desarrollar resiliencia, enseñándole a recuperarse de las pérdidas.** En mis palabras, es el camino del "ya me chingué", un proceso necesario para evolucionar. Experimentar y enfrentar pérdidas con el apoyo de los padres permite al niño aprender de sus errores y madurar emocionalmente. Al final, al transitar de la ira a la tristeza, la frustración se libera de manera adaptativa.

Sin embargo, en estos niños las defensas que han construido para evitar el dolor no les permiten aceptar las pérdidas. Por ser tan sensibles, la puerta de la adaptación (el camino de la tristeza), que requiere admitir pérdidas, es inexistente para ellos. Viven en una constante defensa contra la vulnerabilidad, así que la energía no puede salir por ese camino y se dirige a otra puerta, que es la de ataque.

Cuando un niño no logró salirse con la suya, ni se pudo adaptar, la única salida que queda es la del ataque; esto lo vemos a través de berrinches, golpes, gritos, insultos, burlas, aventar cosas y retar.

Por eso, estos niños constantemente tienen estas conductas agresivas que no pueden controlar, aunque sepan que está mal actuar así.

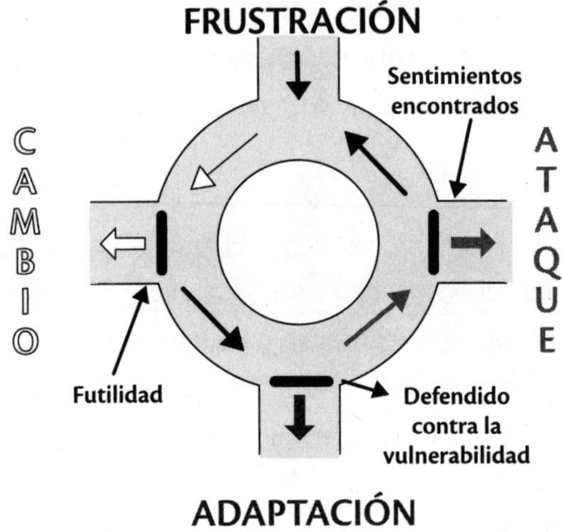

Figura 4.1. © Dr. Gordon Neufeld

La figura 4.1 lo explica bien: cuando entra la frustración existen tres puertas: **cambio, adaptación y ataque.** Si la puerta de cambio se abre, entonces por ahí saldrá la frustración, pero si está cerrada se dirigirá a la adaptación; por último, si la adaptación no se da, la frustración sale por la última puerta en forma de ataque.

Te lo ejemplifico con un evento recurrente en niños con defensas: Le dices que su tiempo de iPad acabó:

1. El niño intentará convencerte (*hacer un cambio*). Te pedirá cinco minutos más, te prometerá que se va a portar muy bien si le das más tiempo, y si te convence, ya salió la frustración y fin del problema.
   a) Pero si se topa con un no firme de tu parte, la frustración buscará otro camino, que es el de la *adaptación*, aunque como tiene defensas para no aceptar la pérdida,

como se ve en la figura 4.1 con la puerta cerrada, la energía no sale y…

b) Se dirige a la salida del *ataque*. Pega, grita, reta, insulta, te dice que eres la peor mamá, o, por otro lado, se aguanta por miedo y desplaza esa energía pegando e insultando al hermano.

Para que entiendas lo común y natural que es este proceso, imagínate en la siguiente situación:

Hace seis meses le pediste permiso a tu jefe para irte de vacaciones con tu familia, accedió y conseguiste todo lo necesario: vuelos, hotel, etcétera. Cuando faltan dos semanas para que te vayas, tu jefe llega a pedirte que cambies la fecha de salida porque tienen un proyecto en lanzamiento y no hay modo de que puedas salir en la fecha prevista.

Esto le molestaría a cualquier persona; ya tenías todo planeado y pagado. Lo primero que harás es buscar un cambio: tratar de convencerlo de que tienes que irte, le pedirás que alguien más lo apoye o que incluso puedas avanzar de manera remota. Él te responde con un no rotundo.

Si eres una persona madura, vas a aceptar la pérdida, porque sabes que es inútil seguir insistiendo y te enfocarás en cambiar las fechas de tu viaje. Pero si tú no quieres aceptar pérdidas porque sientes que es muy injusto, es probable que tu energía salga en modo de ataque contra el jefe directamente o contra alguien más (así es como actúa la gente impulsiva y que no mide las consecuencias de sus acciones).

Pero si al mismo tiempo piensas: "Tengo ganas de insultarlo, pero tengo miedo de perder mi trabajo", entonces vas a frenar tu energía de ataque (a esto le llamamos *autocontrol*). Ojo, esa frustración no salió, te aguantaste porque pudiste ver la futura consecuencia de tus actos. Pero en algún momento la frustración va a salir. Y por lo regular es desplazada y se ataca a los hijos o a la pareja. Cualquier pequeño inconveniente será la excusa para desatorar la frustración que tenías dentro.

Modela salidas de frustración de forma sana

Es probable que veas mucha agresión o desbordes emocionales. Como sabemos que las defensas tardan en bajar, debemos dar espacio a que salga su energía de ataque de una forma segura, sin lastimarse ellos ni lastimar a sus hermanos o a ti. Debemos darles opciones sanas de cómo sacar su enojo en lo que suavizamos estas defensas y recuperamos la jerarquía.

A través del vínculo con nosotros, los niños aprenden a gestionar su enojo de forma diferente, por lo que es fundamental que nosotros modelemos este comportamiento para que ellos puedan aprenderlo.

Si solo les decimos a nuestros hijos: "Cuando estés enojado, ve y pégale al saco de box", no tendremos buenos resultados. Nuestros hijos deben creer que verdaderamente son formas funcionales de liberar su frustración. Deben ver el testimonio de que estos métodos sí les dan alivio. Empieza tú por modelar el enojo.

Para liberar la frustración de una manera más sana, necesitamos dos cosas:

1. Modela cómo sacas tú la frustración.
2. Ten en casa material (un palo de plástico para pegarle al sillón, un saco de boxeo, costalitos para aventar, hojas para romper, etcétera) que ustedes puedan "controlar".

Por ejemplo: si algún día llegas a tu casa molesta y tus hijos están cerca de ti, puedes decir algo como esto: "¡Estoy muy frustrada, un policía me paró de manera injusta! Ese policía no tenía ningún derecho de tratarme ni hablarme así y me puso una multa. ¡Necesito sacar ese coraje de alguna forma!". Entonces vas por un bat y empiezas a pegarle a la cama o al sillón, actuando como si esa acción te ayudara a relajarte.

Cuando termines, acércate con tus hijos y diles: "Ya me siento mucho mejor, necesitaba desahogarme y ya lo logré. Ahora cuéntenme cómo les fue en la escuela".

De este modo, tus hijos empezarán a entender cómo funcionan estos métodos sanos de liberación de ataque. Estos son solo algunos ejemplos de lo que puedes adoptar. Sin embargo, tú mejor que nadie conoces a tus hijos y sé que encontrarás la mejor vía para que ellos puedan liberar todo su enojo.

La próxima vez que los veas frustrados y a punto de estallar puedes decirles algo como: "¿Te acuerdas de la vez que el policía me detuvo y estaba llena de coraje y fui a pegarle a la cama con el bat? Podrías intentar lo mismo; se siente muy bien sacar el enojo". Poco a poco se animarán a probar estas estrategias y dejarán de atacarse a ellos o a los demás porque se darán cuenta de que estos métodos no lastiman a nadie.

¿Por qué no todos los niños atacan?

Todo ser humano se frustra, es algo natural en la vida, pero no todos atacan y actúan impulsivamente. Te explico el porqué:

a) La energía de frustración salió por el camino de adaptación.
b) Reprimieron la emoción por miedo a la consecuencia. Los niños, ya sean neurotípicos o altamente sensibles, que logran tener sentimientos encontrados y tienden a reprimir sus emociones, saben que la mala conducta o los berrinches no son bien recibidos y pueden acarrear consecuencias negativas.

Por eso, cuando se sienten frustrados, son regañados o se les obliga a hacer algo, reprimen sus emociones para no salirse del molde esperado. Sin embargo, aunque las repriman, estas emociones en algún punto se manifestarán de cuatro formas comunes:

a) **Desbordes emocionales:** el niño puede hacer un drama desproporcionado por un evento menor, como llorar excesivamente por una "tontería". Esto indica que su "vaso de frustración" ya estaba lleno, y un pequeño incidente provoca una reacción desmedida.
b) **Autolesiones:** algunos niños pueden lastimarse a sí mismos, ya sea a través de cortes pequeños (*cutting*), insultos, desvalorarse o incluso hasta llegar a golpearse.
c) **Quejas y negarse a participar:** la frustración también puede llevar a quejas constantes o a una actitud de rechazo hacia actividades que antes disfrutaban. Pueden protestar por tener que hacer tareas o participar en juegos.
d) **Desplazamiento de la energía de ataque:** estos niños pueden dirigir su frustración sutilmente hacia otros, como hermanos, familiares o amigos. A estos niños los llamo "chingaquedito", pues molestan o provocan a los demás con sutileza para liberar su energía reprimida.

El niño "chingaquedito"

En México, en un lenguaje muy coloquial, llamamos "chingaquedito" a esas personas que acumulan mucha frustración y tienen la conciencia de que no deben atacar, por lo que reprimen sus impulsos. Sin embargo, como la frustración necesita una salida, esta se manifiesta sutilmente. Por ejemplo: los niños pueden burlarse de su hermano, sacarle la lengua, quitarle sus cosas, provocarlo o molestarlo de forma mínima y constante, pero no siempre es tan evidente.

Ellos son conscientes de que explotar con fuerza o golpear los metería en más problemas, por lo que distribuyen su frustración en pequeñas dosis. La constancia de estos "miniataques" es una señal de que viven en un estado de frustración constante, buscando formas de aliviarla y sentirse más libres. A menudo no son conscientes del nivel de frustración que cargan, lo que puede llevarlos a hacer un drama por cosas insignificantes, como llorar por una pequeña raspadura. Es menos vulnerable llorar por una raspadura que por sentirse no validado por sus padres o por expresar una herida provocada por un amigo.

Esto también lo podemos ver en los adultos. Muchas veces utilizamos una película, una canción o un evento fuerte que le haya pasado a alguien más para soltar todas esas lágrimas guardadas que en el fondo son frustración y dolor.

Los adultos deben tomar conciencia de que la frustración es algo natural en la vida del ser humano y que es necesario darle salida. Es de suma importancia que los padres hagan saber a estos niños que pueden expresar sus emociones, sus sentimientos sin que haya una repercusión de por medio, aunque muchas veces no nos guste la forma en que esta sale.

Frustración en adolescentes

La frustración es muy común en adolescentes. Es una etapa de muchos cambios, tanto físicos como neurológicos y emocionales. La búsqueda de autonomía y el desarrollo de la autoconciencia a menudo generan conflictos con sus padres. Es muy común que los adolescentes se sientan incomprendidos, lo que dificulta que expresen realmente lo que llevan dentro. La adolescencia es un puente entre la niñez y la adultez; en algunos momentos verás a tu hijo decir que ya puede hacer cosas solo, como manejar, y por la noche pedirte que lo acompañes a acostarse.

La relación entre padres e hijos adolescentes muchas veces se ve afectada por la falta de comunicación y de espacio para la expresión emocional, lo que puede derivar en conductas desafiantes. Aunque es cierto que ya no buscan o necesitan estar tan cerca físicamente de nosotros, para ellos es fundamental sentirse conectados emocionalmente con sus padres. Si la relación con tu adolescente está desgastada, es probable que observes conductas agresivas o evasivas, lo que genera mucha frustración en ellos y puede llevar a problemas de ansiedad o depresión. A continuación te explico qué sucede cuando la frustración de tu adolescente no puede ser expresada.

Si no encuentra cómo mejorar la relación con sus padres y no logra adaptarse (sentir vulnerabilidad) y reprime sus emociones (no libera su energía de ataque), la energía de frustración se queda dentro de sí mismo. Si esta situación es constante, la energía comienza a deprimirse y puedes empezar a ver conductas depresivas en tu hijo, como la falta de motivación, aplanamiento emocional, falta de interés, planes o proyectos.

Durante la pandemia de covid-19, un análisis realizado por los Centros para el Control y la Prevención de Enfermedades (CDC) en 2021 mostró que 44% de los adolescentes de Estados Unidos reportó sentirse persistentemente triste o desesperanzado, un aumento significativo respecto a años anteriores.

Por eso ahora más que nunca escucho a padres mencionar que diagnosticaron a su adolescente con ansiedad y depresión. El vacío de la incomprensión puede orillarlos a consumir sustancias como alcohol, drogas, abusar de los videojuegos o bien a somatizar el problema con gastritis o dolor de cabeza, entre otros problemas de salud, hasta llegar a tener ataques de pánico o mucha energía de ataque. En este caso, lo que debemos lograr es darle espacio a la expresión sin que haya repercusión de por medio. Y enfocarte en reconectar con tu hijo.

Los padres, al igual que los niños, debemos estar en constante evolución. Muchas veces la crianza nos enfrenta con la realidad de que, como adultos, aún tenemos aspectos por madurar, como el autocontrol, el equilibrio y la capacidad de ver las cosas con perspectiva. Esa es la gran diferencia entre este libro y muchos otros sobre crianza: aquí la transformación, la conexión y la madurez deben comenzar con nosotros como padres, para luego reflejarse en la vida de nuestros hijos.

Como dice la psicóloga Jane Nelsen: "Los niños son grandes imitadores, así que dales algo grandioso para imitar".

Recuerda que debemos ser comprensivos y empáticos, ya que los niños están en proceso de aprendizaje y, a menudo, no pueden controlar sus impulsos. Esto es sobre todo cierto para aquellos con el filtro emocional abierto, con retrasos en su desarrollo, dificultades para integrarse socialmente, problemas en la escuela o tensiones en casa; estos factores pueden llenar su vaso de frustración. Por ello, nuestro objetivo es no convertirnos en una fuente adicional de heridas que aumenten su malestar.

En ocasiones será necesario hacer ajustes en su vida para reducir su frustración. Por ejemplo: podríamos evitar que asistan a una fiesta si saben que saldrán lastimados, pasar más tiempo con ellos si sienten celos del hermano o considerar bajarlos de año escolar para que experimenten más éxito.

En otros momentos, debemos permitirles expresar su energía en un entorno seguro, sin regaños ni avergonzarlos, ya que de esta forma abriremos la puerta a la adaptación. Este es el camino de las lágrimas.

Retos para los padres

1. Disminuye gritos, amenazas y condicionamientos.
2. No te tomes personal sus reacciones.
3. Identifica qué es lo que frustra a tu hijo.
4. Evita situaciones donde se sienta muy lastimado.
5. Da espacio a la expresión emocional.
6. Enfócate en que se sienta en casa.
7. Modela tu enojo y enséñale a modelarlo.

PARTE 2

Facilitando su proceso de madurez

CAPÍTULO 5

EL CAMINO HACIA LA ADAPTACIÓN. LA IMPORTANCIA DE LAS LÁGRIMAS

El dolor no solo es inevitable en la vida, sino también esencial para nuestra transformación y crecimiento. A través del dolor, encontramos nuestras mayores oportunidades de evolución personal.

GABOR MATÉ

El dolor y la adversidad son maestros poderosos que nos obligan a enfrentarnos a nuestras vulnerabilidades y limitaciones. A través del dolor, encontramos nuestra verdadera fuerza y capacidad de crecimiento.

DOCTORA SHEFALI TSABARY

Según la doctora Shefali Tsabary, el proceso de maduración de un niño implica la capacidad de enfrentar y procesar la vulnerabilidad y la pérdida. Ella sostiene que permitir que los niños experimenten y gestionen estas emociones difíciles es fundamental para su crecimiento personal y emocional. Al enfrentar estas experiencias, los niños aprenden a manejar sus emociones de manera saludable y a desarrollar una mayor empatía, resiliencia y autoconciencia.

Como aprendimos, un niño que no asume una pérdida no aprende de las consecuencias, y por eso utilizar medidas de disciplina como castigos disfrazados de consecuencias no dará resultados.

Nadie nos había dicho antes que lo que necesitan los niños son más lágrimas de adaptación. Las lágrimas de dolor, aunque difíciles de experimentar, ofrecen varios beneficios importantes para el bienestar emocional y psicológico del niño.

Primero, permiten la liberación de emociones intensas y reprimidas, ayudando a aliviar la carga emocional y reduciendo la tensión acumulada. Este proceso de liberar el dolor a través del llanto facilita el manejo y el procesamiento de experiencias dolorosas, lo que puede llevar a una mayor comprensión y aceptación del sufrimiento. Además, las lágrimas de dolor pueden fomentar una conexión más profunda con los padres, ya que al expresar vulnerabilidad, se fortalece la relación y se proporciona al niño un sentido de conexión y comprensión.

El llanto también puede tener efectos terapéuticos en el cerebro. Durante el llanto se liberan endorfinas, que actúan como analgésicos naturales y pueden proporcionar una sensación de alivio y bienestar. A largo plazo, enfrentar y procesar el dolor a través de las lágrimas puede contribuir al crecimiento emocional, la resiliencia y una mayor capacidad para manejar futuras adversidades.

Para que un niño forme nuevas conexiones neurológicas y establezca un vínculo profundo con un adulto es esencial que los padres asuman un rol de liderazgo, proporcionando un entorno seguro en casa y acompañándolo en su vulnerabilidad. El niño necesita sentir tristeza, decepción y dolor por cosas como un límite impuesto, la pérdida de un plan, la derrota en un juego, no ser invitado a una actividad, no ser el más inteligente, no tener todo lo que quiere, o incluso sentirse desplazado por la llegada de un hermano.

Los padres complacientes o sobreprotectores, que intentan eliminar las dificultades para mantener la felicidad del niño, no logran establecer vínculos profundos. Al evitarles frustraciones y dolor a toda costa, tienden a sobreprotegerlos, lo que impide el desarrollo de una conexión emocional auténtica. En el otro extremo, los padres con más tendencia al autoritarismo no dan espacio a la expresión ni a la argumentación. El niño reprimirá emociones por miedo a la consecuencia y no podrá llegar a la tristeza.

Proceso de transformación

> Para que las cosas mejoren, primero se ponen peor.

Imagina que una pareja decide que es hora de abordar algunos problemas serios en su relación, como la falta de comunicación y la creciente distancia emocional. Deciden buscar terapia de pareja para trabajar en estos temas y mejorar su relación.

Al principio, durante las primeras sesiones de terapia, las discusiones se vuelven más frecuentes y más intensas. Comienzan a salir a la luz viejas heridas y resentimientos que habían sido enterrados. La pareja, que antes solía evitar estos temas difíciles, ahora se encuentra enfrentando sus problemas más profundamente, lo que genera más tensión y conflicto.

Este aumento temporal en los problemas puede parecer desalentador y hacer que la pareja se pregunte si la terapia realmente está ayudando. Sin embargo, este proceso de explorar y enfrentar sus problemas subyacentes es esencial para que puedan comprenderse mejor y aprender a comunicarse de manera más efectiva. Aunque la situación parece empeorar antes de mejorar, es una señal de que están avanzando en la resolución de sus problemas.

Lo mismo sucederá en este proceso con tu niño: puede que empieces a sentir que la situación está fuera de control, pero no te alarmes. Lo que está ocurriendo es que estás permitiendo que exprese sus emociones, y al intentar recuperar tu liderazgo, te encontrarás con una lucha de poder. Es natural que haya conflicto cuando un niño atrapado en el rol de "alfa" se enfrenta a un padre o madre que está tratando de asumir el rol de liderazgo. Es normal que haya tensión antes de que se vean mejoras.

Si llegaste hasta aquí directamente y te saltaste los primeros capítulos, te recomiendo que regreses. Conocer las bases y la teoría ayuda a generar una mayor conciencia y responsabilidad de nuestras acciones.

Por fin es momento de entrar en acción. Ya vimos lo que debemos evitar hacer, pero ahora entraremos en lo que nos toca hacer como padres para bajar sus defensas, que te pongas en liderazgo y logres que tu hijo pueda sentir vulnerabilidad. Verás cómo, casi por arte de magia, el proceso de madurez de tus hijos se desatará, tal y como lo viví yo con mis tres hijos y con cientos de familias.

No necesitas seguir las técnicas en orden, sino que todas son necesarias dependiendo de la situación y el contexto.

Clave: escucha tu voz interior. Esa intuición que todos poseemos, pero que a menudo dudamos en seguir, es la sabiduría interna del ser humano. Reflexiona sobre estas dos preguntas:

* ¿Qué necesita mi hijo de mí?
* ¿Qué me está faltando hacer o dar en mi relación con él?

Recuerda que quien mejor conoce el contexto y a tu hijo eres tú. Yo solo te daré una guía; no la tomes de forma literal, ya que no hay un manual exacto de crianza. Pero puedo decirte que, a lo largo de mi experiencia trabajando con muchas familias, logré encontrar un patrón que quiero compartir contigo.

Identifica qué heridas son innecesarias en la vida de tu hijo

Cuando el cerebro de tu hijo percibe amenazas, activará defensas para protegerse del dolor. Nuestro trabajo es bajar esas defensas y para eso necesitamos no exponerlo a situaciones amenazantes.

Por ejemplo:

* Si cada vez que asiste a su clase de la tarde (futbol, karate, baile, etcétera) regresa muy frustrado o herido, ya sea por burlas de otros niños o porque el profesor lo ignora, cuestiónate si es el mejor lugar para él, aunque él insista en ir.
* Si sus primos lo molestan constantemente cada jueves que comen juntos, cuestiónate si debería haber supervisión para que no se exponga a más heridas o si deberías espaciar más las visitas.
* Una fiesta infantil con ruidos, shows y botargas puede ser muy amenazante para él; evalúa si vale la pena asistir.

En suma, ¿qué tipo de experiencias son frustrantes para tus hijos? Puede que encuentren amenazantes personas, lugares o experiencias que para nosotros son totalmente inofensivas. **Cuando comenzamos a interesarnos más en lo que amenaza a nuestros hijos y en el origen de sus reacciones, tomamos decisiones en pro de su desarrollo,** aunque tengamos que sacrificar planes, viajes o convivencias con amigos.

Así comenzó mi proceso con Pato. Algunas de las modificaciones que hice fueron que repitiera un año de kínder, ya que su proceso de madurez estaba tan atorado que se frustraba porque solo lograba muy pocas cosas que la maestra le pedía. Dejé de viajar con algunos amigos, ya que cuando convivía con otros niños, era muy agresivo y se metía en problemas. Era muy desgastante para mí tener que estar cuidándolo para que no se metiera en problemas y siempre con la vergüenza de estar pidiendo disculpas a los otros niños y sus padres por su comportamiento y reacciones.

Por un tiempo dejé de ir a fiestas infantiles, ya que eran demasiado abrumadoras para él. Como madre, duele hacer estos cambios, duele saber que no tienes un hijo que encaja en la media, que tienes que trabajar un poco más en su crianza.

La escuela, principalmente la convivencia con otros niños, es la fuente de heridas más grande. Estos niños tienen el filtro emocional muy abierto, por lo que un grito, un insulto, un "Tú no juegas" o un "Ya no eres mi amigo" los lastima fuertemente. Invertí gran tiempo de esa etapa de mi vida en fortalecer nuestra relación y en aumentar su autoestima, porque **es justo la autoestima la que nos protege de las heridas externas.**

Para que pudiera desarrollarse con mayor libertad en la escuela empecé a darle guiones. Les pedí a mis hijos que cuando estuvieran en la escuela imaginaran que llevaban una armadura para que los chistes, las burlas y ofensas que recibían no pudieran llegar a su corazón. Repetíamos esto por las noches para que se sintieran seguros por la mañana. Les decía: "Tomen su mochila y pónganse la armadura". Cuando regresaban a casa se la quitaban y me contaban todo lo que les había pasado. Les pedí que no lloraran frente a otros niños, ya que ese es justo el alimento de los *bullies*: atacar la vulnerabilidad en el otro.

Otra opción que les di fue que buscaran a su maestra favorita para que los apoyara si no podían aguantarse hasta llegar a casa. La clave es que puedan liberar su frustración y dolor con un adulto a cargo.

Cuando llegaban a casa podían quitarse esa armadura y yo ser ese lugar de contención, sin juzgarlos ni aleccionarlos, solo escuchándolos empáticamente y después guiándolos.

Ofrece descanso en medio del caos

Es muy probable que en este punto ya tengas memorizado qué hay "detrás de" los ataques de nuestros niños.

Sé que te puedes sentir frustrado, desesperado, cansado e incluso desesperanzado y tal vez de lo que menos tienes ganas es de escuchar más teoría: quieres ir directo a la acción. Pero —como te diste cuenta— muchos papás estamos lejos de conocer por qué nuestros niños reaccionan de la manera en que lo hacen. Yo misma, aunque ya había criado a una niña y ya había estudiado sobre desarrollo infantil, no tenía idea de por qué Pato era un niño tan "complicado". Y créeme que no es nuestra culpa, es duro criar a niños así, es difícil entender qué es lo que necesitan de ti cuando parece que ya lo das todo. Pero te puedo decir que logré encontrar la luz al final del túnel. No me quedé con el posible diagnóstico de autismo pensando que mi hijo estaba destinado a tener conflictos por todo y de por vida. Me hizo mucho más sentido entender cómo funcionaba su mente y hablar con los adultos cercanos en su vida sobre su hipersensibilidad cerebral, de lo que mi hijo necesitaba de mí y de lo que necesitaba de ellos para florecer y poder compensar lo que su cerebro por sí solo no podía hacer aún.

¿Cómo hago para que mi hijo se sienta cerca a pesar de la distancia?
¿Qué hago para que dependa de mí y así siga mi liderazgo?
¿Cómo hago que su cerebro no se defienda constantemente?
¿Cómo logro disciplinar de una forma no amenazante sino respetuosa?

Responderemos todas estas preguntas en las próximas páginas, así que comienza la parte más práctica del libro.

Sé que a lo largo de este proceso seguirán teniendo muchos problemas de conducta (berrinches, agresión, desbordes emocionales, se harán pipí de nuevo en la cama, tendrán miedos irracionales y habrá impulsividad). Pero tenemos que aprender a cuidar la relación a pesar de sus problemas de conducta.

Aquí vamos a aprender lo que llamamos *puentear,* término que ideó el doctor Neufeld, o crear el lazo invisible. Esto se trata de hacerle sentir a nuestro hijo que, a pesar de que hizo berrinches, de que le pegó a su hermanito, de que le contestó a su maestra, de que reprobó una materia, de que nos insultó o cualquier tipo de error, **nuestra conexión sigue viva porque aunque su conducta estuvo mal, eso no tendría que dañar la relación.**

Insisto: cuando tu hijo siente que pierde la conexión con papá o mamá debido a que su conducta lo metió en problemas, va a dirigir su energía a recuperar la relación contigo, para que lo vuelvas a querer, lo perdones y no lo alejes de ti. Esto como padres lo vemos bastante bien, creemos que fue la mejor reacción porque significa que aprendió sobre su mal comportamiento. Pensamos: "Le dejé de hablar y vino corriendo a pedirme perdón".

Cuando tu hijo invierte su energía en recuperar el vínculo, esa energía la está restando de su proceso de madurez.

Recordemos que el cerebro elegirá sobrevivir a costa de madurar. Estar vinculado y conectado implica sobrevivencia. La conexión entre padres e hijos es como la raíz de un árbol. El árbol debe estar conectado a su raíz, sin ella simplemente muere. De la misma manera, un niño no podría sobrevivir sin el cuidado y la protección de sus padres cuando aún es dependiente.

Educa sin romper la relación

Esto es algo que no puedes pasar por alto; es necesario implementarlo todos los días y recordarlo, ya que ayuda a evitar que se active el sistema de alarma del niño. Si se activa, se generará ansiedad y frustración.

Para ello es crucial saber diferenciar entre un problema de conducta y un tema relacional. Piensa en tu propia crianza: cuando cometías un error o hacías algo inaceptable para tus padres, además de señalar que estaba mal, a menudo te castigaban o te dejaban de hablar. Esto, al recordarlo, puede generar inseguridad.

Para lograr una verdadera transformación es esencial no convertir un problema de conducta en un problema relacional, donde el niño sienta que debe esforzarse por recuperar tu aceptación. Aunque puede parecer drástico, muchos niños, en especial los altamente sensibles, al percibir una desconexión de tu parte lo primero que hacen es pedir perdón. Esto puede parecer satisfactorio para los padres, pero es importante cuestionar si ese perdón es genuino o si surge del miedo a perder el vínculo contigo.

La mayoría de las veces piden perdón para no perder la conexión. Podrías preguntarte: "¿Qué tiene de malo que me pidan perdón?". El problema es que cuando lo hacen por miedo a perder el vínculo, su cerebro entra en modo "trabajo": "Debo lograr que me quieran". Esto genera un vínculo inseguro, donde la energía se enfoca en ser aceptado en lugar de en su propio proceso de maduración.

El doctor Gordon Neufeld, en su obra *Hold On to Your Kids: Why Parents Need to Matter More Than Peers*, introduce el concepto de *puentear la relación*. Este término se refiere a crear un puente emocional donde el vínculo no se rompe y es seguro entre padres e hijos, asegurando que siempre haya una conexión a pesar de cualquier circunstancia. Esto proporciona una sensación de continuidad en la relación.

Neufeld sugiere que **hay dos aspectos importantes que debemos puentear: la separación y los problemas de conducta.**

Puentea los problemas de conducta

> No dejes que la conexión con tu hijo dependa de su conducta o de sus equivocaciones.

Se trata de hacerle sentir a nuestro hijo que, a pesar de todo lo dicho arriba: berrinches, etcétera, nuestra conexión sigue viva y que sigue siendo amado. Para ti parece obvio que no lo dejarás de querer solo porque le pegó al hermano, pero para él no: la alarma de su cerebro les miente a los niños haciéndoles creer que por esos pequeños errores ya no merecen amor. Así que no se trata de que los quieras, se trata de que se sepan y se sientan queridos. No solo deben escuchar que los amamos, debemos demostrarlo: las acciones dicen más que mil palabras.

Puentear la relación es marcar que la conducta estuvo mal, pero a la vez asegurar que la relación sigue fuerte, es decir: aunque cometiste un error, tú y yo estamos bien. ¿Para qué lo hacemos? Para no activar la alarma de separación de tu hijo y no agregar más frustración a su vida.

Por ejemplo: si le pega a su hermanito podemos decir algo como esto (en tono firme y sin gritos o amenazas): "Me molestó que le hayas pegado a tu hermano, esto no debe volver a pasar, sé que no te pudiste controlar, pero tú y yo estamos bien".

Otra manera de puentear es: "No te daré el permiso, te amo, te adoro y eres muy importante para mí, y puedes enojarte, pero no te dejaré ir".

Aunque tu hijo te hizo enojar, te decepcionó o se burló de ti, lo que nunca debes hacer es retirarle el habla, está prohibido. Si en ese momento lo quieres castigar y herir, retírate un momento y dile: "Ahorita regreso, tengo que hacer una llamada y vuelvo contigo".

Porque todo nuestro lenguaje debe ser de conexión, no de desconexión. Los "estoy harta", "no te quiero ver", "ahorita no quiero hablar contigo", "ya no te aguanto", todas esas frases son de desconexión y eso lo viven como separación y les genera ansiedad. El miedo de tu hijo de sentirse apartado lo hará reaccionar más explosivamente. Debemos cambiar todas esas frases por otras como: "Vamos a platicar", "Ahorita te veo", "Nos vemos al ratito", etcétera.

Todas estas frases dejan por seguro que volveremos a conectar, se vale que estés molesta y que les expliques tus emociones: "Ahorita estoy molesta, así que hablaremos al rato porque tengo que manejar mis emociones. Te quiero mucho".

Pero te preguntarás: "¿Por qué decirle 'te quiero mucho' si acaba de portarse mal? ¿No estaré validando su mala conducta?". Este es un error común. El amor que sentimos por nuestros hijos no debería depender de su comportamiento. Cuando los regañamos o corregimos sin expresar nuestro cariño, ellos, en automático, pueden sentir que hemos dejado de quererlos. Es fundamental que comprendan que, aunque necesitemos corregir una mala acción, nuestro amor por ellos permanece incondicional.

Es muy frustrante que nuestros hijos nos insulten; lo entiendo y obviamente a mí también me lastima, pero sé que si le respondo con la misma fuerza lo único que haré es encender su amígdala que va a salir a defenderse, y ninguno de los dos va a ganar.

Si no aseguramos que la relación sigue en pie se volverá un círculo vicioso que te explico a continuación:

1. Tu hijo pegó.
2. Tú lo castigas quitándole el iPad (separación de su dispositivo).
3. Genera frustración.
4. La frustración hace que el niño vuelva a atacar.
5. Como tu hijo no aprendió la lección del castigo, le castigas el iPad más tiempo (más separación); por lo tanto habrá:
6. Más frustración y volverá a atacar.
7. Si esto es una constante, su cerebro activará las defensas para ya no sentir dolor, y perderás tu influencia y autoridad.

La única forma de frenar este círculo vicioso es puenteando la relación. A qué me refiero: a que cuando tu hijo haya pegado, insultado o atacado, **marca la conducta que estuvo mal, pero no lo enfrentes a la separación,** no lo castigues, le grites, lo amenaces, no te lo tomes personal: debemos puentear: "Veo que estás muy molesto, pero no voy a permitir que le pegues a tu hermano; luego platicamos tú y yo".

En una ocasión mi hijo mayor le pegó a su hermano pequeño; le indiqué que estaba mal y su reacción fue explosiva. Yo sabía que debía tomarme las cosas con calma y nunca de manera personal, así que estábamos clavados en la discusión, él insultando a todos y yo recordándole que esa conducta estaba mal, pero que lo amaba a pesar de su error. Ese mismo día yo le había dicho (no prometido, tenemos que tener mucho cuidado a la hora de prometer cosas, porque en caso de no cumplirlas u olvidarlas, nuestros hijos perderán confianza) que iríamos por un raspado, que le encanta. Claramente después de todo ese conflicto lo último que yo quería era llevarlo por el raspado, pero sabía que una cosa no tenía que ver con la otra y decidí cumplir mi palabra. En un momento en que la discusión bajó de tono, le dije:

—Bueno, ya vámonos por tu raspado.

En ese momento se quedó congelado y muy sorprendido me preguntó:

—¿Cómo? ¿Sí vamos a ir?

—Sí, te dije que te iba a llevar hoy, así que vámonos.

—Pero ¿por qué si me porté mal?

—Sé que te frustraste mucho y no te pudiste controlar.

En ese momento, al entender que independientemente de sus acciones nuestra relación y mi amor seguían ahí, se relajó. Empezó a sentirse mal por su reacción y a sentir culpa, (sentir culpa nos hace tomar responsabilidad), así que fue en ese momento cuando llegó el esperado:

—Perdón, ma —y le brotaron verdaderas lágrimas de arrepentimiento.

Recordándoles que nuestra relación es más fuerte que sus errores, ellos pueden llegar a reflexionar, bajamos sus muros de defensa y, por lo tanto, comienza a bajar la energía de ataque.

Me encanta una frase que utilizo constantemente en mis cursos:

> Elige la conexión por encima de la corrección.

¿Por qué? Porque un niño que se siente conectado a ti, te va a escuchar y seguirá tu guía.

Puentea la separación física

Muchos niños experimentan una gran ansiedad de separación cuando no están en el mismo lugar que sus padres. Ya sea que salgas de viaje o a cenar o ellos se vayan a la escuela, sienten mucha ansiedad y evitan que te separes de ellos. Esto ocurre principalmente cuando el vínculo es muy superficial. Si tu hijo no te ve, no te escucha o no está en el mismo lugar que tú, puede experimentar una gran ansiedad. Para aliviar esta sensación hay dos formas efectivas: profundizar el vínculo con tu hijo (consulta la sección "Cómo se desarrolla una relación" en el capítulo 2) y puentear la separación.

Esto se puede lograr con una simple pregunta: ¿cómo le hago sentir a mi niño que estamos conectados a pesar de estar separados físicamente?

El lazo invisible

Como padre, es tu responsabilidad asegurarte de que tu hijo se sienta conectado contigo cuando estén separados. Es necesario crear un lazo de unión que, por más lejos que estén, les haga sentir que siguen conectados. Si tu hijo no tolera la separación es imprescindible que actives el lazo invisible, ya sea con una frase de conexión o con algo físico.

Cuando te vayas de viaje, salgas a cenar, te vayas a trabajar o mandes a tus hijos a la escuela, déjales algo tuyo, una pulsera o un llavero, una nota, lo que sea que lo haga sentir sostenido por ti. También a la hora de dormir necesitamos hacer esto porque es el momento del día en el que más enfrentan separación, duermen con la incertidumbre de saber si estarás ahí para cuando ellos se despierten.

Cuando le entregamos algo físico a nuestro niño, él siente que se puede sostener de ti a través de algo táctil como un peluche, un pañuelo con tu perfume, y la separación física se hace más fácil de enfrentar.

La idea es ofrecerles algo que ellos puedan oír (una nota de voz), ver (una foto tuya) o tocar (una pertenencia tuya). La tecnología en estos casos puede ser una gran aliada si sabes utilizarla para mantener una conexión constante.

Por ejemplo: cuando te vayas de viaje puedes hacer lo siguiente: lleva contigo un pequeño muñeco o carrito que represente a cada uno de tus hijos. Diles que esos muñecos son ellos y que te acompañarán durante todo el viaje. Les explicarás que les mandarás fotos donde los muñecos estarán un poco escondidos y su tarea será encontrarlos. Pide a la persona que cuide a tus hijos mientras estás fuera que les muestre las fotos cada día para que puedan buscar los muñequitos. Esto ayudará a que, aunque estés lejos, se sientan conectados contigo. No importa la distancia o el tiempo que estés fuera, es crucial mantenerte presente en su vida. Cuando regreses, verás que no habrá problemas porque nunca sintieron una verdadera separación; siempre se sintieron conectados contigo, gracias a tus esfuerzos. Esta es solo una idea, pero confío en tu creatividad. Recuerda que tú eres responsable de mantener esa conexión.

Otras ideas pueden ser:

* Déjale un peluche tuyo o una foto.
* Dale un calendario específicamente para marcar la fecha de tu regreso.
* Mete una nota en su lonchera.
* Mándale mensajes o hagan videollamadas.
* Déjale un amuleto para que se sostenga de ti y te recuerde.
* Dibújale un corazoncito en su mano y tú dibújate otro para que sienta que están conectados.
* Podemos decirles algo como: "Cada vez que veas la caricatura de *Pokémon*, significa que yo estaré pensando en ti".
* A la hora de dormir, utiliza la frase: "Espero que sueñes conmigo y mañana me platicas qué hice en el sueño".

Estos son solo algunos tips que a mí me han funcionado, pero tú conoces a tus hijos y encontrarás estrategias únicas y especiales que los harán sentir conectados.

Todo esto lo aplicaba con mis hijos, adapté mi lenguaje para que siempre denotara palabras de conexión.

En una ocasión, cuando salí a cenar, ya había puenteado la separación con mis hijos antes de despedirme, pero al regresar como de costumbre pasé a revisar su cuarto para confirmar que todo estuviera bien y me di cuenta de que Fer, mi hijo menor, había ido a mi recámara, abrió el cajón donde guardo mis pashminas y sacó la que más usaba.

Lo vi envuelto con ella dentro de su cama. Yo sabía que esa prenda lo había hecho sentir cerca de mí. Utilizó esa pashmina que en ocasiones abrazaba para dormir en vez de marcarme 20 veces al celular para preguntarme a qué hora iba a regresar.

¿Entiendes mi idea? ¿Identificas cómo algún objeto puede significar cercanía para ellos?

Enfócate en la siguiente conexión

El niño siempre tiene que sentir un futuro asegurado a tu lado. Esto es indispensable, y sobre todo en pequeños que tienen mucha ansiedad de separación.

En vez de decirle: "No pasa nada, solo me voy tres días", "Te la vas a pasar muy bien", "Tu abuela te va a cuidar", **vamos a cambiar nuestro lenguaje para que no se enfoque en la separación, sino en el reencuentro.**

* Podemos hacerlo con frases como: "Cuando regrese, te traeré una sorpresa", "Cuando vuelva, me contarás cómo te fue en tu partido de futbol" o "Cuando regrese, iremos a cenar juntos".
* Anticípate a explicarle todo lo que sucederá en su día, como si fueras su guía turístico, y enfatiza especialmente cuándo volverá a estar en contacto contigo. Si no le

explicamos nuestros planes, su cerebro se llenará de ansiedad al no saber cuándo volverá a verte. Debemos actuar como su agenda, detallando cada una de las actividades y momentos que tendremos hasta reencontrarnos.

Por ejemplo: les informas a tus niños: "Ahorita vamos a estar juntos, después tengo una cita de trabajo y cuando regrese los voy a acompañar a acostarse y les leeré un cuento". Eso da la sensación de que tú estás a cargo de la siguiente conexión siempre.

Cuando por alguna razón tu agenda cambie y no te sea posible cumplir con los planes que ya les habías contado, tienes que moverte de todas las maneras posibles para informarles que los planes han cambiado, pero que aun así volverán a verse más tarde; si no lo haces su cerebro se enfocará en esa búsqueda y estará más cerca de los ataques emocionales.

Para que veas la importancia de esto, te lo ejemplifico en un tema de pareja: imagina que acabas de conocer a alguien, tuvieron una cita que ambos disfrutaron mucho. Se cayeron bien, se rieron y se gustaron, intuyes que no será la última vez que se vean y que probablemente esa relación va para algo más... pero cuando se termina la cita se despiden, y nada más te dice: "Bueno, que tengas linda noche".

Tú piensas: "¿Ya? ¿Eso es todo? Creí que la habíamos pasado súper bien. Entonces ¿por qué no me dio a entender que quería que nos siguiéramos viendo? ¿Habré hecho algo mal? ¿Será que en algún momento dije algo que no le gustó? ¿Qué tal que solo estaba esperando a que nos despidiéramos?". Tu cerebro se alarma porque no se marcó una continuidad en la relación y seguramente estarás muy frustrada.

En cambio, qué pasaría si cuando se despiden te dice: "Me la pasé muy bien, hay que salir a comer la siguiente semana", "Pásame tu celular y te escribo", "¿Cuándo tienes tiempo de ir por un café?". Entenderás que la conexión continúa y que tienes asegurada una siguiente experiencia juntos.

¿Notaste cómo tu lenguaje tiene el poder de activar la alarma o asegurar conexión?

Estos niños, por su sistema nervioso, tienden a sentir mucha más ansiedad que un niño neurotípico. Por eso requieren sentir una conexión cercana y nos toca puentear todo el tiempo. Debemos ser su líder, sobre todo si tienes un hijo que constantemente te pregunta qué va a pasar en su día; la clave está en la anticipación para que él encuentre descanso.

Avísale con tiempo cuáles son las actividades de su día: quién lo va a llevar o recoger, si te verá de regreso de clases, si no te verá: lo más importante es que tenga certeza de cuándo te volverá a encontrar. Por ejemplo: "Regresando te paso a dar un beso a tu cama", o por el contrario: "Hoy no llego a acostarte, pero duérmete con tu peluche abrazado para que me recuerdes y mañana cuando amanezca me platicas qué soñaste".

Tip: funciona muy bien dibujar en una cartulina una agenda con todo lo que sucede en la semana de tus hijos. Ponla a la vista de todos y así les aseguras qué actividades harán ese día, quién los va a recoger, dónde comerán, etcétera. Eso les dará certeza de qué pasará en su día y tendrán claro cuándo estarán cerca de ti.

Con los adolescentes podemos puentear a través del celular, les podemos mandar mensajes diciéndoles que pensamos en ellos, emojis o stickers que les recuerden que están todo el tiempo en nuestra mente.

Muchas veces nuestros hijos son quienes nos alejan físicamente o quienes nos piden estar a solas.

Esto sucede mucho durante esa edad, pero no es exclusivo de los adolescentes. Una de las razones es porque saben que reaccionarán mal ante el contacto y no quieren recibir el castigo o regaño por su respuesta. Otro motivo por el cual deciden alejarse es porque saben que están haciendo algo incorrecto o que no están enfrentando una situación de la mejor manera y lo último que quieren recibir es una corrección de tu parte.

Esos no son los momentos para educar, sino para soltar un poco y para que baje la intensidad de sus emociones.

Independientemente de que nuestros hijos se alejen de nosotros o se encierren en su cuarto, nosotros seguimos siendo los responsables de buscar el vínculo, no ellos.

Por ejemplo: mi hija a veces se molesta conmigo porque no le doy permiso para hacer algo, como ir a una fiesta o a la casa de una amiga. En su frustración, me voltea los ojos, me hace caras y se encierra en su cuarto. Entiendo que necesita un espacio a solas para sacar su frustración. Sin embargo, también sé que soy la encargada de mantener la conexión. No me tomo su reacción de manera personal y me acerco a ella, preguntándole: "¿Cómo vas, sigues enojada conmigo?". Si me responde que sigue molesta, le doy su espacio, pero continúo manteniéndome cercana. Nunca le dejo de hablar ni le aplico la ley del hielo; eso es lo peor que podemos hacer.

Maneja los conflictos

En todas las familias hay problemas, es parte natural de la vida: pleitos entre hermanos, desobediencias, agresiones, explosiones por retirar el aparato electrónico, por tareas escolares, etcétera.

Estoy muy segura de que en 90% de los casos tiendes a educar y a corregir en pleno conflicto. **Este es el error más grande que cometemos los padres:** cuando ves que tus hijos se están peleando, es muy probable que reacciones con gritos, regaños, amenazas o castigos para intentar frenarlos, ya que estás harto de que esto suceda constantemente.

Entiendo muy bien la desesperación que sientes y que esta salga de forma desmedida contra ellos. Luego viene la culpa por no haberte podido controlar y haber hecho o dicho cosas de las que después te arrepientes, nos pasa a todos.

Pues bien, cuando suceda un conflicto tu pensamiento debe enfocarse en qué hacer para salir del problema lo más pronto posible sin que nadie salga lastimado, en vez de pensar en qué consecuencia o castigo imponer.

Cuando me refiero a un conflicto hablo de situaciones inesperadas que no podías anticipar para que no ocurrieran. Si un conflicto se repite constantemente puede ser un indicativo de una falta de anticipación y estructura en casa, lo cual abordaremos más adelante. Por eso te dejo esta guía para intervenir del mejor modo posible, sin dañar la relación.

Cuando ya ocurrió un incidente, ya sea que te haya insultado, le haya pegado a su hermano, se le haya acabado la batería del iPad o haya roto un plato, debemos seguir la siguiente guía:

1. **No es momento de educar; la razón no funciona entonces.** Te explico de modo muy simple con este ejemplo: imagina que nuestro cerebro está compuesto por dos pisos: el de las emociones y el de la razón. Todos los humanos estamos construidos así: cuando hay un conflicto las emociones están encendidas, la razón se apaga y resulta imposible explicarle a tu hijo las razones o justificaciones lógicas e incluso que escuche con atención. Al hacer esto perdemos nuestro tiempo y solo le "echamos más leña al fuego". Esto solo aumentará la frustración y los insultos y las reacciones tanto de tu hijo como tuyas. Un niño será receptivo cuando las emociones se calmen y se encienda el piso de la razón.
2. **Controla la situación, no te enganches.** Cuando haya un conflicto necesitamos controlar la situación, no al niño.

Por ejemplo: cuando tus hijos se estén peleando, sepáralos si es necesario y marca lo que no vas a permitir: "En esta casa no insultamos y no pegamos", "No voy a permitir que te burles de tu hermano"; siempre marca lo incorrecto. Pero no te pongas a educar. Después controlamos la situación, no al niño: "Tú siéntate acá conmigo y tú al lado de tu otra hermana".

No quiero que te conviertas en un árbitro analizando la situación ni que lo transformes en una discusión. Evita preguntar el motivo de la acción. Nuestro objetivo es salir del conflicto lo más rápido posible, sin centrarnos en quién tiene la razón. No es el momento de indagar, sino de controlar que la situación no escale. Si te pones en el papel de árbitro, tomas partido, y eso es un error. Al tomar partido por uno puedes lastimar el vínculo con el otro. Desde la perspectiva de cada uno, ambos pueden sentir que tienen razón.

3. **Debes puentear la relación con cada uno.** Ve primero con el más lastimado y dile al otro que vas a regresar para platicar sobre lo que pasó. Deja que ambos se desahoguen por separado, que expresen y saquen todo; ellos necesitan descargarse y ser escuchados. Iniciamos con esta pregunta: "¿Qué pasó?", no: "¿Por qué le pegaste?". Así cada uno se sentirá validado y escuchado.
4. **Habla sobre la emoción que lo movió.** Hazlo una vez que consideres que la frustración bajó y veas a tu niño receptivo y más tranquilo. De manera empática, acércate y habla de la emoción que lo motivó a reaccionar así. Te lo explico con el siguiente ejemplo para que veamos la importancia de la validación emocional: "Sé que te frustraste mucho porque tu hermano se comió tu último chocolate y no pudiste aguantar, ¿verdad? Además, lo habías guardado para comerlo en el momento ideal".

> (Haz una pausa para que él se exprese). Luego dile: "Te entiendo, es muy probable que yo también me hubiera enojado muchísimo. Sin embargo, no voy a permitir que lo golpees. ¿Qué te parece si la próxima vez vienes conmigo y yo te ayudo? También puedes pegarle al sillón o llamarme si no estoy en casa".

En pocas palabras, necesitamos escucharlos, validar sus emociones y decirles cómo actuar para la siguiente vez que se sientan así.

Cuando tu hijo falle, te insulte o aviente objetos, no reacciones de forma agresiva ni te enganches en el conflicto. Lo más importante es no tomártelo personal. **Para ayudarte con esto, quiero compartir un consejo que aprendí: quita la palabra "me" de la ecuación.** Por ejemplo: en lugar de pensar: "Diego me pegó y me dijo 'te odio' ", piensa: "Diego pegó y dijo 'te odio' ". Esto ayuda a no tomártelo personal. Lo que ocurre es que cuando hay mucho enojo es muy difícil controlar las palabras que salen en ese momento. Estoy segura de que a ti también te ha pasado en algún momento de mucha frustración.

Al adulto le corresponde mantener la calma, ya que si no lo hacemos y respondemos con gritos o amenazas, la amígdala del cerebro de tu hijo se activará. Su reacción podría ser atacarte más, huir o paralizarse. Como dice el refrán: "El que se enoja, pierde". Es importante que le hagas saber que su reacción no estuvo bien, suelta el tema y regresa a la dinámica que tenían antes del conflicto. Cuando veas que puede estar receptivo, retoma el tema de forma amigable empatizando con su frustración. El niño necesita sentir la seguridad de que, aunque hubo un conflicto, eso no condiciona que no se lleven bien.

Valida sus emociones

En lugar de corregir su conducta y decirle que no debe comportarse de ese modo, que se tranquilice o que no hable así, respira y deja que libere todo lo que lleva dentro. Muchos padres me preguntan: "Oye, Pamela, pero si me insulta, ¿qué hago? ¿Lo dejo?".

Les respondo que cuando un niño está muy enojado no mide lo que dice; está descargando todo sin control. Sé que escuchar un: "Te odio", "Eres la peor mamá del mundo", "Eres una estúpida", e incluso frases que dicen los adolescentes a sus padres como: "Ojalá te mueras", puede ser muy difícil y doloroso. Créeme, he escuchado muchas de estas expresiones.

Pero entendí que no eran ellos quienes decían esas cosas, sino su dolor, su frustración. Comprendí que si no les daba el espacio para liberar su frustración conmigo, la desplazarían en la escuela, con su hermano o mediante cualquier berrinche. Así que, ante lo que salga de la boca de tu hijo durante un conflicto, es válido decirle que no permites insultos, pero también es importante darles el espacio para expresarse. Por favor, no te enganches.

> **Tip:** si estás en una comida familiar o en un evento donde hay más gente alrededor y crees que no es conveniente que se arme una escena de drama, utiliza la salida del cambio: dale o haz lo que necesites para que se calme. Sal del problema lo más rápido posible.

Cuándo sí educamos

Después de un conflicto o incidente, y cuando las emociones ya están en calma, es el momento de educar y guiar. Tu hijo debe sentir conexión contigo para estar receptivo a escucharte.

Es importante evaluar si el momento es el adecuado. Por lo general funciona mejor cuando ambos están de buen humor. Lo ideal es estar a solas con él, ya sea en el coche, en la sala o antes de dormir. Este último momento suele ser muy efectivo.

¿Cómo? Empatiza y valida su emoción

Cuando tú y tu niño estén calmados es necesario retomar el tema de lo que pasó, y esto lo hacemos a través de ser empáticos y validar sus emociones.

Nuestro papel es ponerle nombre a la emoción que lo llevó a actuar de esa forma: "Sé que te *frustraste* porque no te di permiso", "Sé que no te querías ir a dormir porque te dio *miedo*", "Sentiste *celos* de tu hermano", "Sé que te daba *flojera* meterte a bañar", "Me di cuenta de que te *enojaste* porque creíste que estaba defendiendo a tu hermano y sentiste que fue *injusto*". Le ponemos nombre a la emoción para que la haga consciente y luego así pueda controlarla.

Por ejemplo: por lo general cuando llega un nuevo bebé a la casa los hermanos mayores sienten celos porque interpretan que serán sustituidos, experimentan separación porque ahora tienen que dividir todo el tiempo de mamá y papá que les correspondía solo a ellos. En mi caso esto no sucedió con Pame cuando nació Pato. Pame seguía siendo una niña alegre, juguetona y cariñosa y no mostraba ningún signo de celos. En ese momento yo no entendía por qué, pero ahora sé que no se sentía sustituida porque yo me la pasaba regañando a su hermano, ella se seguía sintiendo como la niña favorita, la mejor portada y, por lo tanto, a la que más quería mamá.

Después de empezar a cambiar mi estilo de crianza la relación entre Pato y yo mejoró muchísimo. Nos reíamos, hacíamos chistes y empezamos a disfrutar en grande nuestro tiempo juntos. Fue hasta ese momento, cuando Pato ya tenía alrededor de cuatro años y Pame seis, que mi hija ahora sí empezó a demostrar una ansiedad y estrés que la desbordaban.

Durante esa época se empezó a quejar de dolores espantosos en el estómago y uno de esos días me hablaron de la escuela pidiéndome ir por Pame, ya que el dolor de panza se había intensificado mucho; era la primera vez que me llamaban de la escuela por algo así. Al recogerla ella se quejaba muy fuerte del dolor. La llevé con la misma doctora que la trajo a la vida. La revisó de pies a cabeza y, sin que Pame estuviera presente, me dijo: "Ella está bien, la revisé y en realidad no tiene nada, percibo que es algo emocional que está somatizando".* Fue la respuesta más extraña que había recibido últimamente. Pame era la niña fácil, la buena, la amiguera, bien portada, etcétera.

Así que, preocupada por pensar que algo la estaba lastimando en la escuela, marqué al colegio solo para que me dijeran: "No, Pame, nosotros vemos a tu hija feliz en la escuela". Mi mente no podía parar de darle vueltas al asunto para averiguar en qué área de su vida podría estar enfrentando separación. Yo pensaba: "Yo no estoy gritando, sus amigas no la están molestando, no me voy a ir de viaje, entonces ¿de dónde viene esa amenaza?".

Tardé dos días en que se me prendiera el foco y pensé: "Seguramente tiene celos de Pato porque paso más tiempo con él, le ayudo más con la escuela y ya no lo regaño como antes".

Me dirigí a su cuarto, me acosté con ella en su cama y le pregunté:

—Pame, ¿aún te duele la panza?

—Sí, mamá, mucho.

—Mi vida, ya sé qué tienes.

—¿Qué, ma?, ¿qué tengo?

---

* Somatizar: Es cuando el estrés emocional o psicológico se traduce en malestares físicos o enfermedades. La ansiedad o la preocupación pueden llevar a problemas digestivos como dolor abdominal, náuseas o síndrome del intestino irritable.

—Te quiero hacer una pregunta: ¿sientes celos de tu hermano?

—Sííí.

¡Bingo! Fue un momento revelador. Descubrí que, a medida que mi relación con Pato mejoraba, Pame empezaba a sentir celos.

Le expliqué que era normal sentirse así y que, aunque eso era difícil, Pato no iba a irse. Dejé que expresara su punto de vista sin juzgar, sin criticar, solo empatizando con ella, entendiendo que no es fácil tener que compartir a mamá. Le aseguré que amaba a mis tres hijos por igual. Pame se sintió escuchada y pudo entender lo que le sucedía. La abracé con mucha ternura, y, tras esa conversación, el dolor de panza que había durado tres días desapareció de inmediato.

Los niños con alta sensibilidad tienden a ser sumamente comprensivos, les cuesta mucho expresar emociones "negativas" porque no quieren ser una carga y quieren darle la mejor cara a mamá para sentir que así serán merecedores de nuestro amor. Por eso en cuanto me puse de su lado, preguntándole si sentía celos, le fue mucho más sencillo expresar estas emociones que la hacían sentir apartada.

¿Por qué las consecuencias y los castigos no funcionan?

Si los castigos o las consecuencias funcionaran para mejorar la conducta de tu hijo no existiría mi profesión ni estaría escribiendo este libro.

He escuchado a miles de padres decirme: "Ya le castigué todo, ya no le importan mis amenazas y se está poniendo cada vez peor".

Es fundamental entender cómo funciona el cerebro de los niños y por qué los castigos y las amenazas no funcionan. Recuerda el círculo vicioso que vimos en este capítulo en la sección "Puentea los problemas de conducta". El niño maduro es el que puede aprender del error, toma responsabilidad de sus acciones y aprende de la consecuencia. Pero como tu hijo aún no es maduro es muy probable que repita constantemente una acción inadecuada después de haberlo castigado. Los niños que tienen defensas muy altas o que tienen atorado su proceso de madurez no aprenden de los castigos ni de las consecuencias.

Recuerda que la frustración tiene tres salidas: el cambio, la adaptación y el ataque. En este momento es muy probable que tomen la salida del ataque, así que necesito que tengas paciencia para que puedas ir viendo los frutos de tu intervención, ya que solo a través de la reconexión del vínculo es como podremos ver progreso en su comportamiento.

Reflexiona qué cambios puedes hacer, qué lenguaje debes adoptar y qué reglas establecer para que la siguiente vez no se genere el mismo conflicto.

Estrategias que activan el proceso de madurez

> La disciplina comienza cuando los papás somos capaces de ofrecer calma a un niño o a un adolescente inestable.

Esta es una de mis frases más icónicas. Sé que el concepto de disciplina que tenemos es muy rígido, pero lo que necesitamos para impulsar el proceso de madurez de nuestros niños es todo lo contrario a rigidez; solo a partir de una crianza fundamentada en el respeto y la empatía seremos capaces de adquirir todas las herramientas para que nuestros hijos puedan despegar.

El proceso de madurez no se enseña; cada uno debe transitar por experiencias que le permitan entender cómo funciona el mundo de forma personal.

Sin embargo, los padres somos el principal motor para que se dé este desarrollo. Entonces, la madurez de nuestros niños requiere de nosotros los padres, siendo la principal figura que les otorgue las enseñanzas para hacerle frente a la vida. Tú puedes ser un padre maduro, responsable, independiente, autocontrolado y tener hijos de 25 años sumamente inmaduros. Cuando hablo de madurez no me refiero al niño que saca 10 en la escuela, que es la estrella de su equipo de futbol y el más educado del mundo; estos son los frutos de un niño que surge y desarrolla todo su potencial desde su individualidad.

Un niño maduro es aquel que acepta límites, no ataca cuando se frustra, es resiliente, sabe manejar el estrés, puede resolver conflictos, acepta no salirse con la suya, se recupera ante el dolor; es responsable, independiente, está lleno de energía creativa, tiene hambre de aprender, hay un impulso dentro de él que lo motiva a intentar cosas nuevas, pensar por sí mismo y diferenciarse de los demás.

A esto le llamamos el proceso de individuación.

Hoy vemos una cantidad enorme de niños aburridos, que no saben quiénes son realmente y copian la personalidad de sus amigos para definir quiénes deben ser.

El último proceso de madurez, que regula el control de impulsos, la toma de decisiones, la planificación, la evaluación de riesgos, que no sea egocéntrico, entienda la justicia y no tenga bandazos de pensamientos y emociones, se da en niños neurotípicos alrededor de los seis años de edad en la corteza prefrontal. Pero en niños con alta o hipersensibilidad llega a tardar hasta dos años más.

Nuestros niños son como una semillita que queremos que se transforme en un hermoso árbol de manzana, y la única forma en que podemos darles "riego y cuidado" es a través del fortalecimiento de nuestro vínculo. Los niños maduran cuando su cerebro está en modo disfrute, cuando juegan, cuando crean, cuando exploran, cuando conectan con los adultos desde un lugar profundo.

Cinco cosas que necesitas comenzar a implementar

1. Ajusta tus expectativas: hoy tienes un niño inmaduro, así que no le exijas lo que aún no puede dar.
2. Reduce la presión y evita dar tantas órdenes: en su lugar, enfócate en hacer más tú mismo y dar menos instrucciones verbales. En vez de decir: "Recoge tu cuarto", acompáñalo a recogerlo juntos. En lugar de decir: "Métete a bañar", mejor vayan platicando juntos a la regadera.
3. Implementa más estructura y mete juego, estructura con liderazgo, conexión y calidez.
4. Vamos a romper las creencias previas, aquellas que nos hacían decir que la mejor manera de educar es a través de la crianza autoritaria y de control sobre el niño.
5. Ayúdalo a compensar sus déficits en lo que madura.

Opino lo mismo que defendía Albert Einstein: **la locura es hacer lo mismo una y otra vez y esperar resultados diferentes.**

Necesitamos buscar otros caminos e implementar nuevas estrategias porque para este punto seguro ya te diste cuenta de que la misma acción no da resultados diferentes.

¿Cómo le hago para que mi hijo me obedezca?

Los resultados del cambio de conducta de nuestros hijos no son inmediatos: hay una herramienta que tenemos que activar en su cerebro además del cambio de miradas, tono de voz y de lenguaje. Esa herramienta es conectar con ellos. Si no conectas, no seguirán tu guía; así de simple.

El doctor Neufeld, en su curso "La conexión vital", habla de un término que se llama *colectar*; consiste en lograr conectar con la mirada de tu hijo, sacarle una sonrisa y un gesto de asentimiento. Colectamos con dos propósitos, el primero es para activar la relación, para demostrarle que nos interesa, que es importante en nuestra vida, y el segundo para poder darle una instrucción. No puedo trabajar la relación si no tengo a mi hijo cerca de mí.

Me explico: tenemos la creencia de que automáticamente por nuestro rol de padres nuestros hijos nos deben obediencia, pero esto es un mito. La obediencia en tu hijo es algo que surge del buen vínculo. Se logra cuando el niño siente que ya pertenece a ti (alrededor de los tres años de edad es el tercer nivel), pero si tu niño no siente que pertenece a ti, no querrá hacerte caso y tendrás que estar luchando y amenazando para conseguir su obediencia.

Este es un indicador, un indicio: hay que trabajar el vínculo de los sentidos, la semejanza y la pertenencia.

Hay otra razón por la cual nuestros hijos no atienden nuestras instrucciones, aunque tengamos una excelente relación y ya sean maduros. Esto es muy común y pasa porque no conectaste con él antes. Los niños no siguen instrucciones si no activaste la relación y estás dentro de su radar visual.

Un error frecuente es asumir que nuestros hijos nos van a obedecer si damos instrucciones desde lejos mientras ellos están inmersos en otra actividad. Repetimos la orden 20 veces sin respuesta, y te puedo asegurar que cuando esto sucede terminas explotando.

¿Por qué no te hacen caso? Los niños neurotípicos, con alta o hipersensibilidad pueden tener dificultades para poner atención a dos cosas al mismo tiempo, así que si están concentrados en una actividad, como estar jugando con el iPad, con sus amigos, viendo la televisión, armando un Lego, etcétera, les costará mucho trabajo atender instrucciones porque tu voz estará en un plano secundario y la percibirán como "ruido".

Puede ser que los niños, al escuchar tu instrucción, incluso te contesten; sí, pero fue más una respuesta automática que una consciente. Su cerebro no hizo un registro de esa petición. Solo hasta que pegas un grito voltean a verte.

Un comentario que recibo repetidamente en terapia de parte de no pocos padres es: "Hasta parece que a mi hijo le gusta que le grite porque solo así me hace caso".

Esto no es verdad, tan solo tu grito generó una emoción de alarma que fue más fuerte que el deseo de seguir jugando.

De nuevo, colectar consta de:

1. Ganarte la mirada de tu hijo,
2. Sacarle una sonrisa y, por último,
3. Conseguir que asienta con la cabeza.

Te lo explico a través de este ejemplo: Mateo era un pequeño de cuatro años que constantemente se enfermaba de la garganta. Su madre pasó por cuatro o cinco doctores buscando respuesta.

Para ella era una pesadilla tener que presentarle a un nuevo pediatra, ya que los extraños eran muy amenazantes para él. Al entrar a la cita, el doctor saludaba a Mateo, pero él se rehusaba a mirarlo. Se abrazaba fuerte a su madre para evitar la revisión, gritaba, pataleaba, en verdad estaba muy asustado. Era una lucha lograr que se dejara revisar, y el doctor no hacía nada para ganárselo.

Un día su madre lo llevó con un nuevo doctor. Se repitieron las mismas reacciones en Mateo, asustado y agarrándose fuerte de la pierna de su madre para que no lo soltara. Sin embargo, este doctor no presionó a Mateo, sino que intuitivamente supo que tenía que ganárselo. Comenzó a sacar muñecos de peluche que tenía en su consultorio: un dragón rojo, otro verde de tres cabezas y uno azul con cuatro cuernos. Empezó a jugar solo con los tres dinosaurios, haciendo caras y ruidos chistosos. Su madre se dio cuenta de que Mateo poco a poco comenzaba a verlo. El juego seguía avanzando hasta que Mateo ya estaba con una sonrisa mirando al doctor. Ya tenía la mirada y la sonrisa de él.

La prueba final llegó cuando el doctor le preguntó: "¿Quieres jugar con los dinosaurios? Toma, te presto uno".

En ese momento Mateo dijo que sí (asintió con la cabeza) y tomó el muñeco. En ese momento el doctor ya había conectado con él; Mateo ya le había abierto la puerta a participar en su vida. Enseguida, el doctor le pidió que se acostara para revisarle su pancita. ¡Magia! Mateo se acostó y él solito se levantó su playera para que lo revisara. Todo fluyó en paz y tranquilidad. Después de ese evento nunca más se resistió a una revisión con él.

A continuación te comparto una recopilación de pasos específicos que hice para que logres que tus hijos te obedezcan sin la necesidad de gritarles o amenazarlos.

Adele Faber y Elaine Mazlish son autoras conocidas por su enfoque práctico y respetuoso en la crianza de los hijos. En su libro *Cómo hablar para que los niños escuchen y cómo escuchar para que los niños hablen* ofrecen técnicas para mejorar la comunicación entre padres e hijos, fomentando una relación basada en el respeto mutuo y la comprensión.

1. **Acercarse al niño:** antes de dar una instrucción es importante acercarse físicamente al niño, a su altura. Esto puede significar agacharse o sentarse junto a él, de manera que se pueda establecer un contacto visual directo.
2. **Establecer contacto visual:** mirar a los ojos al niño ayuda a captar su atención y a transmitir que el mensaje es importante. El contacto visual debe ser recíproco para pasar al

siguiente punto. Sin embargo, hay muchos niños que no dirigen la mirada tan fácilmente, ya sea porque son muy reservados, porque la evitan debido a su hipersensibilidad o porque pueden estar inmersos en una actividad que les interesa mucho. Con ellos debemos captar su atención a través del oído para que, a partir de ahí, nos dirijan la mirada. Te pongo un ejemplo: si tu hijo está armando un Lego y le pides que se ponga a hacer su tarea y no te hace caso, te sugiero que te intereses unos minutos por la actividad que está haciendo: "Oye, qué avanzado va tu Lego, está quedando muy padre. ¿Tú lo armaste solito?". Como le estás hablando de un tema de su interés, te verá con una sonrisa y asentirá. Ahí ya lo tienes, ahora le das la orden precisa en un tono claro, firme y afectuoso: "Termina de poner dos piezas más y te acompaño a sacar tus libros para hacer la tarea".

3. **Usar un tono afectuoso, claro y conciso:** nuestro tono debe ser afectuoso en lugar de autoritario, con instrucciones claras y sencillas.
4. **Mostrar empatía:** ser empático, entendiendo y reconociendo los sentimientos del niño, también es crucial. Por ejemplo, decir: "Entiendo que estás frustrado porque no quieres dejar de jugar, pero es hora de cenar" valida sus emociones mientras se establece la instrucción.

Imagina que tu pareja llega después del trabajo y que en vez de saludarte y entablar una plática de cómo te fue en tu día te empieza a preguntar si sacaste la basura, si pagaste el agua y si ya tienes la cena lista; evidentemente te vas a molestar y tal vez le contestes mal. Pues así es también como se sienten los niños cuando nos dirigimos a ellos sin tacto.

Por eso primero tenemos que conectar con ellos antes de dar instrucciones. Una fórmula muy buena es la siguiente: primero diles algo obvio, por ejemplo, si llegan de la escuela puedes aplicar esta técnica:

—Oye, hoy te quedó padrísimo el pelo (tema de interés, el niño se voltea para verse); ¿cómo le hiciste para peinarte? Porque te quedó increíble (obtienes su sonrisa).

Tu niña acá puede responderte:

—Muchas gracias, ma.

Y después sigues tú con la siguiente indicación:

—¡Qué padre, mi vida, vente, vamos a comer!

Tip: cuando le demuestras interés en su mundo antes de darle una instrucción, el niño estará más dispuesto a ejecutar tus instrucciones.

Te tardas entre dos y cinco minutos en demostrarle a tu hijo que en verdad te interesas en él, que no solo quieres lograr que te obedezca sino que estás interesado en lo que le gusta, en cómo se ve, en cómo le fue en su entrenamiento de futbol o en cómo se siente.

Otro ejemplo para dar instrucciones es proporcionarles la oportunidad de tener pequeñas elecciones. Por ejemplo: a la hora del baño, en vez de decirle: "Ya te tienes que meter a bañar", le puedes dar a elegir si quiere meterse a la regadera con su dinosaurio o con su pelota. Vamos a distraer a su cerebro poniendo el foco en algo diferente a la instrucción, y después será mucho más fácil decirle: "Listo, campeón, vámonos a bañar".

Puedes enganchar a tu hijo a ti a través de:

* Hablarle de su jugador de futbol favorito o de su serie preferida.
* Darle un detalle (juguetito, dulcecito, etcétera).
* Contarle una historia entretenida.

* Jugar con él/ella.
* Mostrar interés en su juego de Xbox.

Resistencia y oposicionismo

Este es un tema que causa mucho conflicto en las familias. Todos los seres humanos tenemos el instinto de llevar la contraria, no nos gusta sentir que somos presionados o sufrir coerción; es natural querer hacer lo contrario a lo que se nos dice. Otto Rank introdujo el concepto de *instinto de contra-voluntad* en su obra *El trauma del nacimiento*. Este concepto se refiere a la tendencia innata a resistirse a la autoridad y a las demandas externas como una forma de afirmar la autonomía personal.

Esto lo vemos con mucha frecuencia en todos los humanos. Nos dicen que no podemos tomar y se nos antoja un coctel; que no podemos comer lácteos y ahora los vemos en todos lados y se nos abre el apetito por ellos; que no podemos salir y es lo primero que queremos hacer.

Lo mismo sucede con nuestros niños: si constantemente los estamos presionando, tendrán demasiada resistencia. A ningún ser humano le gusta sentirse controlado. De aquí surgió el término *trastorno oposicionista desafiante*.

Existen cuatro causas principales por las cuales un niño se resiste:

1. La primera se da por la **falta de una buena relación entre tu niño y tú.** El adulto que forme un mejor vínculo con el niño observará menos resistencia. Lo mismo pasa con los maestros en la escuela. Esto es muy común con niños hipersensibles que tienen TDAH, cuyos padres o maestros los presionan, corrigen y les dan órdenes constantemente para que actúen como un niño neurotípico.

Cuando un niño no siente conexión y siente que es un tonto y que todo lo hace mal, habrá resistencia. La respuesta es trabajar la relación, ganarte a ese niño.

Por ejemplo: si tu niño está teniendo problemas en la escuela y actúa de manera desafiante en casa, dedica tiempo para conectarte emocionalmente con él. Pregúntale sobre su día y escucha con atención sin juzgar: "Cuéntame cómo te fue hoy en la escuela. Estoy aquí para escucharte y ayudarte con lo que necesites".

2. Otra causa es que **damos demasiadas instrucciones y presionamos mucho para que las cosas se hagan al instante.** A veces no somos conscientes de lo insistentes que somos y de toda la presión que ponemos sobre nuestros hijos: "No te pares de la mesa", "No interrumpas", "Pon atención en la tarea", "Recoge los juguetes", "No le pegues a tu hermano", "Ya métete a bañar", "Apaga el iPad", "Apúrate, que ya nos vamos", etcétera. A medida que tu hijo sienta demasiada presión de tu parte, sucederá lo opuesto y te retará.

Tal vez te ha pasado que les pides a tus hijos: "Va a venir su abuelita. Les pido por favor que se porten bien, ya que le molesta mucho cuando se pelean".

Tus hijos te contestarán que claro que sí. Diez minutos después de que llegó su abuela, comienzan a pelear. Es como si les hubieras dado la orden de: "Por favor, peléense".

Otro ejemplo es la hora de dormir: entre más presionamos para que se duerman, más brincan en la cama, no paran de hablar, ponen pretextos para que no te vayas, y tú, a esas horas, ya no puedes más y terminas gritándoles que se callen. **Cuando presionas, generas la acción opuesta.**

Pregúntale a tu pareja si cree que eres demasiado mandón, él/ella te podrá ayudar a interpretar mejor tu tono y a hacerlo consciente para así irlo modulando hasta que deje de ser tan amenazante.

Asimismo, hay dos frases que tenemos que evitar porque generan muchísima resistencia: "Debes" y "Tienes que". Esas palabras en automático generan oposición. Es como si te dijera que tienes que ser más cariñosa con tu pareja, o que tu pareja te dijera: "Siempre dejas todo tirado, debes ser más ordenada". Habrá algo dentro de ti que se resistirá a hacerle caso, porque a ningún cerebro le gusta recibir órdenes.

La clave está en hablar en positivo. Hablar en positivo implica dar instrucciones claras y afirmativas, enfocándose en lo que los niños pueden hacer en lugar de lo que no deben hacer.

La clave es cambiar nuestro lenguaje:

* En lugar de: "Tienes que lavar tu plato", que en automático pondrá a tu hijo de malas, puedes usar un: "Oye, se te olvidó lavar tu plato".
* En lugar de: "No corran al entrar a la casa porque se pueden caer", di: "Caminen con cuidado, que el piso está mojado".
* En lugar de: "No puedes comer dulces antes de la cena", di: "Puedes elegir una fruta o un yogur antes de la cena". Damos dos opciones para que ellos puedan elegir.
* En lugar de: "Tienes que portarte bien en la escuela", di: "Te recomiendo que platiques con Diego en el recreo para que le cuentes todo durante esa media hora y así la maestra no los regañe".

Así, nuestra voz no se escucha con imposición. Otro tip es grabarte para notar si te escuchas impositivo o si tu voz se oye tranquila; recuerda que modular nuestro tono de voz es importante.

3. **Desarrollo de su propia autonomía;** esto es el fruto de que tu niño va madurando. A medida que los niños crecen y se desarrollan, su necesidad de autonomía y autoafirmación se hace más evidente, y pueden mostrar resistencia a las demandas y expectativas de los adultos. Comienzan a definir sus gustos, deseos, ideas y pensamientos. Debemos dar espacio a que ellos también puedan elegir. Solo tú sabes lo que ya puedes permitir que ellos elijan.

   Por ejemplo: si tu hijo se niega a irse a la cama a la hora establecida, en lugar de imponer la regla de manera autoritaria podrías ofrecerle opciones dentro de límites razonables para ti, como: "¿Prefieres leer un libro antes de dormir o escuchar una historia? Tienes 15 minutos para lo que elijas y luego es hora de ir a la cama".

   Otro ejemplo: si tu hijo quiere decidir qué ropa usar para un evento especial, en lugar de imponer una elección, ofrécele dos o tres opciones y deja que elija: "Puedes elegir entre esta camisa azul o la verde para la fiesta. ¿Cuál prefieres usar?".

4. Por último, **el niño también se resiste o se opone a ti cuando está cansado**; hay que recordar que es muy importante que los niños descansen tanto emocional como físicamente.

   Imagina que tú estás cansada porque hiciste mil cosas durante todo el día y de repente llega tu pareja a decirte que te pongas a ordenar los papeles de tu escritorio; sin duda te vas a resistir. Es normal que nuestros hijos estén agotados con tanto estímulo, así que evita saturarlos con tantas actividades y responsabilidades. No les des órdenes después de un día lleno de movimiento, mejor ayúdalos a cumplir sus deberes.

Te recomiendo que no postergues las responsabilidades del niño hasta el final del día porque estarán agotados y lo último que querrán es hacerte caso, mejor prepara una agenda que les permita hacer su tarea en horas en que aún tengan energía.

Retos para los padres

Estamos entendiendo cada vez más cómo podemos adaptar nuestro enfoque para ayudar a nuestros hijos a madurar en un entorno que los haga sentir libres, tranquilos y protegidos. Sé que deseas ver resultados rápidamente, pero este proceso de crecimiento requiere tanto esfuerzo como paciencia.

Te pido que seas muy cuidadoso al dar instrucciones. Cada niño, según su personalidad, reaccionará muy diferente a las peticiones, y la oposición es una parte normal del comportamiento humano. Lo que nos corresponde es construir un entorno donde se sientan amados y, al generar una conexión real, deseen obedecer de modo más natural.

Aquí están algunas de las actitudes que vamos a cambiar:

1. Evita enfocarte en su conducta, pon el foco en la emoción que lo llevó a actuar así.
2. No utilices adjetivos para etiquetar su conducta (eres un flojo, eres un irresponsable, etcétera). Empatiza: "Sé que tienes flojera, pero aun así hay que terminar la tarea".
3. Deja de corregir constantemente. Cambia tu lenguaje para que en vez de decirle todas las consecuencias de sus actos o de dar órdenes, puedas dar recomendaciones: "Yo te recomiendo que..." será la mejor frase que puedes utilizar para sustituir la corrección.

4. No tomes personal sus reacciones. Mantén la calma, quita el "me" de la oración.
5. No impongas castigos si sabes que no aprenderán de ellos.

Ningún regaño, amenaza o castigo hará que nuestros hijos maduren de modo natural. Quiero que ustedes, papás y mamás, se rían y diviertan con ellos, que establezcan una conexión genuina hoy mismo. Involúcrense en su mundo y descubran qué les gusta y qué no, cómo se sienten en la escuela y cómo reaccionan al ir a la casa de la abuela o de sus primos.

Escúchenlos de manera activa. Identifiquen las situaciones que les causan frustración y estrés y adapten el entorno para apoyar su bienestar y crecimiento natural.

La teoría puede sonar muy atractiva, pero sin una implementación práctica no dará resultados. La idea de crear conexiones profundas con nuestros hijos es maravillosa: que confíen en nosotros, se sientan amados y, como resultado, sean buenos para nosotros. Sin embargo, llevar esto a la práctica requiere constancia y esfuerzo. Concédele prioridad a la conexión, y te prometo que la conducta mejorará naturalmente.

CAPÍTULO 6
RECUPERA EL LIDERAZGO

> La crianza autoritaria puede lograr obediencia a corto plazo, pero a menudo a costa de la autonomía y la autoestima del niño.
>
> DOCTORA LAURA MARKHAM

Con el paso de los años hemos adoptado modelos de crianza nuevos y más eficientes. El avance de la neurociencia, por ejemplo, nos ha permitido entender mejor cómo se desarrolla el cerebro de los niños. Por fortuna, la mentalidad de muchos padres está migrando hacia una crianza más consciente, empática y amorosa, en lugar de una basada en el miedo. Ahora sabemos que el miedo no enseña a los niños a respetar a sus padres, sino que puede causar daños permanentes en su desarrollo emocional.

Por lo tanto, la capacidad de desaprender es esencial para los padres. Aunque los padres son una figura de autoridad y tienen la responsabilidad de guiar al niño hacia la madurez, entendemos que el proceso de desarrollo emocional no es solo tarea del niño; los adultos también tenemos muchas áreas de oportunidad para nuestro propio crecimiento.

Si todos hubiéramos tenido padres que valoraran el desarrollo emocional al mismo nivel que la obediencia, el crecimiento escolar y profesional, muchos de los problemas que enfrentamos hoy en día tendrían soluciones más sencillas. Tendríamos mejores herramientas para afrontar la vida y, por lo tanto, disfrutaríamos de una vida más plena.

Sin embargo, es importante destacar que en vez de buscar un equilibrio entre la obediencia y la paciencia, a menudo estos valores se sustituyen por la indulgencia y la falta de límites. Aunque estas actitudes están lejos de los gritos, amenazas y castigos, tampoco brindan la seguridad necesaria para que un niño tenga un buen desarrollo emocional.

Hemos pasado de una crianza autoritaria a una crianza permisiva, haciendo un giro de 180 grados. Esto es completamente normal, ya que cuando intentamos hacer algo diferente, tendemos a irnos al extremo.

Ahora es momento de encontrar el equilibrio, conocido como *crianza consciente*, que se basa en el liderazgo con respeto. En este capítulo aprenderemos cómo lograr que nuestros hijos nos perciban como su líder.

Necesitamos recuperar el liderazgo; hoy tenemos a niños empoderados, mandones, voluntariosos, que no aceptan un "no" por respuesta, y tenemos a padres complaciendo su sinfín de demandas. A estos niños les llamo niños empoderados, los jefes en pañales.

El principal problema por el cual se atora el proceso de madurez de un niño es porque la jerarquía en casa está invertida. Cuando esto sucede se generan problemas de autoestima, ansiedad, de conducta y aprendizaje. Cuando el niño se queda en la posición alfa surge mucha frustración en él. Su cerebro se enfoca en demandar atención, cuidado, juego, mirada y en estar al mando. Puedes pensar que para él no es tan frustrante porque siempre termina saliéndose con la suya, pero eso le ocasiona más problemas porque no puede profundizar en el vínculo contigo.

Cómo recuperar la jerarquía

Necesitamos recuperar nuestra posición de liderazgo para tener influencia y autoridad natural ante ellos. Y esto vale no solo con los niños con híper o alta sensibilidad sino con todos nuestros niños.

> **La relación entre padres e hijos es una experiencia emocional que moldea la estructura del cerebro.**
>
> DANIEL SIEGEL

Daniel Siegel menciona que un vínculo fuerte promueve el desarrollo del cerebro, en particular la corteza prefrontal, que es crucial para la regulación emocional, el autocontrol y la empatía.

Según el doctor Gordon Neufeld, el vínculo "es el impulso que te lleva a buscar la cercanía con el otro. Te da influencia natural y autoridad sobre la persona a la que estás vinculada". Por ejemplo: imagina que tu jefe te pide que te quedes horas extra porque necesita que terminen un proyecto de suma importancia. Hay dos escenarios, en el primero te cae bien tu jefe, lo admiras y te gusta estar cerca de él porque siempre recibes valiosas enseñanzas y también toma con mucha apertura tus sugerencias y comentarios. Seguramente no te será difícil mover un poco tus planes para quedarte hasta que el proyecto quede listo. En el segundo escenario tienes un jefe dictador que no se preocupa por el bienestar de los empleados, que no recibe sugerencias y que no respeta tu vida personal ni tu tiempo. Muy probablemente buscarás una excusa o te inventarás una historia sobre por qué no puedes quedarte más tiempo en la oficina, o en caso de que aceptes, lo harás de muy mala gana.

En una relación de liderazgo es más fácil que surja el deseo de tu parte de aceptar peticiones cuando te sientes valorado y atendido.

El vínculo permite que te perciban como su líder, te vuelve más tolerante y paciente, te da influencia y hace que tus hijos te escuchen y se sientan más a gusto estando contigo. Muchas veces los niños huyen de pasar tiempo con mamá y papá o les desagrada pasar tiempo en casa porque no se sienten seguros, no sienten que ese sea un lugar de paz; al contrario, sienten tanto estrés y frustración que su cerebro está todo el tiempo alerta y nunca descansan.

Por último y lo más importante, el vínculo también despierta en el niño el deseo de ser bueno para ti. Para que se dé el proceso de madurez, el cerebro del niño debe descansar; dejar de sentirse en modo alerta por la búsqueda de ser visto, amado o importante para ti. Cuando tienes un niño que trata de llamar tu atención ya sea peleando, jalándote, buscándote, o intentando encajar en el molde del niño perfecto, su cerebro no descansa, es una manera de decirnos que está a cargo de la conexión.

¿Cuándo perdemos el liderazgo y qué debemos hacer para evitarlo?

1. **Cuando hacemos demasiadas preguntas:** "¿Dónde quieren comer? ¿Qué quieren hacer? ¿Ya te puedes meter a bañar?". Usamos tonos que no son órdenes y que permiten al niño responder no.

   Dejen de hacer tantas preguntas y, en su lugar, den instrucciones con certeza y claridad: "Ahorita que lleguemos a la casa métanse a bañar rápido para que les dé tiempo de ver la tele". No decir: "¿Se bañan cuando lleguen a la casa?". Aprende a utilizar las palabras de forma que se entienda que esperas algo de ellos, pero sin sonar impositivo para no generar resistencia.

2. **Cuando no somos constantes con una regla,** pues corremos el riesgo de enviar mensajes contradictorios a nuestros hijos. Si haces excepciones frecuentes al límite que impusiste, el niño puede interpretar que tiene el poder de conseguir lo que quiere si es persistente y logra agotar tu paciencia. Esto le enseña que, para obtener lo que desea, solo necesita insistir más o hacer berrinches más intensos. Es fundamental ser congruentes entre lo que decimos y lo que hacemos. Una vez que el niño se ha adaptado a la regla y la ha internalizado, es entonces cuando podemos ser más flexibles sin perder la estructura.

   Por ejemplo: una paciente me comentaba que la lucha diaria con su hijo era que no aceptaba la regla en su casa de que solo se podía comer un postre después de la comida. Me decía que todos los días enfrentaba el mismo conflicto, ya que su hijo siempre quería más y terminaba saliéndose con la suya por su insistencia. Le sugerí que considerara ajustarla, ya que ninguno de los dos la podía cumplir, y le propuse decirle a su hijo: "En esta casa todos tenemos derecho a dos postres: uno grande y otro pequeño".

   Al ajustar la regla, la madre pudo ser firme cuando su hijo le pidió un tercer postre. Ella estaba convencida de que no correspondía, y esa convicción la ayudó a mantenerse firme en su negativa. Cuando te encuentras haciendo demasiadas excepciones a una regla es importante revisar si la regla está bien aplicada.
3. **Cuando tiramos la toalla y dejamos que tomen el control.** Esto es común cuando estamos agotados de tener un niño que no acepta límites. Nos rendimos, y el agotamiento y la frustración hacen que no seamos firmes en nuestros límites y reglas. Cuando dejamos que se salgan con la suya, el cerebro del niño interpreta que tú no estás al mando y que si te tortura conseguirá lo que quiere.

4. **Cuando cumples sus demandas.** Esto es la falta de anticipación de llenar sus necesidades de conexión. El cerebro del niño percibe que para ser visto, ayudado, cuidado y atendido hay que pedir: "¿Papá, juegas conmigo?" o "¿Mamá, me vienes a vestir?" o "¿Mamá, me vienes a dar un abrazo?". La energía del niño está puesta en encargarse de la conexión, y recuerda que esa energía que pone ahí se la quita a madurar.
5. **Cuando gritamos o condicionamos,** lo que demuestra que no tenemos el poder del vínculo con nuestros hijos. Un niño no necesita gritos ni amenazas cuando entiende tu posición de líder.
6. **Cuando hay cansancio o se padece alguna enfermedad,** ya que puede hacer que el niño no se sienta cuidado adecuadamente. Si estás cansada, no tendrás la energía para anticiparte a sus necesidades y brindarle conexión, lo que te llevará a ser una madre o padre reactivo en lugar de proactivo. En el caso de una enfermedad, también es difícil tener la energía necesaria para sostener a tus hijos. Por eso siempre digo que, en cierto sentido, las madres no tienen el "lujo" de enfermarse, ya que cuando esto sucede, el equilibrio en la casa puede descontrolarse.
7. **Cuando das una orden, pero no te encargas de que se cumpla.** Cuando el niño nota que mamá o papá no se encargó de que se cumpliera la orden que dio, el niño pensará que la voz de sus padres no es de obedecer.

   Por ejemplo: le dices a tu hijo que ya no puede usar la tablet y te retiras a tu recámara pensando que estableciste un límite. Cinco minutos después la tablet queda a la vista del niño, y debido a su inmadurez cederá a su deseo y la tomará. En ese momento el deseo de usarla será más fuerte que la instrucción que diste. Luego, apareces y lo ves con la tablet en la mano y lo regañas y castigas, pensando que te desobedeció. Pero si sabes que a tu hijo le cuesta cumplir las reglas, ¿por qué dejar la tablet a la vista? En el momento en que des la orden, toma la tablet, llévatela contigo y así tu palabra tendrá más peso.

8. **Cuando no los cuidamos porque ellos son sumamente responsables.** Hay niños tan independientes que parece que no necesitan ayuda para nada, y, en efecto, pueden hacer muchas cosas solos; aun así, todo niño necesita apoyo y tiempo contigo. Ofréceles ayuda, aunque no la necesiten.
9. **Cuando el niño te recuerda que debes hacerte responsable de él o de la situación.** Por ejemplo: "Mamá, ¿ya sacaste la cita con el doctor?", "Mamá, acuérdate de poner la alarma para llevarme a la escuela" u "Oye, mamá, ¿el coche tiene gasolina?", "Mamá, mi hermano te está desobedeciendo" o "Papá, no se te olvide que tienes que ir a mi festival". Ellos necesitan confirmar que sus necesidades son atendidas y que tú estás a cargo.
10. **Cuando te enganchas en intentar convencerlo o negociar con él por mucho tiempo.** Es un callejón sin salida, al hacerlo te colocas en su nivel y para él nunca habrá un argumento válido. Puedes pasar horas dando explicaciones válidas y lógicas, pero para tu hijo no serán suficientes. En lugar de pedirle que, por favor, se meta a bañar porque ya es muy tarde, dile: "Es hora de meterte a bañar para que puedas seguir viendo la tele más tiempo". Cambiar el tono de las palabras y no dejar espacio para la duda hará las cosas mucho más fáciles. Cuando en tu tono de voz hay incertidumbre, el niño intentará por todos los medios hacer que cambies de opinión y que las cosas se hagan a su modo. Sin embargo, cuando somos firmes desde el principio, los niños aceptan las pérdidas con mayor facilidad.

Imagina que vas al banco a pedir apoyo para algún asunto. Si te responden con un: "Déjeme ver qué puedo hacer", te ilusionarás esperando que las cosas salgan como deseas, y si al final no se logra, sentirás una gran frustración. En cambio, si desde el principio te dicen: "Lo siento, pero no hay nada que pueda hacer", aceptar la pérdida será mucho más fácil. Esa es la misma actitud que debes tomar con tus hijos. No dudes, porque entonces ellos insistirán mucho más hasta hacerte cambiar de opinión, y cuando no lo consigan, atacarán y tú explotarás.

11. **Cuando no te anticipas al conflicto.** Todos los niños saben lo que quieren: jugar más, no salirse de una fiesta o comer más, pero eso no es necesariamente lo que corresponde en ese momento. Cuando hacemos lo que el niño quiere, estamos poniendo por encima sus deseos en vez de su bienestar. Necesitamos mirar más allá del placer inmediato y medir las consecuencias futuras. Por ejemplo: sé que si voy a una comida y dejo a mis dos hijos solos se van a pelear. Prefiero dejar a alguno de ellos con una amiga, en lugar de explotar de coraje al darme cuenta de que ya se están peleando.

NO los hagas responsables de tus emociones

> Nuestros hijos no son responsables de nuestras reacciones emocionales. Es nuestro trabajo como padres manejar nuestras emociones con madurez.
>
> L. R. Knost

Yo sé que estos niños pueden llegar a sacar lo peor de ti, que pueden lastimarte profundamente, que nunca es agradable escuchar que te odian, que eres la peor mamá del mundo y que ya no quieren volver a verte, pero tú sabes que en el fondo no piensan así, solo están saturados de frustración.

Nunca debes hacerlos sentir responsables de tus emociones, son niños, y aunque sus palabras lleguen a doler, no demuestres que te lastimaron. Evita frases de este tipo:

* Ya me tienes cansada.
* Mamá se pone triste cuando pegas.
* A papá le duele su corazón cuando no quieres jugar con él.
* Estoy harta de ti.
* Ya me hiciste enojar.

Cuando nos ponemos en el papel de víctimas y los hacemos responsables de cómo nos sentimos, les estamos otorgando también el rol de líder. Esto les genera mucha ansiedad porque pierden la figura de autoridad que necesitan. No te tomes personal lo que tus hijos te dicen.

Es importante que les hagas saber que sus expresiones no están bien y que entiendes que están frustrados, pero no permitas que lo que dicen en momentos de caos te afecte. Solo tú eres responsable de manejar tus emociones.

Ponte a cargo. Reconquistando el corazón del niño

Lo más importante que necesita un niño es seguridad de conexión. Su energía no debe estar enfocada en ti, no debe estarse preguntando a qué hora pasarás por él y cuándo tendrá tiempo de estar contigo.

Una forma muy fácil de identificar que tu niño necesita más vínculo es cuando escuchas con frecuencia la palabra *mamá*, si el niño está en tu búsqueda todo el tiempo es porque el vínculo y la conexión que tiene contigo no se sienten profundas.

Somos los responsables de lograr que nuestro hijo sienta nuestra presencia y nuestro amor incluso cuando no nos encontramos en el mismo espacio físico. A continuación, te compartiré algunas herramientas para que puedas asumir el liderazgo en las necesidades de tu hijo, fortalecer la relación en profundidad y ayudarlo a desarrollar todo su potencial humano. Es fundamental que recuerdes que tú eres el responsable de construir y mantener la conexión con él.

1. **Un niño solo se siente querido si lo buscas y no cuando cumples todas sus demandas.** La búsqueda del niño no debe estar activada, cuando un niño demanda mucha atención es porque está enfrentando mucha separación y la única forma de cerrar la separación es cuando tú buscas al niño.

   Por ejemplo: invítalo tú a jugar, pregúntale su opinión, pasa tiempo con él sin que te lo pida, ofrécele ayuda aunque sea independiente, avísale que tú vas a llegar a acostarlo, etcétera. Intenta anticiparte a sus peticiones.

   Otro ejemplo: yo puedo mandarle un mensaje a mi hijo para decirle que mientras escribía el libro usé un ejemplo de él, puedo entrar al cuarto de mi otro niño y pedirle que me enseñe sus juguetes, puedo sentarme con mi niña y preguntarle si leemos un libro o vemos una película.
2. **Autocontrol y constancia en tus reacciones.** Tu niño debe sentir seguridad al estar contigo; si un día eres súper amorosa y atenta pero al siguiente vuelves a reaccionar con dureza entonces sentirá incertidumbre y no podrá confiar en ti. Dale más de lo que pide.
3. **Dale tiempo de calidad.** Debes encontrar cómo hacer que cada uno de tus hijos se sienta único, nutriéndolos de modo especial y personal. Sorpréndelos, hazles preguntas

sobre sus intereses, cuéntales que piensas en ellos durante el día y exprésales que te encanta pasar tiempo con ellos. Llévalos a cenar a solas, vean juntos su película favorita, préstales atención sin distracciones (como el celular) y comparte con ellos historias o experiencias personales, siempre adaptándolas a su edad.

4. **Tú eres el responsable de la conexión a pesar de sus problemas de conducta.** Cuando tu hijo se está portando mal y parece que no lo merece, es cuando más valora un gesto de cariño de tu parte. No esperes a que venga a pedirte perdón; el perdón surge dentro del niño cuando siente que, a pesar de su comportamiento, no lo alejaste.
5. **Dale más de lo que pide.** No te limites a cumplir solo lo que te solicita; para que se sienta realmente querido, dale más. Si tu hijo te pide: "Mamá, ¿me lees un cuento?", respóndele: "¡Sí! Te voy a leer dos cuentos".

   Cuando conocí al doctor Neufeld, creador del poder de la paternidad enfocada en la crianza evolutiva, además de múltiples cursos, supe que no le gustaban los abrazos. Aun así, estaba tan agradecida con él que deseaba expresarlo de esa manera. Con mucho respeto, le pregunté si podía darle un abrazo. Para mi sorpresa, en lugar de un par de palmadas, me dio un abrazo fuerte, largo y cariñoso. Mis expectativas fueron superadas y me sentí apreciada. Dar más de lo que nos piden no solo demuestra que estamos dispuestos a compartir nuestro tiempo con nuestros hijos, sino que disfrutamos haciéndolo, que los valoramos, y que realmente nos importan.
6. **Dirige su mundo y ofrece opciones de libertad para que tu hijo pueda elegir.** Tú, como padre, estableces lo que tu hijo tiene la capacidad de decidir según su edad. Por ejemplo: dile que a partir de ahora él elegirá su ropa para los fines de semana. Si tu hijo tiene dificultades para tomar decisiones,

puedes comenzar ayudándolo a elegir entre dos opciones, así irás fomentando poco a poco su independencia.

7. **Elige tus batallas.** Muchos padres tienen dificultades para discernir qué vale la pena discutir o pelear y qué no. A menudo buscan que todo funcione perfectamente o casi perfectamente, tienden a ser muy controladores y se centran en sus propias necesidades sin considerar las de sus hijos. Hay que saber soltar.
8. **Límites.** Establecer límites es una parte esencial de la crianza, ya que representan amor, contención y seguridad. Ser padre implica que tus hijos se enojen contigo, pero estos límites son cruciales para que el niño se adapte y desarrolle resiliencia. Más adelante dedicaremos un capítulo completo a hablar sobre los límites.

Tu niño debe sentir que te agrada. Es triste, pero muchos niños creen que no les caen bien a sus padres o a sus maestros. Debes demostrarle con acciones que en verdad te gusta pasar tiempo con él: ríe, juega y, aunque al principio pueda parecer que tienes que fingirlo, es importante que lo hagas. Muchas veces lo que no nos gusta son las manifestaciones de sus defensas. Cuando logramos reducir esas defensas, los niños pueden volverse sumamente amorosos, cariñosos y fáciles de querer.

Durante mi tercer embarazo, Pato experimentó una profunda sensación de separación. El simple hecho de verme embarazada despertó en él temores de sentirse olvidado y excluido. Esto lo volvió mucho más dependiente de mí. En ese momento Pato no tenía una relación sólida con su papá, ya que Pato no le daba entrada. Era mi sombra, me seguía únicamente a mí a todas partes, se portaba muy indiferente con otros adultos e incluso con su papá. A medida que mi embarazo avanzaba, su inseguridad crecía, y yo necesitaba más que nunca el apoyo de más adultos.

Me acerqué a su papá a pedirle apoyo, pero él me decía que no podía, que mi hijo no quería estar con él, que no lo seguía ni obedecía. Entonces comenzamos desde cero a ganarnos su confianza.

Le pedí a su papá que se sentara a jugar con sus juguetes, solo, para que mi hijo lo percibiera como alguien más cercano. Al principio mi hijo solo lo observaba y no participaba, pero en un momento su papá hizo algo que le pareció gracioso, mi hijo se rio y así comenzó a fortalecerse poco a poco el vínculo entre ellos. Su papá tuvo que adaptarse a su nivel, entrar a su mundo (y el juego es la solución por excelencia) y no forzar la relación, sino ganársela gradualmente. Lograr que mi hijo lo mirara, que sonriera y que asintiera se convirtió en un indicador clave para determinar que habíamos alcanzado un nuevo nivel de confianza.

Parece inaudito que un niño no quiera relacionarse con su propio papá, pero es que siempre damos por hecho que el niño tiene que relacionarse con sus papás, creemos que simplemente por ser procreadores y progenitores ya nos merecemos ese contacto íntimo con nuestros niños, y sí, así debería ser, pero solo cuando nuestra crianza los haga sentir protegidos y pertenecientes; en caso de que el niño no se sienta así, entonces nos corresponde a nosotros trabajar la relación.

Bajando sus defensas

Las defensas que se instalan en el cerebro de tu hijo tienen una razón justificada, como la sobreestimulación del ambiente, lugares amenazantes como la escuela, la clase de gimnasia o incluso su propia casa. Aunque las defensas en sí mismas no son malas y nos ayudan a sobrevivir en espacios "peligrosos", el problema surge cuando no hay un lugar adecuado para que se relajen y bajen esas defensas, convirtiéndose en una barrera constante. Esta es una tarea que recae en los padres. No hay pastilla para esto; los doctores y psiquiatras no pueden solucionarlo. Solo los adultos cercanos en la vida de los niños pueden ayudarles.

El cerebro madura cuando está en un estado de descanso de vínculo, es decir, cuando los niños no están preocupados por buscar el cariño y la atención de mamá y papá, y también madura a través del juego.

David Elkind, en su libro *The Power of Play: Learning What Comes Naturally*, explora la importancia del juego en el desarrollo infantil. Elkind argumenta que el juego es esencial para el aprendizaje natural de los niños, libre de las restricciones y estructuras impuestas por los entornos educativos formales.

Jugar es la principal herramienta para reducir los muros de un niño y es la clave para entrar en su mundo. Aunque a veces nos pueda dar pereza, es crucial que incluyamos el tiempo de juego en nuestra agenda para ayudar a nuestros hijos en esto.

A través del juego, los niños exploran su entorno, experimentan con diferentes roles y escenarios y desarrollan habilidades esenciales para la vida:

1. **Desarrollo cognitivo:** el juego promueve el desarrollo de habilidades cognitivas como la resolución de problemas, el pensamiento crítico y la creatividad. Los juegos simbólicos, en los que los niños imaginan y representan diferentes situaciones, son especialmente importantes para el desarrollo del pensamiento abstracto y la capacidad de planificar y organizar.
2. **Habilidades sociales:** el juego permite a los niños practicar habilidades sociales como compartir, negociar y cooperar con otros. A través del juego los niños aprenden a

manejar sus emociones, a entender las perspectivas de los demás y a desarrollar empatía.

La importancia del juego no estructurado

Este es el tipo de juego que los niños más necesitan y tristemente es el que más se ha perdido. Los niños se la pasan enchufados en vez de salir a la naturaleza, interactuar con otros niños o hacer manualidades.

El juego sin estructura es donde el niño puede explorar con libertad, sin reglas y en un entorno seguro, donde surge la creatividad y se pueden inventar roles y escenarios. Por ejemplo: una niña es la maestra y tiene a sus alumnos; un niño que juega a ser superhéroe que quiere conquistar al mundo y atrapar a los malos; armar bloques para crear una ciudad; jugar con plastilina moldeable; hacer castillos de arena o jugar a la casita de muñecas.

El juego no estructurado permite a los niños seguir sus propios intereses y ritmos, lo que fomenta la curiosidad y la motivación intrínseca para aprender. Elkind aboga por la necesidad de tiempo libre para que los niños jueguen sin la intervención constante de los adultos. Critica las tendencias modernas hacia la sobreprogramación de actividades y el énfasis excesivo en el rendimiento académico desde edades tempranas, argumentando que esto puede inhibir el desarrollo natural de los niños.

¿Te has cuestionado por qué algunas personas mencionan que su hijo maduró en las vacaciones de verano? La respuesta es simple: el niño tuvo mucho más tiempo para jugar. Los padres bajamos la presión y las exigencias (no hay prisa, no hay tareas, no hay regaños por parte de la maestra) y todo fluye más fácil.

Tal vez te surjan preguntas como: "¿Qué tipo de juego debo promover?", "¿Cuáles son las características del juego?".

Pues bien, el juego debe ser divertido para el niño, no para ti. Si a ti te gusta jugar cartas, pero al niño no, entonces no funcionará porque no podrás conectar con él ni atraerlo a ti.

* No hay condicionamientos, como: "Si no te portas bien, no voy a jugar contigo".
* No hay amenazas, y la única regla es el tiempo de juego, que puede ser flexible solo si tú te anticipas a ofrecer más tiempo. Si ves que está disfrutando, experimentando y tranquilo, puedes darle un rato más y esto le hará sentir que disfrutas mucho pasar tiempo con él. Sin embargo, el niño nunca querrá dejar de jugar, así que cuando digas se acabó, sé firme con tu decisión y él se tendrá que adaptar.
* Se vale que sean libres y que sean ellos en su totalidad.
* No debe ser un juego de ganar y perder, y mucho menos si están sus hermanos, porque esto solo los hará sentir más frustrados.
* El juego debe ser espontáneo.
* Incluye un juego donde el niño mande. Esto es especialmente útil si tienes niños muy mandones. Puedes jugar a que ellos son el maestro y tú el alumno, y después portarte mal para que se frustren un poco y se vuelvan más conscientes de sus actos.

¿Tu hijo no sabe perder?

Si tienes un niño que siempre quiere ganar y se frustra cuando pierde, el lugar por excelencia para que aprenda a perder es el juego en casa. Aquí es donde recomiendo que propongas un juego donde sepas que va a perder, para que suelte su frustración contigo. Donde pueda hacer ese viaje emocional de la pérdida sin que haya una reacción desaprobatoria de tu parte.

Cuando algunos papás me dicen: "Pamela, es que mi hijo no sabe perder", yo les propongo que apliquen la siguiente estrategia:

1. Elige un juego que al niño le guste, pero en el que sabes que puedes ganar si quieres.
2. Invita a tu hijo a participar y dile que van a jugar por tres rondas.
3. Deja que tu hijo gane la primera, necesita estar motivado para seguir jugando.
4. Gana tú la segunda ronda. Tu niño va a llorar, gritar y seguramente a hacer un berrinche, dale espacio para que saque su enojo y en tono amigable tienes que decirle: "Falta una ronda más". Es esencial que vuelvan a jugar después de que él haya perdido.
5. Jueguen una ronda más, y aquí tú decides si dejarlo ganar o perder.

Lo importante es que el niño entienda que hay veces que se gana y otras que se pierde, pero que la conexión nunca se rompe.

Para identificar qué tipo de juego debes promover según las necesidades de tu hijo analizaremos cuáles son las emociones que queremos que expresen. **Ese es el fin del juego: que en un entorno seguro puedan expresar las emociones del día a día sin miedo a las consecuencias.** Es a través del juego cuando tienen la oportunidad de sentir tristeza, enojo, miedo, alegría, satisfacción, etc., en un nivel seguro y moderado.

Tipos de juego que te mueven emocionalmente

* **Si tu hijo es muy demandante y quiere llamar tu atención,** utiliza este tipo de juego: las escondidillas, perseguirlos,

atraparlos o incluso coleccionar cosas, porque todo tiene que ver con el "ahí te voy". Estamos apagando en el cerebro el estímulo de ser visto y buscado.

* **Si tu hijo tiene mucha energía de ataque,** utiliza este tipo de juegos: guerra de almohadas, luchitas, ponerse apodos o decir todas las groserías que se les ocurran en un minuto. Para este tipo de juego, es importante establecer un límite de tiempo y explicarle al niño que, únicamente durante el juego, tiene la libertad de decir todos los insultos que quiera. Al darle un minuto para expresar esa energía de ataque a través de insultos, se logrará reducir su necesidad de decirlos a otras personas.
* **Si tu hijo quiere estar pegado a ti todo el día y sufre mucho con la separación,** puedes inventar que un personaje se perdió, jugar a que un niño se vaya de casa o a las escondidillas. Niños que no toleran la vulnerabilidad pueden salir de la nada antes de que los encuentres porque esto les empieza a dar ansiedad. Y recuerda que *siempre* debe ser encontrado.

Todo lo que hagan en el juego, lo harán menos en la vida real. Si en el juego atacan mucho, liberarán la energía que antes se desataba contigo o con sus hermanos. Si en el juego experimentan miedo de que no los encuentres en las escondidillas, en la vida real tendrán menos miedo de estar lejos de ti.

Con los adolescentes puedes hacer chistes, tiktoks o filtros para alterar tu apariencia. A un adolescente le gusta que lo busques, que llegues y de repente le des un almohadazo, que le hagas cosquillas, o jugar juegos de mesa como el Monopoly, juegos de palabras o de cartas.

¿Para tu hijo nada es suficiente?

Cuando los papás se dan cuenta de que la mayoría de los problemas tienen como raíz la falta de vínculo, empiezan a ordenar todo en su vida para entregarles tiempo de calidad, juego, escucha atenta y apoyo a sus hijos. La relación empieza a mejorar; aun así, sucede con muchos papás que sienten que nada es suficiente para sus hijos.

Eso me pasó con Pato. Estaba más disponible para ayudarle con sus tareas, invertí tiempo en acondicionar espacios para que no recibiera tantos estímulos, aparté horarios en mi agenda solo para dedicarme a jugar con él, lo escuchaba con atención y lo atendía siempre que podía para hacerle sentir que mamá estaba presente cuando su corazón lo necesitara. Pero algo que no me esperaba era que, a pesar de dar tanto, el tiempo, el apoyo y la escucha nunca eran suficientes. Aunque sumé muchas horas destinadas solo a conectar con él, Pato seguía pidiendo más y más.

Llegó un punto donde era agotador tener que estar 24/7 atendiéndolo, y más porque estaba descuidando a mis otros dos hijos, y fue ahí donde aprendí que Pato no sentía satisfacción con lo que yo hacía, porque tampoco sentía vacío. No podía disfrutar su soledad porque no toleraba la vida sin mamá. Para que pudiera valorar mi tiempo con él, tenía que escasear un poco de mi acompañamiento. Eso es lo que yo llamo: poner límites al vínculo (lo veremos en el capítulo 8).

¿Te ha pasado? Veo muchos casos de padres con este problema. En una ocasión una mamá me comentó:

—Pamela, ayúdame, ya me agoté. Ya jugué con él, lo llevé por un helado, le ayudé a hacer la tarea, fuimos al cine, al día siguiente invité a un amigo y les compré unos dulces que querían. Ya casi no le hago caso a su hermano y me sigue pidiendo cosas todo el día, ya no sé qué hacer, ¡dime por favor qué me falta!

Le contesté:

—¡Te falta que le digas "no"!

El problema principal del por qué nada es suficiente para tu hijo es que no siente el vacío de no tenerte.

Te pongo un ejemplo de pareja: tu pareja, por temas de trabajo, nunca llega a ayudarte a bañar y acostar a los niños. Esto te enfrenta al vacío de tener que hacerlo sola. Sin embargo, un día llega a casa temprano para bañar y acostar a los niños. Es muy probable que sientas una gran satisfacción al recibir esa ayuda. Solo experimentaste esa satisfacción porque antes sentiste el vacío de no tenerla.

Otro ejemplo: cuando a un niño que siente el vacío de no tener muchos juguetes o planes con amigos en las tardes alguien le da un detalle o lo invita a un plan, experimentará una gran satisfacción.

El problema que veo hoy en día es que muchos niños tienen todo, más planes, más viajes, más juguetes, y no valoran lo que se les da ni lo que se hace por ellos. Esto no es culpa de los niños, sino que los padres a menudo evitan que estos sientan ese vacío. Los padres temen decir no, temen el enojo del niño o evitan que sienta tristeza. Los niños tienen todo, y nada es suficiente.

Reglas y estructura

> Las reglas anteceden a las consecuencias; es esencial saber soltar y permitir que se equivoquen.

Establecer reglas y estructuras es crucial, ya que brindan un marco de seguridad y previsibilidad en la vida de los niños. Cuando saben qué esperar, se sienten más seguros y tranquilos, lo que reduce su ansiedad y crea un ambiente propicio para el crecimiento emocional y conductual. Esto es sobre todo importante para los niños con hipersensibilidad, quienes requieren una estructura clara para manejar sus niveles de ansiedad y su necesidad de control.

Es fundamental ser firmes pero flexibles con las reglas. Aunque la consistencia es clave, habrá momentos en los que será necesario adaptar las reglas a las circunstancias. El equilibrio entre estructura y empatía es esencial para satisfacer las necesidades emocionales de tu hijo, al tiempo que se mantienen los límites necesarios para su desarrollo. Si te encuentras haciendo excepciones con frecuencia, es momento de revisar si la regla está bien establecida.

Los niños necesitan saber qué va a suceder a lo largo del día. Establece reglas claras y permite que tus hijos experimenten las consecuencias de sus acciones. **No persigas al niño para que cumpla la regla. Claro que puedes recordarle, pero si ves que no lo hace, simplemente deja que se equivoque, ya que así es como el niño aprende.** Recuerda no engancharte cuando tu niño viva la consecuencia de la regla, deja que salga su frustración y así contactará con la pérdida.

Por ejemplo: "Para poder ver la tele, primero necesitas hacer la tarea". Si el niño decide no hacerla y prefiere quedarse jugando, y luego llega la hora de bañarse y ver la tele, le dices: "No puedes ver la tele porque no hiciste tu tarea". No lo estás castigando, simplemente le estás recordando la regla y permitiendo que experimente la consecuencia de sus acciones.

Otro ejemplo: Si tu niño no guarda sus juguetes después de jugar, la consecuencia podría ser que esos juguetes no estarán disponibles al día siguiente. "Para que puedas jugar mañana con estos juguetes, los tienes que recoger, si no lo haces tendrás que jugar con los otros mañana".

Te sugiero establecer solo tres o cuatro reglas para que puedas ser constante en su cumplimiento. Las reglas las imponemos por su seguridad y bienestar. (En el capítulo 8 hablaremos a profundidad sobre los límites).

La estructura protege y nutre el vínculo familiar. A través de costumbres o actividades en familia irás nutriendo a tus niños. Esto lo hacemos para poder generar vínculos de calidad con ellos. No podemos conectar con un niño si no lo tenemos cerca de nosotros. Hay que crear espacios únicos familiares donde no exista competencia, en este caso los amigos.

Por ejemplo:

a) Los martes es el día de juegos de mesa o de manualidades en lugar de aparatos electrónicos.
b) Los domingos son días muy familiares donde no se invitan amigos.
c) Dos o tres días a la semana cenan todos juntos.
d) Una vez al año una vacación, solo la familiar nuclear.

Puedes establecer esto no como una regla, sino como una costumbre en tu hogar. Cada familia elegirá sus propios rituales, y esta es solo una idea para empezar.

Rutinas: para los niños neurotípicos, fomentan la independencia y el desarrollo de hábitos saludables y ayudan a la transición suave entre actividades. Para los niños con hipersensibilidad, una rutina estructurada no solo ayuda a mejorar su capacidad de concentración y organización, sino que también apoya el desarrollo de habilidades de gestión del tiempo y autocontrol. Al establecer rutinas claras, los padres proporcionan un marco que permite a sus hijos sentirse seguros, organizados y menos ansiosos, lo cual es crucial para su bienestar general y éxito diario.

Por ejemplo:

a) Antes de ir a la cama, puedes establecer un momento de relajación en el que cada miembro de la familia comparta algo positivo que le haya sucedido durante el día, seguido de un cuento juntos antes de dormir.

b) A la hora de la comida, puedes usar un reloj de arena para que cada miembro de la familia tenga un momento para compartir algo que le haya sucedido en su día. Esto proporciona un orden y asegura que todos tengan un espacio para expresarse, fomentando una comunicación abierta y estructurada entre todos.

La estructura fortalece los vínculos familiares. El niño tiene un mejor panorama de lo que sucederá a lo largo de la semana y por lo tanto tú no tienes que desgastarte tanto dando instrucciones porque sabe qué actividad sigue en el día. Esto reduce el estrés y la ansiedad al saber qué esperar, además fomenta la independencia y la responsabilidad.

Programa estos espacios en tu agenda, cuéntales lo que harán y asegúrate de estar completamente presente en esos momentos. No te distraigas con el celular ni cambies los planes en el último momento; si lo llegas a hacer es natural que el niño reaccione de mala forma, así que dale espacio para que lo asimile.

Uso del juego o historias para lograr objetivos

Utiliza el juego para lograr que tus hijos sigan tus instrucciones. En lugar de decir: "Ya métete a bañar", pregúntale en cuántos pasos cree que llegará a la regadera. Cuéntale una historia mientras vas caminando para llevarlo a su cuarto a dormir. Dile: "A ver quién recoge los juguetes más rápido, tú o yo".

Retos para los padres

A lo largo de este capítulo aprendimos acerca del liderazgo, cómo bajar las defensas del niño y cómo el juego puede ser nuestro aliado a la hora de establecer reglas y límites. Aquí va la lista de los retos que tenemos para estos próximos días con nuestros pequeños:

1. **Trabaja la relación:** encárgate de llenar el vaso de su corazón a través de juego, pláticas, empatía.
2. **No lo hagas responsable de tus emociones:** Los padres pierden su liderazgo cuando hacen responsables a sus hijos de sus emociones. Frases como "Ya me rompiste el corazón", "Me lastimaste", "Por tu culpa te grité" o "Ahora me siento muy triste por lo que me dijiste" trasladan una carga emocional que los niños no están preparados para manejar. Este tipo de comunicación no solo confunde al niño, sino que lo hace sentir responsable de reparar la conexión contigo, cuando en realidad ese es un rol que corresponde exclusivamente al adulto. Como padres, debemos asumir la responsabilidad de gestionar nuestras emociones y mantener el vínculo desde un lugar seguro y amoroso, sin delegar en ellos una tarea que no les pertenece.
3. **Busca a tu niño antes de que él te busque a ti:** anticípate, ofrece juegos que fomenten su creatividad, sin ganadores ni perdedores. Túrnate con tu pareja para recuperar el liderazgo en casa y crear conexiones más profundas con tus hijos.
4. **Escribe en una cartulina la tabla del tiempo:** divide cuánto tiempo pasas con cada uno de tus hijos. Esto te ayudará a ser consciente de la administración de tu tiempo y a crear una estructura para casa, estableciendo horarios tanto para responsabilidades como para fortalecer el vínculo.
5. **Analiza y reflexiona** con cuánta frecuencia cedes y cumples sus demandas. Recuerda ser más proactivo que reactivo.

6. **Dale más de lo que te pide,** búscalo, invítalo a que te acompañe a tus actividades, pídele su opinión, dile que hablas de él con tus amigos, etcétera.
7. **Recuerda que el juego es sumamente necesario,** así que inclúyelo en tu agenda y utilízalo como estrategia para que sigan tus instrucciones.
8. **Escoge tres reglas,** las que sean de más importancia en tu casa y sé constante; una vez que se adapten a la regla, ya puedes ser flexible cuando lo amerite.
9. **Reflexiona qué rutinas** te ayudarían a estructurarte más y generar mayor vínculo.

Solo en casa podemos enseñar esas habilidades blandas que requerimos para llevar una vida plena, y solo los padres podemos impulsar la madurez que los niños necesitan para volar.

El conocimiento que te comparto a través de estas páginas genuinamente es invaluable, porque ¿cuánto vale para ti tener una gran relación con tu niño y ver cómo desarrolla todo su potencial? Estoy segura de que vale lo suficiente para que día con día implementes estos nuevos cambios en casa.

CAPÍTULO 7

CÓMO LLEVAR A TU NIÑO A ACEPTAR LA PÉRDIDA

> El dolor nos obliga a mirar dentro de nosotros mismos, a enfrentar nuestras heridas y a encontrar en ellas la fuerza para crecer y madurar.
>
> ANÓNIMO

Al leer el título de este capítulo es probable que quieras saltártelo. ¡No lo hagas! Te aviso que este es el punto donde se da la transformación de tu hijo, donde tú te transformas y donde la familia entera se transforma. Es el principal camino que lleva a un niño a madurar y desarrollar todo su potencial.

Nunca imaginé el gran poder que tenía en mis manos como madre de dos niños hipersensibles para ayudarlos a madurar. Frases como: "Tu hijo no podrá entrar a una escuela normal", "Qué difícil es tu hijo", "Llévalo al neurólogo porque seguro tiene algo" y "Ya no sabemos qué hacer con tu hijo" desaparecieron, y ellos se han transformado en niños completamente funcionales, independientes, responsables, amorosos, empáticos y felices. No son perfectos; al fin y al cabo son niños que, como todos, tendrán días buenos y días malos. **Pero yo fui la que cambió, la que se transformó para convertirme en su lugar seguro y darles lo que necesitan.**

Contactando con su vulnerabilidad y lágrimas transformadoras

En esta etapa del método, muchas familias empiezan a notar cambios significativos en sus hijos. Aun así, este capítulo es crucial para lograr resultados duraderos. A medida que las defensas del niño comienzan a ceder, se abre la puerta para que experimente emociones más profundas como el dolor, el miedo y el rechazo, entre otras. Es normal que veas estas emociones a flor de piel, ya que tu hijo está empezando a sentir con mayor intensidad. No te alarmes; con el tiempo y a medida que avanza el proceso de madurez, aprenderá a manejar sus emociones de manera más efectiva.

Cada vez que un niño enfrenta una situación difícil, un límite o algo que no puede cambiar (como desear ser más alto, la llegada de un hermanito, tener que hacer la tarea, no poder jugar con el Xbox, que no le compres algo o evitar que sus padres salgan de viaje, o se divorcien, entre otros), es natural que llore y experimente frustración. Este proceso de transitar desde la frustración hasta la tristeza le permite contactar con la pérdida y, una vez que lo logra, lo transformará por dentro. Este proceso es fundamental para desarrollar la resiliencia.

¿Qué es la resiliencia y por qué es necesaria en la vida de nuestros niños? La resiliencia es la capacidad que tenemos los seres humanos de recuperarnos y adaptarnos positivamente a situaciones difíciles, una pérdida o adversidades. Desde pequeños, nuestros niños se enfrentan a situaciones difíciles, ya sea en la escuela, en sus relaciones con otros niños o en sus propias emociones. Al fomentar la resiliencia les damos herramientas para manejar el estrés y los conflictos de forma constructiva. En lugar de sentirse derrotados por los obstáculos, aprenderán a verlos como oportunidades para crecer y aprender.

Para esto es necesario que los niños puedan "llorar" junto contigo las pérdidas de su vida.

A este proceso el doctor Gordon Neufeld le llama "el proceso de adaptación" en su libro *Hold on to Your Kids*. Es un golpe emocional donde la energía de la frustración se convierte en lágrimas de dolor. **Implica una transformación interna donde el niño aprende a enfrentar y manejar sus emociones.**

Neufeld enfatiza que la tristeza es una emoción esencial que permite a los niños adaptarse a las realidades inevitables de la vida, como las pérdidas y las decepciones. **La tristeza permite la aceptación, y el procesamiento de lo que no puede ser cambiado afuera nos transforma por dentro.**

Las lágrimas no son malas, ¡al contrario! Dar espacio a las lágrimas permite a los niños sentir contención y amor. Sé que puede parecer que disfruto ver sufrir a los niños, pero en realidad cuando una paciente me cuenta que su hijo lloró y finalmente sintió el dolor de la pérdida no puedo evitar sonreír. No porque me guste ver sufrir a un niño, sino porque significa que el padre o la madre logró llevarlo a un lugar de vulnerabilidad. Eso crea un vínculo profundo con el adulto y genera conexiones neurológicas que "arreglan" los problemas de conducta. No importa qué déficit o problema de conducta tenga tu hijo —ya sea agresividad, ansiedad, impulsividad, falta de concentración, problemas para obedecer, dificultades para dormir, entre otros—, **la fórmula es la misma para todos. Si logras acompañar a tu hijo en su vulnerabilidad, activarás todo su proceso de maduración.**

Las lágrimas de tristeza contienen hormonas del estrés y otras toxinas, y cuando salen ayudan de manera significativa a liberar el estrés. ¿Te ha pasado que después de un buen llanto con una amiga te sientes más tranquila, relajada y más conectada a esa persona? Estoy muy segura de que sí, todo ese llanto al final da una sensación de paz, tranquilidad y conexión.

Sentir dolor y experimentar pérdidas es fundamental para que el cerebro de los niños madure, siempre y cuando haya un adulto que los acompañe durante el proceso. Ellos no se traumatizan por experimentar pérdidas, sino por la forma en que las enfrentan; hacerlo en soledad o minimizarlas puede causar heridas profundas.

Cuando hemos fortalecido el vínculo podemos guiar al niño a llorar. Si hemos seguido el método correctamente, en este punto tu hijo debería estar más abierto a platicar sus experiencias contigo, buscándote por confianza y no por alarma.

Es posible que todavía haya algunos golpes, pero la energía de ataque empezará a disminuir.

La sobreprotección como impedimento

> **La vulnerabilidad es la única manera de experimentar la verdadera alegría y el amor profundo. Para sentir realmente el gozo, debemos estar dispuestos a sentir el dolor.**
>
> BRENÉ BROWN

Cuando les pregunto a los papás qué es lo que más desean para sus hijos todos responden lo mismo: que sean felices. Claro que yo también deseo que mis hijos sean felices, y para nada me gusta verlos sufrir, pero sé que es esencial experimentar tristeza para poder sentir felicidad. Lo explico.

Si no experimentáramos tristeza o dolor, nuestra capacidad para sentir y apreciar la felicidad y la alegría se vería disminuida. El contraste entre emociones negativas y positivas amplifica la percepción de las emociones positivas.

Cuando permitimos que el niño sienta dolor, vergüenza y pérdida, construimos su resiliencia, la capacidad del cerebro de recuperarse y fortalecerse. Evitar a toda costa que nuestros niños sufran les quita la oportunidad de aprender a recuperarse ante la adversidad. **Las pérdidas pequeñas te preparan para las grandes pérdidas de la vida, que son parte de la experiencia humana de todos.**

Es mucho más fácil que tu niño se recupere de la pérdida de su mascota, si antes se ha enfrentado a la pérdida de un juguete, la pérdida de no obtener un permiso o de cambiar de escuela.

No intentes resolver todos sus problemas ni protegerlos de las heridas de la vida. Entre más lloren a esta edad, menos llorarán en el futuro porque serán más fuertes y tendrán recursos para salir adelante. Como dijo Friedrich Nietzsche: "Lo que no te mata te hace más fuerte".

La experiencia de sufrimiento por sí misma no es lo que lleva a nuestros niños a madurar, sino poder sentir y expresar el dolor de las experiencias adversas acompañados de un adulto que los sostenga.

Sé que es difícil ver a tu hijo llorar cuando puedes solucionar sus problemas, o evitarte un berrinche, pero **déjalos caer mientras los acompañas, los hará más fuertes y les dará las herramientas para aprender de sus errores, manejar el estrés y aceptar límites.**

Este fue el camino más difícil que tuve que enfrentar con mis hijos: acompañarlos a aceptar la pérdida. Cuantas más defensas tengan, más dura es la transición del enojo a la tristeza. La vida de estos niños está llena de frustración, como vimos anteriormente.

Con Pato todo era un problema: comer, bañarlo, vestirlo. Se tardó tres años en poder hablar, y no podía expresar con palabras lo que necesitaba. Yo, desesperada, trataba de ofrecerle mil opciones, pero no paraba de llorar. Sus llantos eran sumamente frecuentes y de larga duración sin importar dónde estuviéramos. Por más que le decía frases como: "No te puedes poner así", "Te debes controlar" o "Si no haces berrinche, te compro un juguete", entendí que este proceso es un viaje emocional regido por impulsos y no tiene que ver con la razón. No me quedó otra opción más que acompañarlo en su dolor hasta que vaciara la frustración a mi lado.

Cuando me refiero a llorar, no necesariamente me refiero a que suelten lágrimas, que es lo ideal, sino que veas ese gesto de tristeza, de decepción o de dolor.

Hay 4 formas principales para poder llevar a un niño a sentir vulnerabilidad.

1. **Heridas externas:** son todas aquellas en las que tú no estás involucrado, sino situaciones de la propia vida. Pueden ser ocasionadas por sus amigos, la maestra de la escuela, sus hermanos, un apagón de luz que no les permita usar internet, que se les caiga el helado, no ser escogidos para un equipo deportivo, perder una competencia, que ya no haya galletas en la despensa, etcétera.

   Debemos aprovechar estas situaciones para que los niños puedan conectar con el dolor. No frenes la emoción, no minimices la situación o trates de calmarlo de inmediato; deja que sienta lo que corresponde en el momento. Si no lo invitaron a la fiesta, si no lo escogieron para el equipo de futbol, si la maestra lo regañó, o el nacimiento de un hermano le causó dolor, entre muchas situaciones más, escúchalo de forma activa con cariño y sé empático. No intentes distraerlo, convencerlo o frenarlo. Deja que la emoción siga su curso y, una vez que haya contactado con la tristeza, podrán buscar juntos una solución. La emoción siempre debe ir primero, ya que es un viaje emocional, no racional.

   Por ejemplo: "Sé que te duele que tu hermanito haya nacido, sé que ya no paso tanto tiempo contigo como quisieras, porque ahora tengo que pasar tiempo con él también, sé que lo quieres pero también sé que algunas veces quisieras que se fuera de casa, y entiendo que no sea fácil para ti (hacemos una pausa para que él exprese y pueda soltar sus lágrimas al validarlo); por otro lado, tu hermanito no se va a ir, hay una mamá para dos hijos y me encargaré de que los dos estén bien".

Lo que quise mostrar en este ejemplo es cómo ayudarlo a soltar las lágrimas, empatizando con lo que él está viviendo, que es sentirse desplazado, lo cual duele. Es importante hacerle saber que lo entiendes. Una vez que ha sentido la tristeza de no poder cambiar la situación, podemos ayudarlo a ver el otro lado, enfrentándolo a la realidad de que su hermano no desaparecerá y que no perderá a mamá. Esto puede reducir la ansiedad y los celos de forma considerable.

Mi hija experimentó un dolor profundo cuando fue eliminada en la primera ronda de un *casting* después de haber estado entre las seis finalistas en otra convocatoria del mismo evento. Decidí darle la noticia directamente sabiendo que le iba a doler; se enfureció y se metió a su cuarto a gritar e insultar al mundo, diciendo que odiaba la actuación y que nunca más volvería a participar. Entré a su cuarto con mucha sutileza y le dije que la entendía, que yo tampoco sabía qué había pasado si anteriormente ya había quedado seleccionada entre las últimas seis. Esta frase abrió la puerta a que se desahogara: sacó un cuaderno y comenzó a romper las hojas. Yo solo la observaba, acompañándola en su llanto. Cuando por fin terminó de llorar y cambió su energía pude ver la decepción y la tristeza en ella. Me alejé y minutos después entró a mi recámara y me dijo: "Mamá, ahora intentaré audicionar para la otra obra. ¿Me puedes registrar para la audición?".

Este es el fruto de permitirles llorar y no bloquear el dolor, ya que pueden aprender de las experiencias.

Nuestros hijos se vuelven más resilientes y pueden entender que hay más posibilidades y opciones en la vida.

2. **Frustración sin explicación:** como nuestros niños tienen una sensibilidad extrema, varias cosas que no funcionan del modo que esperan los lastiman muchísimo. Situaciones que para algunos son inofensivas, a ellos los lastiman de manera aguda. Son esos ataques de berrinches y llanto que para nosotros son inexplicables, pero que en realidad vienen de la suma de todas las frustraciones que han acumulado a lo largo del día.

   En estos casos, en lugar de intentar cambiar la situación, elige acompañar a tu hijo en el camino de las lágrimas. No lo alejes de ti, no lo calles, no lo frenes, solo acompaña. Eso sí, como les digo a todos los padres con los que trabajo, ponte en modo avión: no dejes que su llanto te haga explotar. Necesitas verlo con compasión y saber que tiene que transitar el camino de las lágrimas hasta que solito encuentre la calma. Acompáñalo, que no sienta desconexión por su desborde emocional, diciéndole que entiendes que está frustrado y que estás ahí para apoyarlo mientras llora. **Este es el proceso de contención.** Puede ser largo, en especial con niños que tienen muchas defensas.

   Mi hijo tardaba hasta hora y media en pasar del llanto de frustración al llanto de dolor, pero con constancia y mucha paciencia lo logramos. La duración de su berrinche iba disminuyendo poco a poco y esa era una señal de que las frustraciones de su día a día eran menores. **Lo ideal es que este vaciado emocional lo hagamos en casa; sin embargo, si estás en un lugar público, tú decides si das el espacio para que se vacíe o haces un cambio para salir del problema.**

   Esta situación es muy común en casa: estás tranquilamente sentada comiendo con tus hijos y, de repente, tu niño se enfurece, lanza un vaso y comienza un berrinche, y tú no entiendes el motivo. ¡Alto! Si quieres que aprenda a manejar sus emociones, no lo distraigas, no resuelvas su conflicto ni intentes controlarlo o educarlo en ese momento. Nuestro papel es aprovechar esta situación para que exprese toda la frustración que siente sin alejarlo de nosotros.

En estas situaciones, te encontrarás con reacciones que parecen inexplicables y que detonan su frustración. Lo importante es que no necesitamos saber exactamente qué pasó; en lugar de eso, debemos contenerlo con paciencia durante su berrinche hasta que logre calmarse por sí mismo. Esta es una forma efectiva de ayudarle a aprender a manejar sus emociones. Como he mencionado antes, no te enganches en la situación; está aprendiendo a autorregularse.

3. **Hablar sobre un evento que los lastimó:** los niños pueden contactar con emociones vulnerables cuando retomamos el tema de algún incidente que los hirió. Nosotros no provocamos la herida, solo retomamos un tema con mucho tacto y poco a poco que sabemos que les causó dolor para llevarlos a sentir y expresar sus emociones. Es importante hacerlo de preferencia en la noche, ya que es más fácil que se abran contigo.

   Por ejemplo: entras en la noche a su cuarto, lo abrazas y con cariño le dices: "Diego, me di cuenta de que le pegaste a tu primo y esa no era tu intención, te dolió mucho que te dijera que estás gordo y que no cabías en la silla (pausa para que él se exprese). Sé que seguramente te sentiste muy avergonzado y por eso lo atacaste. Te entiendo y te quiero mucho".

   Nuestra intención no es aleccionar ni educar, sino que se sienta escuchado, comprendido por ti, para que pueda soltar las lágrimas o expresar su frustración, sin ser juzgado. Si no damos ese espacio, es probable que su enojo se manifieste al día siguiente haciendo un berrinche, pegando al hermano o retándote.

Si tu hijo tiene muchas defensas y se cierra al hablar, evita referirte directamente al sentimiento que lo afectó (como decir "sentiste vergüenza"), ya que esto puede hacerlo cerrarse aún más. En lugar de eso, usa palabras que reflejen tu comprensión, como: "Sé que no te gusta que se burlen de ti" o "Entiendo que no pudiste controlar tu reacción". No te preocupes si tu hijo no se abre o no expresa sus sentimientos de inmediato; es un proceso. Lo importante es que él perciba que fuiste empática y que entendiste cómo sus emociones estaban influyendo en su comportamiento.

4. **Heridas provocadas por nosotros:** estas son heridas generadas por ti al establecer límites o cuando viven la consecuencia de tu regla. A ningún niño le gusta que le digan que no y dará paso a la frustración. Por ejemplo: no darles un permiso, no comprarles algo, no dejarles jugar más tiempo con el Xbox, no dejarlos ir a una pijamada, no cumplir algún capricho, etcétera.

   Las lágrimas a causa de los límites son tan esenciales que dedicaremos el siguiente capítulo a aprender cómo establecerlos.

   Todas estas situaciones generan dolor. Sin embargo, para empezar a acompañar a nuestros hijos en este proceso de lágrimas, utilizaremos primeramente las heridas externas. No queremos ser nosotros la fuente de heridas en este momento, ya que nuestra meta es ganarnos su confianza y que se sientan seguros y protegidos bajo nuestro cuidado.

   Si te cuentan que los dejaron sin recreo, que los abuelos no cumplieron una promesa o que un compañero los lastimó, escúchalos sin juzgar, criticar ni aleccionar. Tampoco los avergüences diciendo que no es para tanto; simplemente empatiza con su vivencia con frases tales como: "Me imagino que fue difícil para ti", "Puedo entender tu frustración", "Estoy aquí para escucharte, ¿quieres contarme más sobre lo que pasó?", "Sientes que fue una injusticia, ¿verdad?".

Todas estas frases abren el camino a la expresión y al dolor. Pero, principalmente, el niño se siente escuchado, validado y más conectado a ti.

¿Te ha pasado esto con tu pareja o con algún familiar? Llega tu pareja a la casa y tú estás muy frustrada y deseosa por contarle que ya no aguantas a tus hijos, que se la pasaron peleando todo el día y que además tuviste que llevarlos de un lado al otro y llegaste tarde a tu cita. Te empiezas a desahogar y puede suceder uno de dos escenarios:

1. Al momento de platicarle, te contesta: "Pero ¿por qué me reclamas a mí? ¿Por qué no te organizas bien? Es que te falta ponerles límites a los niños. Yo apenas estoy llegando a la casa y no quiero escuchar más problemas".
2. Te responde: "Uy, qué difícil, sé lo frustrante que es escucharlos pelear todo el tiempo y que no te hagan caso. Déjame saber cómo podría yo apoyarte para la próxima vez".

¿Cuál de estos escenarios te genera una sensación de validación y conexión? Esto es necesario hacerlo con nuestros hijos. En ese momento solo necesitan ser escuchados y sentir que validamos sus sentimientos. Después, cuando el momento sea adecuado, podemos dialogar sobre buscar soluciones o reflexionar sobre lo sucedido.

Todo lo que un niño tiene que llorar

Estas son solo algunas de las situaciones que tus hijos tendrán que "llorar" cuando no pueden cambiar la situación afuera o las cosas no estén en su control:

* Frustración sin explicación.
* Límites y reglas.
* Cuando cambian sus planes.
* Tener que hacer algo que no les gusta.
* Cuando no consiguen lo que quieren.
* Cuando le rompes el esquema (cambiar el plan para romper su rigidez).
* Limitaciones personales (no ser más alto, no ser muy hábil).
* Nacimiento de un hermano.
* Cambio de casa, de escuela.
* Miedos y preocupaciones.
* Cuando tiene que ir a algún lado (doctor, terapia, etcétera).
* Cuando pierden en algún juego o competencia o cuando no son elegidos o invitados.
* Cuando te vas de viaje y no toleran la separación. Los niños tienen que llorar el miedo.

Por ejemplo: si nos cuenta que tiene pesadillas, le pediremos que nos cuente más acerca de lo que soñó o del pensamiento que no lo deja dormir. Imagina que en este caso el niño te contó que soñó que se metían a robar y que lo lastimaban y que por eso no quiere dormir solo. Puedes propiciar el diálogo **(validamos)**:

—¿Tienes miedo de que alguien pueda entrar a la casa?

—Sí.

—Y por eso no te puedes dormir, ¿verdad? ¿Por dónde crees que podrían entrar?

—Pues no sé, por la puerta.

—¿Y qué piensas que pasaría si entraran?

El niño narra todos sus pensamientos.

—Ay, mi amor, es horrible estar pensando esas cosas.

Aquí hacemos una pausa para que se desahogue. Una vez que termina, ahora sí podemos guiarlo:

—Por otro lado, mamá y papá siempre cerramos la puerta con doble seguro y nadie se puede meter. Además, abajo está el vigilante del edificio que se encarga de cuidarnos a todos. Estate tranquilo, que tanto papá como yo siempre nos encargaremos de cuidarte.

También el niño tiene que llorar las limitaciones de la vida: que son chaparros, que no se sienten inteligentes, que quieren ser buenos en matemáticas. Es triste para ellos no tener la altura suficiente para subirse a un juego en un parque de diversiones, así que dile: "Entiendo, mi amor, yo sé que no es justo y que te da coraje no poder subirte y entiendo que te mueres de ganas, pero no hay nada que podamos hacer, hoy no das la altura, pero estoy segura de que el año que entra lo lograrás".

Un niño también debe llorar la frustración que tiene cuando le cambias el esquema. Por ejemplo: cuando le dijiste que iban a cenar hot cakes pero se acabó la harina y ahora solo quedan huevos, damos el espacio para que acepte esta pérdida.

También tendrá que llorar cuando tiene que ir a algún lado y no quiere, como es la ida al doctor, a la escuela, al dentista, a vacunarse, etcétera.

Primero damos espacio a la emoción y luego entra el diálogo para que entienda.

Retos para los padres

1. **Evita sobreproteger** y no le resuelvas todo, da espacio a que sienta lo que corresponde en ese momento.

2. **Valida sus emociones** y contenlo con palabras cálidas y empáticas.
3. **Puentea:** recuerda que puentear es algo que hacemos todos los días, no se te puede olvidar. Asegura conexión siempre.
4. **Aprovecha las heridas externas:** no temas verlo sufrir. Aunque no es agradable, sostenerlo en su dolor es esencial para su desarrollo emocional y mental.
5. **No lo expongas a heridas innecesarias:** reflexiona cuáles son las heridas que deben de llorar contigo y haz cambios en las situaciones que generan heridas constantes.
6. **Comparte cosas vulnerables** que te hayan pasado a ti, para que tus hijos vean que expresar vulnerabilidad es un acto de valentía.

Sé que duele ver a tu niño llorar, y que este puede ser un capítulo difícil de asimilar. Pero la vida está llena de conflictos, obstáculos y sufrimiento. No podemos evitarlos por siempre, por más que nos gustaría verlos felices siempre. Si acompañamos a nuestros pequeños a transitar por experiencias dolorosas pero inofensivas, los estaremos preparando para que el día en que no podamos estar con ellos tengan todas las herramientas para enfrentar la adversidad con madurez, resiliencia y sabiduría los conflictos naturales de la vida. **Abraza sus lágrimas hoy, para que mañana sean más fuertes.**

CAPÍTULO 8
LÍMITES

Estoy segura de que este capítulo será de los más memorables para ti, porque sé que uno de los dolores más fuertes y recurrentes como padres de estos niños es cuando la gente —maestros, familiares, amigos o cualquier extraño que te vea en la calle— te dice con tono despectivo que lo único que a tu hijo le falta es que le pongas límites. Como si fuera tan fácil decirle al niño: sé paciente, no grites, comparte, y que, por arte de magia, entienda su conducta y la mejore.

Cuando Pato estaba en el kínder, la directora de uno de los preescolares donde estuvo me pidió que fuera a platicar con ella debido a su conducta tan disruptiva: pegaba, no seguía instrucciones, no se quedaba sentado y se escapaba del salón. Al llegar, la directora tenía preparada una "pequeña sugerencia": lo que le faltaba a mi hijo eran límites. Viví una enorme frustración al no sentirme entendida por nadie, más bien me sentía juzgada.

El capítulo pasado aprendimos que **es necesario dar espacio a que el niño llore, porque cuando acepta las pérdidas y contacta con el vacío, movemos el motor de la madurez y será capaz de tener autocontrol.** En este capítulo abordaremos cómo llevar a tu niño a llorar a través de los límites.

Estos son necesarios porque son una manifestación pura de amor; aseguran al niño contención, seguridad y cuidan su salud física y emocional. Siempre les digo a mis hijos: "¿Saben por qué les pongo límites? Porque los quiero. Para mí sería más fácil decir que sí a todo, pero si lo hiciera, no los estaría cuidando".

A nadie le gusta que le pongan límites, ni que no se cumplan sus deseos. Es natural que cuando el niño no logra lo que quiere, se enoje, persista tanto para convencerte y si no lo logra puede llegar a atacar, a insultar, etcétera.

Lo importante es entender que así está diseñado el cerebro cuando se topa ante un límite; más adelante te explicaré esto a detalle. Los límites sirven para enseñarles lo que es seguro y adecuado, ayudándolos a entender hasta dónde pueden llegar en su comportamiento y decisiones. Son como guías que les muestran el camino para convivir de manera respetuosa con los demás, mantener el orden y sentirse seguros. Al poner límites, los niños aprenden a tomar decisiones, a manejar sus emociones y a desarrollar responsabilidad, sabiendo que hay reglas que deben seguir para crecer saludables y felices. Lo más importante es que cuando pones un límite y al mismo tiempo no te tomas personal sus reacciones y él/ella logra aceptar la pérdida, se genera una conexión profunda progenitor-hijo.

Un ejemplo muy claro son los límites a la hora de dormir, porque un niño que está sobrecansado tendrá dificultades para poner atención, se vuelve más reactivo e impaciente, no consolida bien el aprendizaje. Ponemos límites a la hora de comer porque le puede dar indigestión y puede vomitar. Ponemos límites con el alcohol a un adolescente porque causa daños a su salud, etcétera.

El cerebro y los límites

El cerebro aprende y se adapta cuando se topa con pared, y se da cuenta de que haga lo que haga nada cambiará. Un niño deja de insistir en que le prestes el iPad por tres horas diarias cuando eres constante en que se cumpla tu instrucción. La "pared" significa el "no", y la constancia de ese "no" hará que el niño se adapte y registre que así funciona su casa. Se dará cuenta de que, por más que insista, no logrará convencerte. Ser firme y constante en tu límite es la clave.

Pero ¿qué sucede cuando un niño es sumamente insistente y no para de pedir cosas, aunque tú siempre le digas que no? Esto sucede porque su cerebro aún no ha registrado que lo que dices es real, no puede aceptar la pérdida. Los niños que no sienten vulnerabilidad y cuyas defensas están rígidas no aprenden de las consecuencias ni aceptan las reglas, y les cuesta aceptar tu límite.

Como la salida de adaptación está cerrada por sus defensas, **solo le quedan dos opciones de salida a su frustración: o logran lo que quieren o atacan.**

Pero como ya hemos abierto el espacio de expresión emocional, no nos engancharemos ante su reacción cuando le dices "no". Haga lo que haga el niño, no vamos a enfrentarlo a la separación, dejaremos que se desahogue hasta que pueda manejar su enojo y logre aceptar la pérdida y sienta que ya no hay opción.

Cuando vemos un gesto de tristeza es importante que lo contengamos en su dolor con nuestro tono de voz y nuestra mirada de "hagas lo que hagas no me vas a convencer", porque nuestra posición de alfa hace lo que sea necesario y mejor para el niño.

¿Por qué nos cuesta trabajo establecer límites?

Es muy importante que te mires a ti mismo y reconozcas qué está ocurriendo dentro de ti que te impide ser firme con los límites.

* El primer motivo es por no saber qué es realmente un límite. Creemos que decirle a un niño "no pegues", "no insultes", "no molestes" o "no faltes al respeto" es poner un límite. Sin embargo, este enfoque no siempre funciona porque no está bajo nuestro control directo. Estas conductas son manifestaciones de frustración, y no puedes controlar cómo sale esa frustración al momento. Nuestro objetivo es ayudar a vaciar ese vaso de frustración. Para lograrlo, debemos reducir las amenazas y establecer límites que permitan al niño expresar su frustración de manera saludable. Al hacerlo, disminuimos la energía de ataque y facilitamos que el niño maneje mejor sus emociones.
* El segundo motivo por el cual no ponemos límites puede estar relacionado con nuestra propia infancia. No profundizaré en este tema, pero es fundamental que reflexiones sobre cómo tu experiencia en casa influyó en tu estilo de crianza actual. Si creciste en un hogar sin límites claros y podías hacer lo que querías, es posible que te resulte difícil establecer límites ahora. Por otro lado, si te pusieron muchos límites durante tu infancia, podrías inclinarte hacia el extremo opuesto y evitar poner límites, o podrías replicar el patrón y aplicar límites excesivos en tu hogar. En ambos casos, es importante identificar cómo tus experiencias pasadas afectan tu enfoque actual para poder hacer ajustes conscientes y equilibrados en tu crianza.
* Evitamos poner límites para huir del conflicto, puede ser que nos dé miedo su reacción porque no nos gusta que se enojen con nosotros. No ponemos límites por flojera o cansancio o simplemente porque no le damos la importancia necesaria.
* No nos gusta poner límites porque no queremos perder el papel del "papá buena onda"; no queremos que nuestros hijos se enojen con nosotros. Sin embargo, tú eres el

papá, no el mejor amigo de tu hijo, y los papás ponen límites sanos y los hijos se enojan con sus padres, no temas a que se enoje contigo.

* Debemos explicarles a nuestros hijos que los límites que establecemos son por su bienestar y salud, porque los amamos. Claro que es más fácil decirles que sí a todo, pero ceder no siempre es lo que corresponde.
* Hay muchos papás cuya respuesta automática es "no" y que ponen muchísimos límites. Si eres así, ponte a analizar cuántos de esos "no" ni siquiera los pensaste y solo los dijiste en automático. Si te pasa eso, entonces frénate, escucha realmente lo que te está pidiendo tu hijo, y si no sabes la respuesta, dile que lo pensarás y en 10 minutos le das una respuesta. No le digas que vaya a "preguntarle a su papá" porque en ese caso estás tirando tu autoridad.
* Otro de los motivos por los que no ponemos límites es por sentir culpa y compensamos. Esto pasa mucho con los hijos únicos; te puedes sentir culpable o te da tristeza que pase tanto tiempo solo y por eso decides darle todo lo que pide. También sucede con papás divorciados que sienten una culpa enorme por haber separado a la familia. Pensamos que al darles todo lo que nos piden, podremos compensar el dolor que les causó la separación de sus papás, pensamos que ya han sufrido mucho y que no se vale que sigan sufriendo. No queremos ser la fuente de heridas de estos niños, así que preferimos compensar ese dolor con cualquier cosa que pidan.
* Padres sobreprotectores, que evitan que sus hijos sufran. Lo mismo sucede con mamás que ven a sus hijos muy vulnerables; prefieren ayudarles en absolutamente todo porque no quieren que se frustren o que sufran. Sin embargo, esto hace que nuestros hijos dejen de esforzarse, y es muy importante que ellos hagan lo que les corresponde.

* Te sientes egoísta al decir que no. En el fondo, no quieres cruzar toda la ciudad para llevar a tu niño a la casa de su amigo o no quieres jugar con él porque te sientes agotado. **Se vale estar cansado, se vale decir que no porque los padres necesitamos descanso.** El descanso es necesario para nosotros también, así que no te sientas egoísta por no ceder a sus peticiones todo el tiempo. Nosotros también necesitamos espacio para descansar; tienes derecho a decir que no; no tenemos que ser papás perfectos.
* Un error que cometemos como papás es que decimos no, pero después de que nos saturan por su insistencia terminamos diciendo sí. **Si cedemos, estamos entrenando al cerebro a que si nos tortura, entonces diremos sí.** Así que ten cuidado en elegir tus "no" correctamente.
* Las insistencias de nuestros niños pueden ser muy cansadas, pero nosotros sabemos qué es lo que corresponde. Necesitamos tener una amplia visión para ver más allá; esto implica tener perspectiva. La perspectiva implica ver y entender una situación desde múltiples ángulos, reconociendo las diversas influencias, contextos y posibles resultados. Es la capacidad de mirar más allá de la propia experiencia inmediata para considerar cómo nuestros niños podrían verse afectados por una determinada situación.
* También hay que dar espacio para que el niño ponga límites cuando los papás somos muy controladores. Tenemos que entender cuándo nuestros hijos en realidad quieren obedecernos y cuándo lo hacen solo por ser complacientes. Así, dejamos que el niño entienda qué le gusta, quién es, que tenga motivación, que se sienta seguro y querido. Si no lo hacemos, serán muy complacientes no solo con nosotros, sino con sus amigos, autoridades o incluso extraños, y les costará trabajo saber decir no.

Es necesario que puedas identificar qué tipo de padre eres, para saber encontrar el equilibrio en los límites.

El padre autoritario

No todos los papás tienen todas las siguientes características, pero pueden presentar una tendencia hacia este estilo de crianza.

¿Cómo saber si eres un papá autoritario? Fácil, pregúntale a tu pareja si cree que deberías "bajarle dos rayitas a tantas órdenes". Estos papás siempre piden obediencia, se la pasan dando órdenes y presionando al niño. Están constantemente criticando el desempeño de su hijo, corrigiendo la conducta y aplicando juicios y adjetivos calificativos a sus hijos, lo que les provoca muchos problemas de autoestima.

El padre autoritario no considera el contexto para tomar decisiones, sino que planea todo en función de lo que le conviene a él, no al bienestar del niño. Son los que dicen: "Llueve, truene o relampaguee, mi hijo va a ir a su clase de tenis porque ya la pagué". No consideran que tal vez el niño se desveló un día antes haciendo la tarea y está agotado. La vida no es blanco y negro, así que hay que encontrar el equilibrio.

Estos papás tienden a ser controladores, castigan y amenazan con imponer consecuencias constantemente. No abren el diálogo, son muy tajantes en sus decisiones y les cuesta trabajo escuchar a los demás. Carecen de empatía, no se ponen en los zapatos de los niños.

El padre complaciente

Estos papás no aplican reglas claras. Establecen una regla y la olvidan o la ignoran. Tal vez son firmes un día y al siguiente no, lo que hace que los niños pierdan credibilidad en ti y no tengan certeza del límite. Prefieren complacerlos y mantener la armonía, a menudo sacrificando la estructura y la consistencia. Suelen mostrar mucho afecto, evitan el conflicto y demuestran su amor cumpliendo los deseos de sus hijos.

Muchas veces pensamos que si les decimos que no, los vamos a traumatizar para siempre. Si eres un padre complaciente sentirás que eres el esclavo de tus hijos, y seguro escuchas la palabra *mamá* o *papá* todo el día.

Un padre complaciente sobreempatiza con el niño, pensando: "Pobrecito, ¿cómo no va a tener el juguete de moda que tiene todo el mundo?". Se pone en el lugar del niño y todo el tiempo piensa que no le gustaría atravesar la misma situación. No les va a pasar nada por decirles que no. Los papás complacientes tienden a ser muy pacientes y eso hace que toleren mucho las demandas de sus hijos, pero justamente esta es la fórmula perfecta para explotar. Suelen explotar con ellos por la sobredemanda. No son proactivos, sino reactivos a sus necesidades.

Los papás complacientes suelen dar muchas órdenes. Piden obediencia porque, después de cumplir tantas demandas, sienten que ya tienen el derecho de que sus hijos les hagan caso. Pero no sucederá así, porque tú eres un seguidor de tu hijo. No estás en liderazgo para que surja el deseo del niño de obedecerte.

A pesar de sus diferencias, ambos estilos de paternidad comparten ciertas características que influyen en el desarrollo de los hijos:

1. **Enfoque en la gestión del comportamiento:** ambos estilos se centran en cómo se comportan los hijos, no en la relación, aunque de maneras distintas. El papá autoritario busca control y obediencia, mientras que el papá

complaciente evita conflictos y proporciona pocas restricciones.

2. **Influencia en el desarrollo emocional:** el autoritario puede llevar a una obediencia sin autonomía, perdiendo el niño la capacidad de elegir y reprimir sus emociones, mientras que el complaciente puede tener una inseguridad muy alta y dificultad para manejar la frustración. Se sienten merecedores de todo.
3. **Impacto en la relación:** la relación entre el padre y el hijo puede verse afectada, ya sea por la falta de cercanía emocional y rigidez del papá autoritario o por la falta de liderazgo donde no aceptarán límites y nada será suficiente del papá complaciente.
4. **Dificultad para establecer equilibrio:** ambos estilos pueden tener problemas para encontrar un equilibrio adecuado entre autoridad y afecto, lo que puede llevar a desafíos en la crianza y en la relación con los hijos.

El padre que necesitan

Necesitamos encontrar un equilibrio entre el padre autoritario y el complaciente, como si los mezcláramos en una licuadora. El objetivo es ser firmes, pero con cariño. Tener estructura y reglas claras y también saber cuándo ser flexibles. Habrá ocasiones en las que elijas no entrar en conflicto y otras en las que será necesario enfrentarlo. Para decidir qué límites establecer, es importante que reflexiones sobre lo que realmente corresponde en cada situación, algo que exploraremos más adelante. No puedes tener un vínculo profundo con tu hijo si no estableces límites. Un padre que pone límites con cariño y respeto, y al mismo tiempo da el espacio a que su hijo exprese su enojo sin que haya una repercusión de por medio, logra generar una conexión profunda.

Límites a tu vínculo

A veces creemos que debemos estar siempre presentes en la vida de nuestros hijos, pero esto puede ser un error. Los niños que te buscan constantemente y demandan atención no están sintiendo la satisfacción de lo que haces por ellos. Un vínculo profundo no requiere presencia constante para sentirse conectado.

El vínculo es una necesidad básica de supervivencia, al igual que comer, dormir y tomar agua. Cuando somos padres muy complacientes, los niños buscan llenar esa necesidad de conexión. Es necesario que nos anticipemos y la ofrezcamos. Mamá y papá son responsables de llenar el vaso de conexión con su hijo. Solo así podrán poner límites a su vínculo y reducirán las demandas.

Un niño se siente querido, importante y valorado si le ofreces (lo veremos a continuación) y te anticipas al contacto. Es crucial trabajar en la relación, pero esto no puede hacerse si estás fuera de casa todo el día. Debemos nutrirlos idealmente tres veces al día, priorizando la calidad sobre la cantidad. Aunque sé que no podemos estar presentes en todo momento, debes ser consciente de que, aunque no estés físicamente, puedes hacerlo sentir conectado a ti a través de un mensaje, un dibujo o una llamada. Todo niño necesita esto, tú eliges qué ofrecer:

* **Ayuda:** vestirse, peinarse, lavarse los dientes, hacer tareas.
* **Juego:** dedica 15-20 minutos.
* **Escucha y contacto físico:** pregunta sobre sus intereses y acompáñalos.
* **Mostrar interés:** pregunta su opinión, acompáñalos a bañarse, a una clase extraescolar, escucha sus historias.

Ejemplo práctico: te daré una guía, no debes seguirla exactamente, sino adaptarla a la edad de tu hijo y a las distintas situaciones que puedes vivir en tu familia. Lo importante es que entiendas la "fórmula" de la figura 8.1:

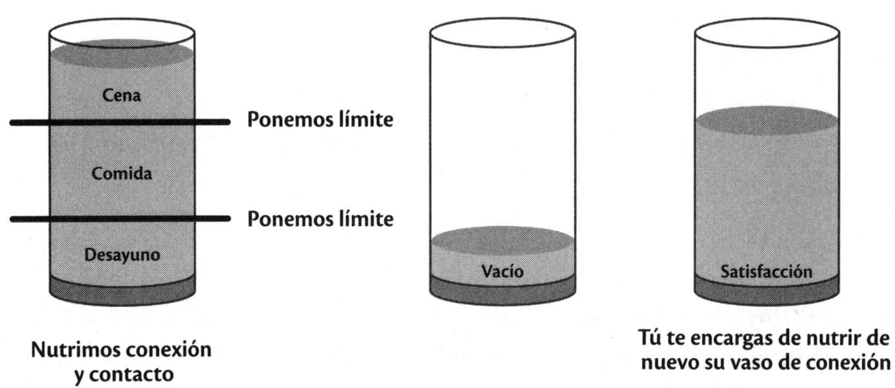

Figura 8.1. Límites a tu vínculo

Mañana: Ya le ayudaste a vestirse, la/lo peinaste, le preparaste el desayuno y se va a la escuela. Si sigue demandando más, ya puedes poner el:

Límite

Tarde: A la hora de la comida te interesas por lo que él quiere compartir. Al terminar juegas con él, le ayudas en algo, le enseñas un video interesante, etcétera. (Avisa con anticipación que pasarás 20 minutos con él). Al finalizar la actividad le dices que tienes que ir a trabajar, al supermercado o a descansar.

Límite

(Seguro insistirá, pero es necesario ser firmes para que sienta el vacío).

Noche: Siempre sugiero que antes de dormir pasen tiempo de calidad juntos para que se sienta más conectado a la hora de dormir. Te haces presente a la hora de la cena, cuentan chistes, le platicas historias de tu vida y listo, es hora de dormir.

Tareas: Ofreces ayuda para hacer la tarea y le avisas que le ayudarás con tres ejercicios y él hará los otros. (Insistirá en que le ayudes más, pero ya sabes que eso no corresponde).

Límite

Vestirse: Muchos niños quieren que les hagas todo, aunque ya no corresponda a su edad. Harás lo siguiente: ofreces empezar a vestirlo, le pones la playera, le pasas su sudadera y le dices que él se ponga los shorts y los tenis. (Insistirá en que lo hagas tú, pero le respondes que no, y que lo esperas en la puerta para ir a su partido de futbol).

Para ser un buen padre, es esencial estar descansado y manejar el estrés adecuadamente. Esto se logra a través del autocuidado, recordando que, además de ser mamá, tienes otros roles (esposa, trabajadora, encargada del hogar, etcétera). Por ello es fundamental dedicar tiempo a ti misma, a tus hobbies, tiempo a solas, con amigos, y realizar actividades que te llenen y disfrutes.

¿Qué límites debo poner?

Cada casa puede tener sus propios límites establecidos; no existe una regla exacta sobre cuáles debes poner y cuáles no. Para tener más claridad y certeza sobre algún límite es necesario que como padre te preguntes: **"¿Qué corresponde?"**. Siempre toma en cuenta el contexto, la edad y la madurez de tu hijo.

¿Corresponde que se quede dos días a dormir en casa de su amigo? ¿Corresponde que le compre el tercer dulce? ¿Corresponde que le dé permiso de ir a la fiesta? Es un momento en el que le toca al adulto reflexionar y guiarse más por su intuición, reconociendo quién es su hijo.

Todo niño sabe qué quiere, pero solamente tú sabes lo que necesita.

Es fundamental que estés convencida de los límites que vas a establecer y que los acuerdes con tu pareja para que ambos estén en sintonía. Recuerda que, cuando el niño se enfrenta a un límite, buscará la forma de salirse con la suya, por lo que es importante que ambos se comuniquen de manera efectiva y contesten por igual.

Un límite es algo que le dices al niño que tú harás, no algo que le pides al niño que haga.

Por ejemplo: pedirle al niño que no pegue a su hermano, que apague la tele o que comparta los juguetes son simplemente peticiones, no límites. Un límite real sería interponerte entre él y su hermano para evitar que pegue o tomar el control de la televisión y apagarla.

A tu niño le cuesta mucho trabajo aceptar límites: **comienza por límites donde tú tengas el control:**

* Permisos que das.
* Dinero que puede gastar.
* Tiempo en pantallas.
* Horario para irse a dormir.
* Juguetes o accesorios que compras.
* Límite a tu vínculo.

Si observas, todo esto está en tu control, tú decides cuánto dinero le das, si le das o no un permiso, qué comida le ofreces, qué juguetes le compras, cuánto tiempo lo dejas estar en el iPad, si lo llevas o no a la fiesta.

Creemos que también los límites son: "Duérmete, come, recoge, no pegues, haz la tarea, báñate". Estas son peticiones de los padres, mas no límites, ya que están fuera de tu control y que no puedes obligar a menos que utilices una amenaza, grito, etcétera.

Claro que como padres debemos encontrar estrategias para que tus peticiones se lleven a cabo con éxito, y meter el juego ayuda sobremanera. ¿Recuerdas que hablamos de conectar? Es nuestra herramienta para ponernos en liderazgo y lograr que el niño quiera ejecutar nuestras peticiones.

Límites no negociables: son aquellos que se establecen para proteger la seguridad, salud y bienestar del niño. Aquí hay algunos ejemplos:

1. **Seguridad física:** "No puedes cruzar la calle sin que te tome de la mano", "No te alejes de mí en lugares concurridos", "No salgas descalzo porque hay vidrios afuera" o "No puedes tomar alcohol si vas a manejar".
2. **Salud:** "Te tienes que tomar la medicina", "No puedes salir sin chamarra porque está lloviendo fuerte", "No puedes comer demasiados dulces".
3. **Bienestar:** Dormirse a una hora adecuada correspondiente a su edad, uso adecuado de dispositivos electrónicos, hábitos de higiene.

¿Cómo se comunica un límite?

Lo primero es estar preparado y consciente de que tu hijo se va a enojar cuando le digas que no. A mayor deseo, mayor frustración, así que es importante hacerlo en un lugar adecuado. Aprendí que la mejor manera de decirles que no a mis hijos era cuando me veían tranquila, segura y firme en mi decisión, sabiendo que era lo mejor para ellos. **La forma de decir no debe ser clara, firme y con cariño, sin dejar lugar a dudas en tu voz.** Frases como: "No sé", "Déjame ver" o "Al rato lo vemos" generan expectativas en los niños y, a mayor expectativa, mayor frustración cuando llega el no. Si tu intención es que aprendan a aceptar la pérdida, no dejes abierta la posibilidad de que podrían lograr lo que piden.

Por ejemplo, si les dices: "No puedes comer más dulces" y te responden: "Bueno, ¿me puedo comer un pedacito de panqué?", la respuesta debe ser no, si es que quieres que aprendan a aceptar tu regla.

Di no, sin gritar, en calma. Siempre puentea, diles que los amas y los adoras, pero no. Puedes dar una explicación de tu decisión, pero después deja que ellos expresen su enojo. No trates de convencerlos, eso empeora la situación. No se negocia. No importa si te dicen que eres mala onda, que eres la peor mamá o si te voltean los ojos. Te dirán cosas para que flaquees y se abra la puerta del cambio. No te enganches. Da tiempo a que acepten la pérdida sin presionar. Los adolescentes se enojarán y se meterán en su cuarto, es natural. Solo dales espacio para que lo asimilen.

Cuando el cerebro del niño te ve tomando la decisión con seguridad y firmeza, pero a la vez con tranquilidad, acepta la pérdida más rápido. Puedes ponerle hasta un tono de juego: "Eres muy hábil para convencer a la gente; siento que podrías ser abogado o gran vendedor cuando crezcas, pero no te voy a llevar a casa de tu amigo".

En cambio, si te ven enojado y gritando: "¡Ya te dije que no!", se activará su sistema de alarma y empezará la pelea. Por eso, cuida tu tono y tu forma. No necesitas gritar porque recibirás su frustración de regreso.

Mi hijo agredía a sus compañeros de clase y hasta llegó a golpear a la maestra en dos ocasiones. Yo sabía que lo que tenía era una olla de frustración a tope, en principio por no tolerar la separación de estar lejos de mí. Al llegar a casa, impulsivamente le pegaba a su hermano por tomar un juguete que era de él. En ese momento le decía: "Nos vamos a tu cuarto", y lo llevaba a hacer *time in.* Le decía: "No se pega y aquí nos vamos a quedar". Ponía el límite de "No vas a salir". Me empezaba a pegar, intentaba salir, se ponía como loco, pero yo no lo educaba en ese momento. Con calma le decía: "No se pega y no vamos a salir, te quiero mucho, pero no se pega". A veces me quedaba una hora hasta que veía cómo su energía se iba transformando hasta ver un sentimiento de tristeza. Lo que hice a nivel cerebral fue acompañarlo a que llorara toda la frustración que tenía dentro. En ese momento, lloraba ya con un gesto de tristeza y yo le repetía que lo quería mucho. Conforme más hacía eso, bajaron los golpes en la escuela.

Cómo cortar la energía de ataque en un niño

Lo que necesitamos para que los niños dejen de pegar, insultar o molestar es primero saber que su vaso de frustración está lleno. Debemos revisar si nosotros somos la fuente de heridas (gritos, amenazas, consecuencias, condicionamientos) y adaptar nuestra conducta para dejar de ser tan intensos. Por otro lado, el camino de la adaptación logrará bajar su energía de ataque.

Por ejemplo: mi hijo le pegó a su hermano en la mañana, en la escuela insultó a un amigo y al llegar a casa aventó su mochila con mucho enojo. ¿Qué veo? A un niño que está muy frustrado y necesita ayuda para sacar su frustración. Una de las cosas que hacía con mis hijos cuando había muchos conflictos era que me esperaba a que me pidieran algo y ahí les decía que no. Yo sabía que mi intención era llevarlos a tomar el camino de la pérdida, a que sacaran su frustración. No importaba lo que había pasado antes, simplemente les decía que no iban a poder jugar con el Xbox ese día. Ellos, desconcertados, me preguntaban por qué, y yo les recordaba las agresiones. Entonces empezaba el show: se enojaban, gritaban, persistían y mientras daba espacio a que sacaran toda su frustración con frases como: "Eres la peor mamá" o "Vete de la casa, ya no te quiero ver". No me lo tomaba personal; sabía que necesitaban vaciarse. Después de unos cuantos minutos, mi hijo solito llegaba mucho más tranquilo. Lo abrazaba y le decía que lo quería mucho, que lo veía muy frustrado y que entendía que no podía controlarse. Los ataques comenzaron a disminuir significativamente. Cada vez que veía lágrimas o gestos de tristeza me acercaba más a mi hijo.

No castigues, deja que se equivoque

¿Qué pasa si no hace lo que le pediste? Muy simple: no perseguimos al niño para que haga algo. Simplemente le recordamos que ya es hora de irse para llegar a tiempo al partido. Si te reta y dice que no, le das espacio para equivocarse; en este caso, que se pierda su partido. Así aprendemos los seres humanos: la vida por sí sola tiene consecuencias, hay que dejarlos caer y sostenerlos en la pérdida.

Por ejemplo: si sabes que si tu hijo no hace la tarea lo van a mandar a detención y él aun así decide no cumplir, entonces no le hagas la tarea. Necesita entender las consecuencias de sus acciones. Al día siguiente, cuando llegue a casa y te cuente que lo dejaron sin salir al recreo y no pudo intercambiar estampas con sus amigos, no respondas con un ataque: "Ya ves, te lo dije, está castigado el iPad". En vez de eso podrías decirle: "Ay, Diego, ¿entonces no pudiste intercambiar estampas y te quedaste solo dentro del salón haciendo tarea? Qué lástima". Así tocamos poco a poco los sentimientos, para que pueda reflexionar sobre la experiencia. "Hoy, para que puedas jugar en la tarde, te recomiendo hacer la tarea, porque quedarte dos días sin recreo estaría horrible". Sentir la experiencia de haberse quedado sin recreo le ayudará a entender lo que pasará si la próxima vez no hace su tarea.

Tenemos que acompañarlos en el proceso del vaciado, que significa estar con ellos en esa transición de la frustración al dolor, a sentimientos de adaptación.

¿Evitas el conflicto?

> Si yo evito el conflicto afuera, inicio el conflicto adentro.

Es importante saber cuándo debemos evitar el conflicto porque no es el lugar ni el momento adecuado y cuándo ser firme en un límite.

Cuando evitas enfrentar el conflicto con tus hijos puede parecer que estás eligiendo mantener la paz y evitar malestares inmediatos. Quizá pienses que estás logrando mantener todo en calma y evitar desbordes emocionales o agresiones. Sin embargo, al evitar estos conflictos estás ignorando cómo afectan tu bienestar interno. Esta evasión puede acumular estrés y ansiedad en tu interior, y, al final, esto puede tener un costo significativo para tu salud emocional y mental. Aunque parezca que estás evitando problemas, en realidad estás creando un conflicto interno que puede afectar tu tranquilidad y la relación con tus hijos.

Un ejemplo de esto es cuando tratas de complacer a todos tus hijos: uno te pide que lo lleves a casa de un amigo, otro tiene una fiesta de cumpleaños y, además, tienes que llevar al más pequeño a una cita con el doctor. Para evitar el conflicto de tener que decir "no" a alguno de ellos, terminas estresada, apurada en el tráfico y desesperada por llegar a tiempo. Si llegas tarde a la cita con el doctor, es posible que termines desquitándote con tu hijo, echándole en cara que no debiste haberle dado permiso si sabías que no tenías tiempo. La pregunta es: ¿quién tiene la culpa? ¿El niño por pedir o la madre por decirles que sí?

La enseñanza de esta situación es la importancia de establecer límites claros y firmes para evitar el estrés y el conflicto innecesarios. Adicionalmente que esto les proporciona seguridad y contención a los niños.

Repara cuando hayas lastimado

Cuando entendemos las profundas heridas que pueden causar nuestros gritos, regaños o explosiones, tomamos conciencia de la importancia de evitarlos a toda costa, sobre todo cuando hemos sido constantes y poco a poco hemos logrado acrecentar la confianza de nuestros hijos en nosotros. Pero entiendo que a veces te "agarran" en un momento delicado o ha sido tan desbordante su explosión que tu respuesta más natural ante tal estallido es responder de la misma manera.

Créeme que no eres el único, yo sé que probablemente ya te estabas arrepintiendo al segundo de haber levantado tu voz, he estado ahí y sé que el enojo o la frustración se apoderan de nosotros.

En estas situaciones tienes dos opciones:

1. No tomas responsabilidad por haber respondido de tal modo y eso provoca una inseguridad en tu hijo al creer que eres inestable porque en cualquier momento puedes explotar.
2. Reconoces tu error y reparas.

Reparar es tomar conciencia del daño que provocaron nuestras palabras, gritos o reacciones y asumir la responsabilidad de que fuimos nosotros los que no se pudieron controlar.

Los niños entienden cuando nos frustramos; por eso es importante reconocer nuestro error y pedir disculpas: "Oye, Lucas, te pido una disculpa por haberte gritado hace rato, estaba muy cansada y frustrada y hablé sin pensar. No me pude controlar, sé que te lastimé, pero prometo esforzarme para que no vuelva a suceder".

Así de simple. Sé que a veces nos cuesta aceptar nuestros errores y que no nos gusta fallar durante esta temporada donde estamos invirtiendo tanto esfuerzo; por eso, cuando te equivoques, no eches todo por la borda y mejor actúa con madurez, sin justificar o echarle la culpa a él. Además, no debe haber un *pero* en la oración:

* Sí te grité y lo siento, *pero* es que no haces caso nunca.
* Te pido una disculpa por cómo reaccioné, *pero* es que tú me hablaste horrible.

No, no responsabilices a tus hijos por tu falta de autocontrol.

Reparar es una de las maneras en que tu hijo aprende a través de tu ejemplo a saber aceptar y reconocer sus errores. Cuando reparamos le aseguras al niño que la relación sigue, y que es de sabios aceptar cuando uno se equivoca.

Tu hijo solo va a valorar lo que haces por él si le pones límites.

Sé que te frustra no estar viendo resultados en tus hijos, que no madure y que no esté actuando conforme a su edad, pero no se vale estar gritando y pidiendo perdón cada dos minutos; en la medida de lo posible tenemos que tomar control de nuestras emociones.

Recuerda que entre más mecanismos de defensa tenga, más se tardará en aceptar la pérdida, así que sé paciente y aparta espacios y tiempos para poder contenerlo. Nadie nos enseña eso, nadie nos enseña que la manera de madurar es a través del dolor. No es fácil acompañar un vaciado, sientes que no terminará, pero una vez que logras contener a tu hijo, logras conectar mucho más con él.

Que tu hijo explote y llore puede sentirse como tiempo perdido, pero no lo es; cada vez que tiene esa sensación de dolor por límites, acompáñalo, porque eso hará que despegue su seguridad, y van a crecer su autoestima y su madurez.

Retos para los padres

1. Llena el vaso de conexión y luego marca el límite.
2. Marca límites en donde tú tengas el control.
3. No te tomes personal su reacción, son sus defensas actuando.
4. Sostenlo hasta que llegue la tristeza.
5. Dedica más tiempo a jugar y a trabajar la relación, no a educar.
6. Si explotaste, repara. Es decir, pide disculpas tomando responsabilidad de que tú no tuviste autocontrol sobre tus emociones. Es reconocer que no te pudiste controlar sin justificar o hacer responsable a tu hijo.

CAPÍTULO 9

AYUDÁNDOLO A SURGIR

Guiándolo en su proceso de madurez

Es muy importante reconocer y aceptar lo que hoy tenemos: un niño cuya madurez está en proceso y que esto puede evolucionar gracias a la neuroplasticidad del cerebro, que ayuda a generar conexiones neurológicas nuevas. No se trata de que sea inmaduro para siempre, sino que necesita que sus padres le ayuden a funcionar mejor y a sentirse seguro. No se puede forzar a madurar a un niño, es un proceso que florecerá si le damos las condiciones. **Es muy importante ajustar nuestras expectativas, independientemente de la edad que tenga: la edad no es lo mismo que la madurez.**

Es importante que compensemos, es decir, hacer lo que el cerebro de nuestros hijos no puede hacer por sí solo mientras maduran.

Por ejemplo: si mi hijo es impulsivo, no puedo pedirle que se controle, ya que pedirle algo que aún no ha desarrollado es imposible. Estos niños no podrán manejar situaciones que requieran autocontrol, tomar responsabilidad o cumplir con tareas o peticiones. Seguirán cometiendo errores, y sus defensas impedirán que vean los problemas en los que se meterán o las consecuencias de sus acciones. **Por lo tanto, es nuestra**

responsabilidad anticiparnos para prever conflictos en la medida de lo posible. Si se mete en problemas cada vez que va a una fiesta, si molesta al hermano cuando están solos, si no respeta tu límite, es importante que esté más supervisado.

Por ejemplo, anticipando un comportamiento agresivo. Si tu hijo pega o insulta cuando se enoja, es importante y útil darle un guion previo para manejar su enojo.

Puedes decirle: "Entiendo que te enoja mucho cuando te molestan o te quitan tus cosas, y aunque tratas de pedirlo bien, cuando no te hacen caso te dan ganas de pegar o insultar, y sé que a veces no puedes controlar ese impulso; por otro lado, sabes que si pegas, te meterás en problemas. ¿Qué te parece si, cuando te empiecen a molestar, te retiras o les dices firmemente: 'No me hables así' y te volteas o vas con la maestra o conmigo para que te pueda ayudar?".

Revisa con tu hijo si las opciones que propones para manejar el conflicto también le funcionan a él. Si tus ideas no coinciden con las suyas, pregúntale cómo se le ocurriría resolver el problema para evitar que termine insultando o golpeando.

La edad cronológica es una cosa y la madurez es otra, y esto confunde mucho a los padres. Sé que, a medida que tus hijos crecen y sus conductas no mejoran, es natural que te frustres más cuando se equivocan. Exigimos más porque nos damos cuenta de que, con el tiempo, los problemas no desaparecen, sino que se convierten en desafíos mayores. Por eso, es fundamental evitar ciertos comentarios que solo provocan que tu hijo se aleje de tu guía.

Evita frases como: "No es posible que a tu edad no puedas hacer lo que te pido, mira a tu hermano pequeño, él sí lo logra", "¡Cuándo vas a madurar!", "Ya estoy cansado de que te metas en problemas, pareces niño de cuatro años", "Ya te dije que no puedes reaccionar así, ¡te debes controlar!", "Ya tienes seis años y no puede ser que no te puedas vestir solo".

En cambio, lo que puedes hacer es ajustar tus expectativas, aceptar que hoy tienes a un niño con desafíos por superar, y necesitas ayudarlo con empatía.

Si es un niño muy reservado y le cuesta enfrentar lo nuevo, como irse de campamento, hacer nuevos amigos, saludar a gente nueva, la respuesta está en hacer lo desconocido algo conocido. Tú eres su respuesta. Si va a una nueva escuela, muéstrale imágenes de las instalaciones, preséntale a la maestra, explícale cómo será la dinámica. Un niño reservado primero necesita sentirse seguro contigo para poder separarse de ti, para integrarse con más niños, para poder saludar a personas nuevas. Tú serás quien le presentará siempre a las nuevas personas que estarán dentro de su vida.

Si se distrae mucho al hacer la tarea, busca un espacio sin tantos distractores, como televisión, juguetes o ruido para que pueda concentrarse mejor. Si constantemente pierde parte del uniforme de la escuela o se le olvidan las cosas, no le pidas que actúe como si fuera responsable, ya que esto requiere desarrollo. Mejor ayúdale a tener éxito escribiéndole una nota dentro de su estuche o hazle un pequeño dibujo en su mano para que, cuando lo vea, pueda recordar.

¿Te has fijado en que cuando un niño inmaduro comete un error no asume la responsabilidad y echa la culpa a todo menos a él?

—¿Por qué no hiciste la tarea?

—Porque tú no me recordaste.

—Vi que le pegaste a tu hermano.

—Sí, pero él me hizo caras.

—Me contestaste muy feo.

—Pues para qué me dices que no.

El principal problema aquí es que ellos no sienten que tuvieron la culpa; por eso contestan de esa forma. **Asumir responsabilidad implica sentir culpa, y la culpa es un**

sentimiento muy vulnerable. No te enganches en que tome responsabilidad, mejor guíalo de nuevo para que tenga éxito.

No te dejes llevar por lo que ves, porque te harán ver a un niño flojo, grosero, malcriado, retador, berrinchudo; esas son sus defensas, no son ellos. Imagina que son niños pequeños dentro de una botarga y que las defensas no les dejan ver que se meterán en problemas.

No importa la edad que tengan, tú eres el responsable de evitar en la medida de lo posible que se metan en problemas.

Es necesario que estén más supervisados y no confiar en sus promesas. Me sucede con frecuencia que los padres vienen a decirme que están muy frustrados porque su hijo se volvió a meter en problemas. El niño les había prometido que, si lo dejaban jugar Xbox, se portaría bien y no se pelearía con su hermano. Convincente, les dijo: "Confíen en mí, esta vez les prometo que me voy a portar perfecto".

Al escuchar esas palabras les pregunté a los padres: "¿Qué les hizo pensar que lo lograría? ¿Solo porque se los prometió? Pero ustedes saben que aún es muy inmaduro, se deja llevar por los impulsos y es muy reactivo. Estoy segura de que tenía la mejor intención de portarse bien y controlarse, pero en el fondo ustedes sabían que no sería capaz de hacerlo. No creo que amerite un castigo o una consecuencia; más bien, como padres, pregúntense: ¿qué aprenden de esta situación? y ¿qué se les ocurre hacer diferente para evitar que se repita?".

No te enfoques en lo negativo. Escucho a muchos niños que dicen que todo lo hacen mal, que sus papás muy pocas veces les reconocen lo positivo. Solo se enfocan en sus errores: que le pegó al hermano, que es flojo, que no hizo la tarea, que desobedeció, que es intenso. Dile a un niño lo que crees que es y en eso se convertirá.

Es necesario que sienta éxito en su día. Por ejemplo: "Me di cuenta de que hoy me hiciste caso hasta la tercera vez que te lo pedí, no hasta la octava", "Me percaté de que fuiste amable con tu hermano", "Noté que recogiste tus pantalones" (aunque haya dejado el resto tirado). Esto le da un sentido de logro, reconocimiento y aprobación. Ve poco a poco, ajusta la expectativa y enfócate en lo que sí logro.

No esperes que muestre interés en la escuela o en los deberes, porque eso requiere de un proceso de madurez que debe emerger. No lo hará ahora, así que mejor ayúdalo en lo que lo logra. No creas que porque le dijiste: "Regresando haces la tarea", lo va a hacer. Esto pasa especialmente con los niños con déficit de atención.

Asume que, si tiene TDAH, tendrás que dar instrucciones claras y precisas: "Saca tu cuaderno, vendré en cinco minutos; ábrelo y mientras ve poniendo tu nombre y la fecha".

Mientras tanto, tú ya preparaste el entorno, eliminaste distractores, quitaste el iPad de al lado, apagaste la tele; tú te encargas de que el niño tenga un espacio tranquilo para poder enfocarse. Pero si se distrae, no lo hagas sentir responsable, porque no pudo controlar el impulso que lo hizo distraerse.

Por ejemplo: "Entiendo que te distrajo el sonido del iPad de tu hermano, pero recuerda que para que puedas salir a jugar, primero hay que terminar la tarea. Te acompaño un rato a hacerla".

Motivación e independencia

La motivación y la independencia se entrelazan de manera fundamental: cada una influye y fortalece a la otra. A medida que los niños avanzan hacia la madurez, la capacidad de encontrar su propia motivación y ejercer su independencia se convierte en un pilar crucial para su bienestar y éxito.

Cuando los niños están motivados por un interés genuino o un objetivo personal, están más dispuestos a tomar la iniciativa y trabajar de forma independiente para alcanzar sus metas. Cuando damos espacio a que ellos elijan una actividad, les ayudamos a alcanzar un sentido de autonomía, y esto influye directamente en su entusiasmo, motivación y compromiso.

La motivación en un niño es la fuerza interna que impulsa su comportamiento y le proporciona la energía necesaria para alcanzar objetivos y satisfacer sus necesidades. Es lo que lo lleva a actuar, aprender cosas nuevas y persistir en tareas, incluso cuando estas son difíciles de realizar. **Este proceso de maduración se desarrolla cuando las necesidades del niño están satisfechas y siente un vínculo profundo contigo, despertando así su deseo de hacer las cosas bien.**

Los niños pierden motivación principalmente por estos factores (es importante que los revises para que puedas ver cómo es que tú podrías estar obstaculizando el proceso):

* **Expectativas y presiones excesivas:** las expectativas poco realistas o las presiones intensas por parte de los padres, maestros o figuras de autoridad pueden generar ansiedad y desinterés. Los niños que sienten que deben cumplir con estándares demasiado altos pueden experimentar estrés, lo que puede desmotivarlos en lugar de inspirarlos a lograr sus objetivos.
* **Padres muy controladores:** cuando los niños no tienen suficiente control sobre sus propias actividades y decisiones pueden sentirse desmotivados. Un padre que toma todas las decisiones y no da espacio a que el niño pueda elegir, puede hacer que este sienta que está siguiendo órdenes en lugar de participar activamente en su propio aprendizaje y desarrollo.

* **Falta de apoyo emocional:** si los niños no se sienten valorados, comprendidos o apoyados, pueden perder el interés en las actividades que antes les resultaban gratificantes. Esto es muy común en niños que están atorados en alfa: como la jerarquía está invertida, no reciben tu mirada de la forma correcta. Ellos demandan la mirada, y esto atora el proceso.

Existen dos tipos principales de motivación que influyen en el comportamiento de un niño:

* **Motivación intrínseca:** esta forma de motivación surge del propio interés del niño o de la satisfacción que experimenta al realizar una actividad. Es crucial porque está vinculada al placer y al interés genuino que el niño encuentra en la actividad misma, lo que fomenta un aprendizaje profundo y una mayor persistencia.

  Por ejemplo: Diego puede estar motivado para dibujar porque disfruta del proceso creativo y se siente orgulloso de sus creaciones.
* **Motivación extrínseca:** por otro lado, la motivación extrínseca es la que más utilizan los padres en la crianza de sus hijos. Esta motivación está impulsada por recompensas externas, como elogios, premios o la evitación de castigos. Aunque esta forma de motivación puede ser efectiva para lograr ciertos comportamientos a corto plazo, el enfoque del niño está en los resultados externos en lugar de en la satisfacción que proviene de la actividad misma.

  Por ejemplo: Diego está motivado a hacer los dibujos a mamá para que después lo deje jugar con el iPad.

En el desarrollo de un niño, lo más importante es fomentar la motivación intrínseca, ya que esta le permitirá desarrollar una motivación sólida y auténtica. **Las recompensas y los premios pueden ser útiles en ocasiones especiales para lograr objetivos específicos, pero no deben ser la principal estrategia educativa para motivar al niño.** El objetivo es que el niño disfrute y valore el proceso de aprender y crecer por sí mismo.

Falta de motivación

Imaginemos a Ana, una niña de nueve años que hace gimnasia. Ana solía disfrutar mucho de los entrenamientos y las competencias. La veías motivada y feliz de ir, no era necesario tener que empujarla para ir a la clase, pero en las últimas semanas comenzaba a mostrar una falta de interés en el deporte, con frases como: "Ya no me gusta", "Me da flojera", "La maestra no me cae bien", "Ya no van mis amigas". A ti, como madre, hay algo que no te checa por completo; sabes que adora hacer gimnasia, entonces ¿ahora por qué la ves sin ganas? Eso es justo lo que debemos observar: qué estará pasando dentro de ella.

A continuación te daré algunos factores que podrían estar contribuyendo a su desmotivación:

1. **Falta de disfrute:** los entrenamientos recientes se han vuelto más técnicos y repetitivos, con mayor énfasis en la perfección de las rutinas. La falta de ejercicios creativos y divertidos ha hecho que Ana pierda el interés en el deporte.
2. **Exceso de presión:** Ana ha comenzado a sentir una presión fuerte de parte de su entrenadora y sus padres para mejorar su rendimiento y competir a un nivel más alto. Esta presión ha convertido la gimnasia en una fuente de estrés en lugar de una actividad que disfruta.

Si sabes que las clases de gimnasia siguen siendo un espacio que Ana disfruta y que no estás presionando para que compita o para que sea la mejor, es importante considerar qué más podría estar influyendo en su falta de interés. Es posible que la tercera opción sea la respuesta: podría estar ligada con la relación que tiene en casa y con su situación familiar. Examinar estos aspectos puede proporcionar una visión más clara de por qué Ana no quiere asistir a las clases:

3. **Falta de vínculo profundo y seguridad en casa:** si Ana ha estado enfrentando desafíos con mamá, papá o sus hermanos, ha estado enfrentando separación (amenazas, condicionamientos, gritos) o reprime sus emociones por miedo a la consecuencia, entonces no le está quedando energía para volar, su energía está enfocada en sus problemas de casa y a través de pretextos evitará entrar a la clase para no separarse de ti y así asegurar sentirse conectada.

¿Cómo lograr la independencia y la motivación?

Debes confiar en que la motivación y la independencia surgen principalmente de haber cubierto sus necesidades básicas y de la mirada de aceptación de los adultos en la vida del niño. No se trata de algo que se aprende a través de castigos, premios o consecuencias; es un fruto de madurez. Los niños necesitan más conexión contigo, más tiempo de juego libre y un entorno seguro que no active su sistema de defensas. Requieren ser vistos, escuchados, validados, y necesitan recibir de nosotros más tiempo de calidad, más espacio libre de presiones, más acompañamiento sin que ellos lo demanden. Créeme: si comienzas por aquí, te sorprenderás al ver cómo la motivación y la independencia empiezan a florecer.

Estoy segura de que los que han estado trabajando de la mano y con constancia con este libro han notado a sus hijos más independientes; están empezando a verlo más seguro de sí mismo, que está haciendo cosas por sí solo, y la demanda ha bajado.

Como vimos en el capítulo 6, el juego es esencial para bajar defensas, conectar con tu hijo y que surja la motivación. No me refiero nada más a jugar con ellos, sino a proporcionarles un espacio en el que pueda florecer el juego creativo. Existe un tipo de juego que debe surgir dentro del niño: el juego solitario y creativo, en el que no necesariamente tiene que estar acompañado de mamá y papá. Este tipo de juego emerge cuando el vínculo con los padres está fortalecido.

Es crucial proporcionar espacios libres de presión, prisas y estrés. Bájale a las prisas: son nuestro peor enemigo, ya que generan mucho estrés en casa.

Si recibes frecuentes llamadas de la escuela informándote sobre el mal comportamiento de tu hijo, y al llegar a casa solo le das una reprimenda en lugar de mostrar empatía y guía, no le estarás dando el tiempo ni el espacio necesario para eliminar ese estrés y descanso que necesita.

* **No los presiones para que sean independientes:** la doctora Becky Kennedy, en su libro *Educar sin miedo*, menciona que cuando los niños saben que tienen un "puerto seguro" al cual regresar, se sienten más seguros para aventurarse y probar cosas nuevas. En lugar de empujarlos, comienza acompañándolos hasta que se sientan seguros. Y poco a poco vete retirando.
* **Objetivos alcanzables:** es muy importante que tu hijo empiece a tener pequeñas dosis de éxito, por lo cual no podemos exigir algo que sea muy difícil lograr. Si tu hijo reprobó por conducta en la escuela, no le pidas que el

siguiente semestre saque 10. Sería mejor que le pidas que se ponga como meta dos o tres puntos más. Si le cuesta mucho trabajo hacer la página completa de la tarea, pídele que solo haga la mitad.

* **Dales oportunidades para que tomen decisiones:** permite que tus hijos tomen decisiones y experimenten las consecuencias naturales de sus elecciones para desarrollar esta creencia. A veces pierden esa energía porque controlamos todo. Tú, como figura de autoridad, observa qué es lo que ya puede decidir tu hijo y dale esas pequeñas oportunidades de decisión para empujar su independencia.

  Una estrategia para implementar esto es hacer preguntas abiertas que alienten a los niños a pensar y tomar decisiones.

  Por ejemplo: "¿Qué crees que podríamos hacer diferente la próxima vez para que estés a tiempo para ir a la escuela?".

  Confíale pequeñas responsabilidades para que tenga pequeños éxitos. No le compres un perro, porque la que lo terminará cuidando serás tú. Mejor dile que los martes es el encargado de recoger la mesa y el sábado de regar una plantita. Eso le dará sentido de responsabilidad.

* **Debemos dar espacio a que nuestros niños se aburran:** cuando un niño se aburre, aprende a tomar la iniciativa para encontrar algo que hacer por sí mismo. El aburrimiento proporciona a los niños el espacio mental necesario para desarrollar su imaginación. Sin la constante estimulación externa, los niños se ven obligados a inventar sus propios juegos y actividades.

  A veces mis hijos me dicen que están aburridos y les doy 80 opciones de actividades, pero no quieren hacer ninguna, así que les digo: "No puedo hacer nada más por ti, abúrrete, ve al cuarto de juegos o a tu cuarto a ver qué encuentras".

Soy firme en esta decisión porque sé que ya di vínculo, y tienen que sentir el vacío del aburrimiento, ya que ahí se encuentran la creatividad y la resolución de conflictos.

Responsabilidad

La responsabilidad también es un proceso de madurez, que da frutos cuando damos las condiciones necesarias, pero mientras se consolida este proceso, es necesario que nosotros nos hagamos cargo y ajustemos expectativas.

Los niños necesitan entender claramente qué se espera de ellos. Establecer reglas y expectativas consistentes les proporciona un marco dentro del cual pueden desarrollar su sentido de responsabilidad.

Qué podemos hacer

1. **Modela comportamientos responsables:** los niños te escuchan y observan constantemente; ellos imitan estos comportamientos.

   Supongamos que tienes un niño de cinco años. Para enseñarle sobre la importancia de recoger sus juguetes después de jugar, puedes hacer esto: cuando termine el tiempo de juego, recoge los juguetes junto con él. Puedes decir: "Vamos a poner los juguetes en la caja ahora, tú recoges los más grandes y yo los más pequeños".

   Mientras lo haces, explica de manera simple por qué es importante recoger los juguetes. Por ejemplo:

"Recogemos los juguetes para que no se pierdan y para que tengamos espacio para jugar otra vez".

2. **Involucra a los niños en la toma de decisiones:** cuando involucras a tu niño en la toma de decisiones, eso automáticamente implica que tomen responsabilidad y por ende vivan la consecuencia de la decisión. Tú decidirás lo que ellos ya están listos para decidir conforme su edad. Esto también les brinda un sentido de autonomía y aceptación.

   Por ejemplo: la hora de bañarse, cómo quieren decorar su cuarto, qué ropa ponerse, a qué hora prefieren bañarse, con qué amigos llevarse cuando ellos eligen.
3. **Fomenta la resolución de problemas:** un error común en los padres es resolver constantemente los problemas de sus hijos, lo cual les quita la oportunidad de aprender a valerse por sí mismos. En lugar de resolver todos los problemas por ellos, permite que encuentren sus propias soluciones.

   Utiliza preguntas como: "¿Qué se te ocurre para no olvidar apuntar la tarea?" o "¿Cómo podrías resolver esto?". Abre espacio para que surjan sus ideas. Te sorprenderá ver cómo, a veces, encuentran soluciones más creativas y efectivas que las que habías considerado.

   Guiarlos a través del proceso de pensamiento y animarlos a buscar soluciones contribuye a su sentido de responsabilidad.
4. **Reconoce y valora el esfuerzo:** los niños no lo lograrán a la primera, pero es fundamental reconocer y valorar su esfuerzo y sus logros. Al celebrar sus éxitos y esfuerzos, los niños se sienten valorados y motivados para continuar asumiendo responsabilidades.

   Imagina que tienes un niño de seis años que ha estado luchando con aprender a amarrarse las agujetas de los tenis. Al intentarlo seguramente al principio le costará trabajo y se frustrará y no querrá hacerlo de nuevo. Sé paciente y dile que entiendes el esfuerzo y que valoras mucho que lo intente. Motívalo a que lo vuelva a intentar.

5. **Ponlo a cargo de pequeñas tareas:** es fundamental asignar tareas o responsabilidades que sean apropiadas para la edad y madurez del niño. Comprar un perro para que un niño se haga responsable no suele funcionar, en especial si el niño es inmaduro; probablemente acabarás siendo tú o alguien más quien limpie, alimente y pasee al perro. No te excedas con la cantidad de tareas, ya que un exceso puede desmotivar al niño.

   Por ejemplo:

   * Luis es el encargado de poner los manteles en la mesa antes de las comidas.
   * Andrea es la encargada de regar las plantas del jardín dos veces por semana.
   * Julia es la encargada de poner los platos en la mesa para la cena.
   * Todos en la familia colaboran llevando los platos sucios a la cocina después de comer.

5. **Dale guiones para que lo logre:** tenemos que dar guiones para que logren enfrentar ciertas situaciones. Tú sabes que a tu niño siempre se le olvida el suéter en la escuela, por lo que anticiparnos a darle un guion le ayudará a lograrlo. Puedes decirle: "Cuando suene la campana, antes de salir corriendo, guarda rápido tu suéter en la mochila, luego guarda tu cuaderno y después sal corriendo al camión". Armamos el guion para que él sepa actuar como si fuera independiente y maduro.

¿Cómo hago para que mi hijo no vea las actividades como una obligación?

Para lograr que el niño empiece a hacer cosas tenemos que solicitar lo que necesitamos de forma amigable. **Primero debemos conectar con él: mirada, sonrisa. Luego nos ponemos de su lado para evitar resistencia, solicitamos lo que necesitamos y, por último, damos guiones para que logre sus objetivos.**

"Miguel, yo sé que te mueres de ganas de seguir viendo la tele porque tu serie está súper entretenida, ¿verdad? Pero, por otro lado, ya es hora de hacer la tarea. Te encargo que en cinco minutos apagues la tele, vayas por tu mochila y te sientes a la mesa. Yo te alcanzo en dos minutos y te ayudo a ir resolviendo algunos de los ejercicios. Cuando terminemos ya puedes jugar a lo que quieras".

Decirle a un niño: "Te encargo", "Cuento contigo" y "Confío en ti" son frases que asignan responsabilidad. Utilicemos frases que asignen responsabilidad, aunque nuestros hijos puedan fallar. Por eso necesitamos poner metas cortas y alcanzables. Veamos la siguiente escena.

Imagina que un entrenador de futbol te regaña constantemente, diciéndote que eres flojo, poco coordinado y que no sabes seguir instrucciones. Este tipo de comentarios solo despertarán en ti frustración, desmotivación y resistencia a escucharlo de nuevo. En cambio, si el entrenador te dice: "Sé que hoy no fue tu mejor día y que no pudiste dar tu máximo en el entrenamiento, pero confío en que tienes el potencial para mejorar. Si te esfuerzas, estoy seguro de que lo lograrás", estarás más motivado para esforzarte y alcanzar tus metas.

A veces, sin darnos cuenta, nos convertimos en críticos duros en lugar de apoyadores positivos. Nos enfocamos en comparar a nuestros hijos con otros, como el primo, el hermanito o el amigo, en lugar de brindarles el aliento y la confianza que realmente necesitan, en especial cuando enfrentan dificultades particulares.

Si le encargaste una tarea y no tuvo éxito, sé empático y comprensivo. Hazle entender que la intención de haberlo intentado vale más que el resultado. Proporciónale guías y apoyo, poniéndote de su lado. Debemos ser sus entrenadores, no solo críticos. Solicítale: "¿Puedo contar contigo?" para motivarlo a seguir intentándolo y a sentirse respaldado.

Me tomó 10 días continuos que mi hijo dejara de olvidar su libreta de tareas; yo pensaba en mi interior: "¿Es en serio que tengo que recordarle todos los días lo mismo?". Sin embargo, en lugar de regañarlo le preguntaba: "¿Qué ocurrió esta vez para que la olvidaras?".

Un día me respondió: "Ay, mamá, es que llegó un amiguito a platicar conmigo". Al siguiente día me dijo: "Ay, mamá, es que sonó la campana y salí corriendo". Y al día siguiente, cuando le pregunté otra vez por la libreta, me dijo: "Ay, mamá, estoy seguro de que sí la metí, pero no sé por qué no está". Siempre había algo nuevo.

Aunque estaba frustrada, sabía que debía seguir motivándolo hasta que alcanzara ese pequeño éxito. Así que le dije: "Vamos a hacer esto…". Cada día le proporcionaba un guion paso a paso hasta que por fin lo logró. Entonces pude decirle: "¡La libreta de tareas llegó a la casa! ¡Felicidades! ¿Crees que mañana lo puedas volver a lograr?". Y él asintió con la cabeza.

Para nosotros es una simple libreta de tareas, pero para él es un: "Lo logré, no soy un tonto". Por favor, pongan metas cortas.

Platón nos enseñó que nunca debemos desmotivar a alguien que está progresando, por muy despacio que lo haga.

> Nadie mejora tratándolo peor.

Si motivamos con comprensión y empatía a nuestros hijos a cumplir con tareas pequeñas, aunque les cueste trabajo, empezarán a hacer más cosas con independencia.

¿Por qué no metemos algo divertido? Debemos cambiar nuestro lenguaje. En vez de decirles: "Ve y haz tu tarea", contentos les preguntamos con qué color la vamos a resolver: "¿Con crayolas o colores?".

Damos opciones más divertidas: "Te voy a hacer preguntas de la clase y si te equivocas, entonces te toca saltar". Cuando tu hijo sea maduro, ya no tendrá que estar dando brincos; con una instrucción simple bastará para que te haga caso, porque los niños maduros son responsables, son independientes y ellos solos quieren que les vaya bien en la escuela.

Pero si en este momento tu niño está atorado, entonces tienes que encontrar la manera de ayudarle a que estas obligaciones sean divertidas y mucho más fáciles de resolver. **Por eso siempre he dicho: "Ser padre es cansado, pero hay que cansarnos de la forma correcta, que dé frutos".**

Cuando notaba a mi hijo desmotivado, sin ganas de tener planes, sin deseos de intentar cosas nuevas y, en el fondo, más inseguro, sabía que su energía estaba deprimida. La mejor solución era fortalecer el vínculo con él.

Me daba a la tarea de pasar más tiempo con él: le ofrecía ayuda, jugaba con él, le contaba un cuento, lo iba a ver a su clase de tenis, me hacía más presente en su vida. Sabía que tenía que encontrar el equilibrio perfecto entre conectar con él y poner límites. Es impresionante lo que puede surgir después de momentos de conexión.

Autoestima

La gente cree que la autoestima se fortalece expresando frases como: "Eres el más inteligente", "Eres el mejor en futbol", "Estás guapísimo", "Te amo y eres lo máximo", es decir, adulando al niño. Pero vuelvo a repetir, las palabras se las lleva el viento. **La autoestima en un niño se va construyendo dependiendo de la mirada, la validación y aprobación de los adultos en su vida.** Cuando sobreprotegemos a nuestros hijos de cualquier desafío, fracaso o incomodidad, el mensaje implícito que enviamos es: "No confío en que puedas manejar esto por ti mismo". Tal vez no lo decimos con palabras, pero nuestras acciones lo comunican con fuerza.

Recuerdo a un padre que acudió a mí preocupado porque su hija de 10 años se negaba a intentar cosas nuevas. Él siempre estaba ahí para resolver cualquier problema, desde atarle los zapatos hasta intervenir con los maestros cuando algo no le gustaba. Con el tiempo, esta niña comenzó a dudar de sus propias capacidades. Cada vez que se enfrentaba a algo desconocido, su reacción era evitarlo porque, en el fondo, no creía que pudiera hacerlo sola.

Cuando sobreprotegemos, les robamos a nuestros hijos la oportunidad de desarrollar habilidades esenciales como la resiliencia, la resolución de problemas y, sobre todo, la confianza en ellos mismos. Y aquí está lo más paradójico: queremos evitar que se sientan inseguros, pero terminamos fomentando esa inseguridad al impedirles descubrir de qué son capaces.

Por supuesto, no se trata de dejarlos solos en todo. Se trata de estar ahí, acompañándolos mientras enfrentan sus propios retos, ofreciendo apoyo cuando lo necesiten, pero permitiéndoles intentar, fallar y volver a intentarlo. Cada pequeño logro, cada situación que superan por sí mismos, fortalece su autoestima y les ayuda a construir una imagen interna de sí mismos como personas capaces y valiosas.

Al final, no podemos protegerlos de la vida, pero sí podemos equiparlos con la confianza de que serán capaces de enfrentarla. Y esa es, sin duda, una de las mayores demostraciones de amor que podemos darles.

Muchos de nuestros niños no tienen una fuerte autoestima, pueden parecer seguros y decididos, pero utilizan esa máscara para disfrazar su inseguridad y su sensibilidad. ¿Conoces a algún adulto que parezca súper seguro de sí mismo, "duro", pero en el fondo sabes que es un poco inseguro y muy sensible? Es muy probable que tú o tu pareja sean así.

¿Recuerdas el molde de las expectativas? Puedes regresar a la sección "Embonar con expectativas", en el capítulo 2. Si eres una persona con una alta sensibilidad, es muy probable que te hayas sentido juzgado o invalidado muchas veces, y eso repercute directamente en el autoconcepto que tengas de ti mismo.

Para mejorar su autoestima, valora más el esfuerzo que el resultado:

* "Sé que aventaste a tu hermano porque no te aguantaste, pero también vi que intentaste tres veces pedirle tu pelota por las buenas y no se la arrebataste a la primera".
* "Veo que pudiste hacer dos operaciones matemáticas sin pararte de tu asiento".

Cuando le resolvemos todo al niño, el mensaje para su cerebro es que "no soy capaz de hacerlo". Así que no le resuelvas tareas que sabes que ya domina o que le cuesten solo un poco de trabajo.

También es muy importante que a niños mayores de tres años les pidas su opinión, porque ellos interpretan que mamá solo les pide su opinión a personas que verdaderamente le importan. Comparte cosas tuyas; muchos de estos niños son muy cerrados y no quieren hablar de ellos o de sus emociones, así que puedes iniciar contándoles anécdotas y experiencias tuyas, esto les permite sentirse escuchados y validados.

Enfócate en quién es: "Me encanta la intensidad que tienes", "Me encanta tu creatividad", "Me encanta cómo cuidas a los animales". Cuando el niño mejora su autoestima, entonces ya no será fácilmente herido.

Impulsividad y consideración

Para lograr el autocontrol en nuestros hijos, que baje su impulsividad y sean considerados es esencial que el cerebro pueda tener sentimientos encontrados. Recordemos que este fruto de madurez en niños neurotípicos se da alrededor de los cinco a siete años de edad si el adulto proporciona las condiciones óptimas para su desarrollo. Para los niños híper o altamente sensibles esto tarda cerca de dos años más. Nosotros tenemos que ser esa herramienta que los ayude a enfrentarse a situaciones que posteriormente analicen para entender por qué es importante pensar las consecuencias antes de actuar de manera impulsiva. En su libro *Regreso al vínculo familiar,* a este proceso el doctor Neufeld lo llama el proceso integrativo del cerebro. Para que este proceso se dé, menciona que es necesario que el niño pueda sentir satisfacción de vínculo, después sentir el vacío que es la pérdida, para que así el cerebro por sí solo haga la mezcla de integración de emociones y pensamientos que fomentan el autocontrol, el balance, la consideración y la empatía. Esto requiere de tiempo.

MEZCLA DE EMOCIONES

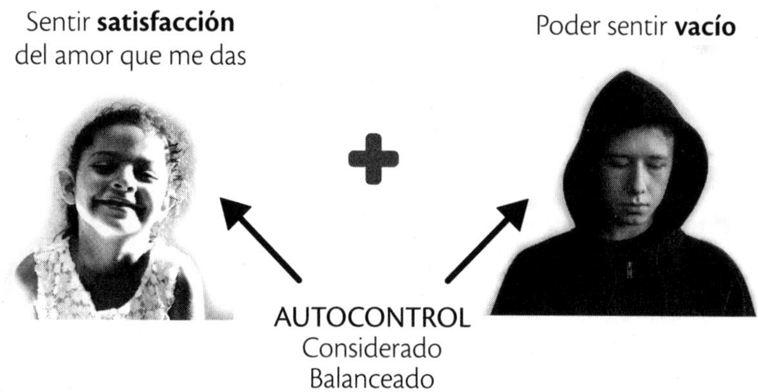

Figura 9.1.

Dos emociones opuestas cierran la energía de ataque: siento el deseo de pegarle a mi hermanito, pero al mismo tiempo siento miedo de lastimarlo, entonces me freno.

Otro ejemplo: tengo deseo de subirme a la montaña rusa y al mismo tiempo siento miedo porque va muy rápido. Si logro mezclar los sentimientos, entonces encuentro el valor para atreverme. Por eso no funciona decirle a un niño: "No tengas miedo". ¿Qué sí funciona? Validar su miedo y hacerle ver el otro lado.

Por ejemplo: fuimos a Disney con la familia y yo veía a Pato con muchísimas ganas de subirse a una atracción, así que le dije:

—Vamos, me subo contigo.

Pero me dijo:

—No, no quiero.

—Sé que sí quieres, te vi la cara de ilusión.

—No, ya te dije que no quiero, ese juego es aburrido, y no me gusta.

En el fondo yo sabía que se moría de ganas, pero lo que lo estaba deteniendo era el miedo. Así que le dije:

—Sé que crees que el juego va muy rápido y sientes que te puedes salir del vagón, ¿verdad?

—Sí.

—¿Y te da miedo que eso te pase a ti?

—Sí.

—Te entiendo; por otro lado, ¿tú crees que los dueños de Disney dejarían subir a tanta gente si fuera peligroso? ¿Has visto a algún niño que haya salido volando?

—No, ma.

—Sé que lo lograrás, yo voy a estar a tu lado.

Después de esto logró mezclar el deseo con el miedo y encontró el valor.

¡Aquí es cuando educamos!

Es muy importante recordar que no educamos ni aleccionamos a un niño a la mitad de un conflicto, ni cuando estamos llevándolo a aceptar la pérdida. Es necesario esperar a que las emociones bajen antes de abordar el tema de manera eficaz y sean receptivos.

Siempre después de un conflicto o cuando decides guiar a un niño en su proceso de adaptación (como las lágrimas de tristeza), es fundamental retomar el tema de lo sucedido. Esto puede hacerse unas horas después, dos días o incluso dos semanas más tarde, pero es crucial hacerlo cuando existe una conexión emocional. Esta reflexión permite que el niño aprenda de la experiencia de forma más efectiva y significativa.

Reflexionar es llevar a un niño a que pueda ver la emoción o el pensamiento que lo llevó a actuar de cierto modo. La reflexión te lleva al autocontrol, porque cuando reflexiono, me doy cuenta de que no puedo responder ante mi primer impulso que es atacar; en vez de eso, debo tener templanza y paciencia porque conozco que mi impulsividad me trae consecuencias.

Asimismo, el *timing* para intervenir es muy importante, así que busca el mejor momento para él.

Los niños son más receptivos en la noche, o después de haber tenido un gran momento contigo, cuando están de buen humor. Es a lo que llamamos "darles guiones". Y aquí es donde se enlazan todos los conceptos.

Damos guiones debido a que el cerebro de nuestros niños no puede analizar aún la situación porque son inmaduros, pero en un futuro su cerebro madurará; por esa razón necesitamos guiarlos para saber cómo reaccionar la próxima vez que se enfrenten a una situación que puede hacerlos explotar.

Fomentando perspectiva y autocontrol

A partir de este punto, todo lo explicaremos de manera práctica.

Ya encontramos el *timing* adecuado para educar, ahora... ¿cómo abordamos el tema?

Elige un momento en que la conexión sea fuerte y tú estés tranquilo. Comenzarás a hablar sobre lo que sucedió:

1. Refleja la vivencia del niño y empatiza con él.
2. Hazle ver el otro punto de vista.
3. Solicita lo que necesitas.

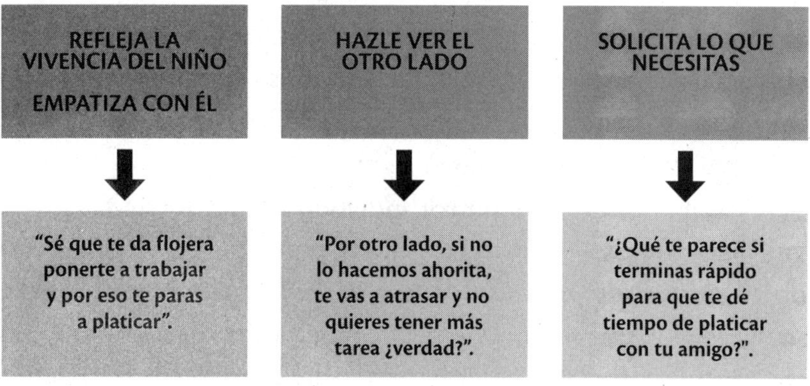

Figura 9.2.

Esta es la fórmula perfecta para abordar el tema: empatizar y validar, hacerle ver el otro punto de vista y solicitar lo que necesitamos. Pero ¿cuándo la aplicamos? ¿Cuál es el *timing* correcto para guiarlos?

Esto lo hacemos en las siguientes situaciones:

* Cuando vaya a algún lugar (una fiesta, la escuela, el doctor, la terapia, etcétera).
* Cuando quiere o no quiere hacer algo.
* Después de un vaciado o un incidente.
* Cuando hay resistencia.
* Cuando tiene miedo.
* Cuando sabes que se puede meter en problemas.

Cuando vaya a algún lugar: "Yo sé que no te gusta que te vacunen, sé que te da muchísimo miedo la aguja y te entiendo. (Aquí pausamos para que el niño se desahogue). Por otro lado, es necesario que te vacunes, porque si no lo haces te pueden dar enfermedades muy fuertes. ¿Cuento contigo para que cuando lleguemos al doctor te dejes vacunar?".

Cuando el niño quiere o no quiere hacer algo: "Sé que te da muchísima flojera y que quieres seguir jugando, ¿verdad que sí? Te entiendo, a mí también me daría mucha flojera hacer la tarea de matemáticas. Por otro lado, si no entregas la tarea la maestra te puede dejar sin recreo, por eso te recomiendo que la hagas ahorita de volada para que después tengas más tiempo para jugar".

Después de un vaciado o un incidente: "Sé que te frustraste mucho y me pateaste y me insultaste porque no te dejé ir a casa de tu amigo, y te morías de ganas de ir, ¿verdad? Por otro lado, acuérdate de que solamente puedes ir una vez a la semana a casa de tu amigo, se vale enojarse, pero ¿qué te parece si la próxima vez en lugar de pegarme a mí, le pegas al sillón?".

Cuando hay resistencia: "Yo sé que no te gusta ir a tu terapia, te molesta mucho que te pongan a trabajar, y ya estás harto de ir. Por otro lado, es necesario ir para que te ayuden a que puedas mejorar en la escuela. Y a ti te gustaría que te vaya mejor, ¿no? ¿Cuento contigo para que a la siguiente, cuando te diga que nos vayamos, te vengas más tranquilo?".

Cuando sabes que se puede meter en problemas: "Diego, yo sé que te da coraje que tus primos no te presten sus juguetes, ¿verdad?". "Sí, ma". "Y que cuando hacen eso te dan ganas de pegarles, ¿no?". "Sí, ma". "Bueno, Diego, ¿qué te parece si la próxima vez que te enojes, en lugar de pegarles, vienes conmigo y me dices y juntos lo resolvemos?".

Cuando tiene miedo: "Regina, sé que tienes miedo de irte de campamento porque sientes que me vas a extrañar mucho, y no sabes si te gustará, ¿verdad? Es normal: a mí me pasó cuando tenía tu edad, pero, por otro lado, también sé que te encantan las actividades de baile y teatro que dan y por eso escogimos ese. Yo sé que estarás bien, te voy a mandar una foto mía y te escribiré cartas para que sepas que siempre estoy pensando en ti".

Cuando sabes que tu adolescente se puede meter en problemas: "Oye, yo sé que tienes muchas ganas de salir con tus amigos y que cuando te ofrecen *shots* quieres decirles que sí porque no te quieres sentir excluido. Por otro lado, sabes que si llegas oliendo a alcohol a casa no te dejaré salir otra vez. Y tú sí quieres seguir saliendo y yo también quiero darte permiso. ¿Qué te parece si cuando te ofrezcan *shots* les dices que estás tomando un medicamento y no puedes? ¿O qué te parece si les dices que al día siguiente tienes un evento y no quieres llegar mal?

Nota: Es importante dar guiones previos a los niños con estrategias de cómo actuar para que funcionen mejor, pero es necesario que sepas que no siempre lo lograrán, y si no lo logran, debemos ser empáticos ante el error. Podemos decirle:

"Sé que lo intentaste y no pudiste, ¿qué podemos hacer para que la próxima vez lo logres?".

Buscamos que surjan las opciones dentro del niño, que proponga sus propias alternativas.

La respuesta para estos niños sí somos nosotros, porque los padres tenemos el poder de darles ese segundo pensamiento. Practiquen la empatía no solo con niños, sino también con adultos para que puedan notar el efecto que tiene ser empáticos con las personas de su entorno. Ahora imagínense el poder tan fuerte que tiene ser empático con nuestros pequeños.

Retos para los padres

1. **Baja la presión, las prisas y el estrés,** sobre todo si tienes un niño atorado.
2. **Confíale pequeñas responsabilidades:** "¿Crees que solo por hoy puedas recoger los platos?". "¿Te puedo encargar que recojas solo los juguetes morados? ¡Bien! Recogiste cuatro juguetes, ¡chócalas!".
3. **Sé su *coach* y motívalo,** ponte de su lado.
4. **No eduques en el conflicto,** solo generarás más frustración.
5. **Empatiza,** sé más compasivo e identifica qué emoción lo está moviendo, luego hazle ver el otro lado y solicita su buena intención.
6. **Ayúdalo a diferenciar sus sentimientos:** dale guiones para que actúe como si fuera maduro (en lo que madura). Esto lo hacemos cuando la conexión es fuerte.
7. **Valida su punto de vista** y hazle ver la otra perspectiva.

Aleccionar y educar a un niño es necesario; sin embargo, cuando no lo hacemos en el momento adecuado, no lograremos que sea plenamente consciente de las consecuencias de sus actos. Es imposible actuar con razón cuando nuestras emociones están desbordadas, tanto las de los padres como las de los hijos. Por eso, es fundamental encontrar o proponer los espacios necesarios para que tanto su mente como su corazón estén receptivos. Nuestros consejos, instrucciones y recomendaciones, dirigidos desde el amor, serán mucho mejor recibidos cuando demostremos que no educamos por control, sino porque deseamos lo mejor para ellos.

La inteligencia natural que poseen los padres juega un papel crucial en este proceso. Muchas veces ignoramos nuestra intuición parental, esa voz interna que nos guía en la toma de decisiones en el momento adecuado. Confiar en nosotros mismos significa reconocer nuestro lugar como autoridad en la vida de nuestros hijos. Esta confianza no solo nos permite actuar de forma más efectiva, sino que también transmite seguridad a nuestros hijos, enseñándoles a confiar en su propio juicio.

Cuando validamos nuestra intuición, creamos un ambiente en el que las enseñanzas se asimilan mejor. Esta conexión emocional que establecemos al actuar desde la intuición hace que nuestras palabras tengan un impacto más profundo. Ayudamos a los niños no solo a entender lo que deben hacer, sino también por qué es importante. Al hacerlo, les proporcionamos las herramientas necesarias para que desarrollen su propia capacidad de reflexión y autorregulación.

Confiar en nuestra inteligencia natural como padres nos permite guiar a nuestros hijos de manera más efectiva, fomentando su crecimiento y madurez emocional. Así, juntos podemos construir una relación más sólida y significativa, donde el aprendizaje se convierte en una experiencia compartida y enriquecedora.

CAPÍTULO 10

PROBLEMAS FRECUENTES

Estoy orgullosa de decirte que has llegado al final del libro. Este método que he compartido durante años ha significado un cambio de 180 grados para mi familia y para cientos de niños que tienen padres que se han atrevido a cuestionar sus métodos de crianza y que han tenido resultados inesperadamente enriquecedores. Estoy segura de que, si has seguido la guía de manera constante, ya estás viendo cambios en la conducta y el desarrollo de tus hijos, pero lo más importante: ya estás disfrutando de una relación más plena y profunda con ellos.

Esta guía nos ayuda en primer lugar a tener un cambio de perspectiva, abordando el tema de raíz, y después a adoptar la visión que nos permite convertirnos en padres más conscientes, compasivos y empáticos, padres que son el sostén emocional de sus pequeños.

Cada familia se enfrentará a distintos desafíos en la crianza, y aunque el contexto puede ser diferente, la intervención esencial siempre será la misma.

Es fundamental cuestionarnos tres cosas: ¿qué necesita mi hijo de mí? ¿Qué situaciones le generan amenaza? ¿Qué emoción está impulsando su conducta?

Reflexionar sobre estas preguntas nos permitirá entender mejor a nuestros hijos y apoyarlos de forma más efectiva. La fórmula de intervención para todo siempre será **enfocarnos en conectar y profundizar el vínculo, establecer límites dando espacio a la expresión emocional y a sus frustraciones, para así sostenerlo en momentos de vulnerabilidad y, por último, ser su guía para impulsarlo a madurar.** Sin embargo, hay problemas que muchos padres compartimos, y en este último capítulo aprenderemos cómo abordarlos. Probablemente abriste este libro con toda la intención de aprender lo más rápido posible cómo solucionar problemas a la hora de dormir, en la escuela, peleas entre hermanos, etcétera. No obstante, es muy importante primero aprender bien la teoría para después poder aplicarla de manera efectiva y transformadora. Ahora sí, hablemos de los problemas frecuentes.

Desbordes emocionales

El primer pensamiento que debemos tener es el siguiente: cuando mi hijo explota o se pone como loco o se siente muy abrumado, mi primera pregunta es: ¿qué corresponde?

Hago un cambio para salir del conflicto o soy firme y lo sostengo hasta que se vacíe y logre aceptar la pérdida. Por ejemplo: si están en un parque y tu niño empieza a hacer un berrinche porque no le compraste un helado, ya que hace pocas horas se había comido un chocolate, pregúntate qué corresponde en ese momento: comprarle el helado para que acabe el conflicto o ser firme en el no y acompañarlo en el proceso de desahogo.

Solo tú tienes la intuición y perspectiva para decidir si ese es un momento que amerita un vaciado o si es mejor cambiar la situación para que salga la frustración. Muchas veces lo mejor para los niños que tienen desbordes frecuentes, y que además tienen una sensibilidad muy grande, es que aprovechemos estos momentos para acompañarlos en el proceso de las lágrimas y que puedan desahogarse. Sin embargo, entiendo que hay muchos momentos donde decides que es mejor cambiar la situación, y eso es totalmente válido.

Tal vez no te sentirías cómoda con el llanto de tu hijo en la casa de tus suegros porque sabes que la situación será peor, te juzgarán o el niño se sentiría más alarmado. Está bien si decides esperar hasta llegar a casa. Tú tienes la decisión de realizar estos desahogos en el momento en el que tú sepas que las condiciones son óptimas para lograrlo.

Recuerda: si eres un padre que constantemente utiliza la salida del cambio al no ser firme en un límite, o distrayendo la atención, quiero que sepas que te brincaste el conflicto por un ratito, pero te aseguro que la frustración volverá a salir. Así que se vale no desahogarse en ese momento, pero tienes que recordar que cualquier otro pequeño problema puede volver a hacerlo explotar, le puede pegar a su hermano, aventar la comida, o solo por decirle que es hora de bañarse hará un berrinche, y debes tener en el radar que pronto será momento de llevarlo a llorar para que salga la frustración por el camino de la pérdida. Recuerda que estos niños necesitan espacio libre de estimulación: como ir a la naturaleza o salir al parque para que pueda bajar la alarma de su sistema nervioso.

Las estrategias para vaciar a un niño son:

* Poniendo un límite.
* Aprovechando alguna herida externa.

A través de palabras empáticas puedes ayudar a tu hijo a liberar la tristeza recordándole situaciones donde se sintió vulnerable o lastimado. La expresión de esas emociones le permitirá soltar las lágrimas y sanar.

Si eres un padre altamente sensible, esto puede convertirse en un gran reto, ya que los llantos y gritos de tu niño pueden ser abrumadores para ti. Estos sonidos penetran profundo en tu sistema nervioso y pueden descontrolarte. Por eso es fundamental que te conozcas a ti mismo y que identifiques tus puntos frágiles y detonantes. Al hacerlos conscientes, es mucho más probable que puedas autocontrolarte. Revisa tus niveles de estrés, cómo duermes y qué tan bien puedes contactar con tu propia tristeza. Los niños necesitan a un padre en calma mientras ellos se desbordan emocionalmente.

Reduciendo ansiedad

El sistema nervioso de estos niños está sumamente activo, es como si estuvieran en una alerta constante y esto los vuelve más ansiosos. Reflexiona quién es tu hijo y qué situaciones le aumentan la ansiedad.

Es de suma importancia tener estructura y rutinas en casa. La incertidumbre es el enemigo de los niños. Las rutinas diarias consistentes proporcionan una sensación de seguridad y previsibilidad, lo cual es especialmente importante para ellos. Una herramienta útil es la ayuda visual. Puedes hacer un calendario en una cartulina que indique sus actividades de la tarde, a quién acompañarás, dónde comerán, a quién bañarás primero, la hora de hacer la tarea y el tiempo de juego libre, entre otros. Si sabes que la noche es especialmente difícil para tu niño porque no tolera bien la separación, asegúrate de fortalecer el vínculo con él durante la tarde, lo que hará que su noche sea mucho más pacífica.

Anticípale lo que sucederá en su día. Muchas veces estos niños nos agotan y no nos dan la oportunidad de anticiparnos a decirles lo próximo que harán porque están todo el día preguntándonos qué sigue. Para los niños que constantemente preguntan qué harán, adelántate y nárrales lo que pasará en su día, y siempre termina diciéndoles cuándo te volverán a ver. Incluso desde la noche anterior, si es necesario. Por ejemplo: "Mañana, al regresar de la escuela, comeremos aquí en casa, después me iré con tu hermano a su terapia mientras tu abuela te lleva a tu clase de natación, y tú y yo nos veremos aquí cuando termines tu clase".

Mantener esta estructura no solo les proporciona seguridad, sino que también les ayuda a entender y aceptar mejor las transiciones a lo largo del día.

Tenemos que encontrar las mejores maneras para prevenir que su sistema de alarma se encienda de forma innecesaria. Por ejemplo, si ya sabes que a tu hijo le causa muchísima ansiedad cuando llegan tarde por él a la escuela, entonces encárgate de siempre estar ahí 10 minutos antes o de siempre avisar cuando suceda un imprevisto para que ya sepa que tendrá que esperar un poco más.

Acompáñalos y ayúdalos a expresar todas sus preocupaciones. Muchas veces estos niños tienen pensamientos rumiantes a la hora de dormir, y por eso tardan mucho en conciliar el sueño. En esos momentos, nosotros, por estar cansados, preferimos decirles que por favor ya se duerman y dejen de brincar o moverse. En lugar de presionar, es mucho más efectivo abrir el diálogo a través de preguntas como: "¿Te preocupa algo?", "Noto que te está pasando algo".

Abrir este espacio de expresión genera descanso. Piensa en ti mismo: ¿te ha pasado que no puedes conciliar el sueño por alguna preocupación? ¿Qué te ha ayudado a bajar esa ansiedad? Por lo general hablar de nuestras preocupaciones y expresarlas es una forma efectiva de reducir la ansiedad y promover el descanso.

Crear un ambiente en el que los niños se sientan seguros para expresar sus preocupaciones antes de dormir puede ser una excelente estrategia para ayudarlos a relajarse y conciliar el sueño más fácil.

La clave está en validar sus sentimientos y mantener una conexión emocional fuerte para que puedan manejar mejor sus miedos.

Es importante que siempre validemos las emociones, que nuestros hijos no sientan que solo estamos asintiendo, sino que genuinamente entendemos sus preocupaciones. Una vez que se sienten comprendidos y que ya hemos generado empatía, entonces podemos hacerles ver el otro lado de la historia para que consideren otras opciones.

Tip: cuando veas a uno de tus niños muy ansioso pon música o algo que genere ritmo. Piensa en esos pequeños movimientos repetitivos que mucha gente hace con el pie o las manos cuando está ansiosa. ¿Te has preguntado por qué hacemos eso? Ese movimiento lo manda inconscientemente el cerebro para autorregularnos. Así que cuando veas a tu niño muy ansioso, ponle música o un juego que tenga ritmo, o una hamaca para mecerse.

Ansiedad de separación

La ansiedad de separación puede surgir cuando el vínculo entre tú y tu hijo es superficial, o cuando son muy pequeños, alrededor de los dos años. En estas etapas, el niño se siente conectado a ti a través de los sentidos: al verte, escucharte o sentirte cerca. Para fortalecer la relación, busca intereses comunes, como "nos gusta pintarnos las uñas" o "adoramos el helado de vainilla", y así trabajar el vínculo de pertenencia.

Es crucial ser empáticos con sus reacciones y despersonalizar su conducta. Reforzar el vínculo también se puede lograr con frases como: "Tú eres mío, somos del mismo equipo, te invito a estar cerca de mí". Si notas que tu hijo compite con sus hermanos, muestra desobediencia o te desafía constantemente, puede ser una señal de que no siente que pertenece a ti.

Establecer rutinas diarias, con horarios fijos para las comidas, el baño y el sueño, les brinda seguridad y tranquilidad. Practica separaciones cortas y ve aumentando poco a poco el tiempo. Es normal que tu hijo llore; en esos momentos lo más importante es sostenerlo en su llanto. Por ejemplo, avísale con 15 minutos de anticipación que te irás a hacer compras. Si llora pidiendo que no te vayas, o que quiere ir contigo, simplemente respóndele que no puede. Recuérdale que volverás y lo acompañarás a bañar. Acepta su llanto con un abrazo, entendiendo que es difícil ver su reacción, pero recuerda que, al hacerlo, su cerebro aprenderá que puede sobrevivir a la separación y que mamá siempre regresa.

Debemos puentear: es indispensable que le des algo físico tuyo para que se sostengan, como meterle una nota en su estuche, darle una bufanda o que lleve un pequeño amuleto en su mochila. Asimismo, tu lenguaje debe enfocarse siempre en cuándo se volverán a ver: "Te veo aquí cuando regreses de la escuela", "Cuando regrese de mi viaje, te llevaré al cine", "No voy comer en casa, pero te alcanzo para verte en tu clase de gimnasia".

Otro ejemplo: ¿has escuchado a alguna amiga decir: "Me fui de viaje y mi hijo me la cobró"? Esto tiene que ver con que el niño enfrentó demasiada separación que no pudo manejar, lo que le generó mucho enojo y frustración. Si ya sabes que te irás de viaje, es crucial conectar con ellos antes de partir. Hazte presente, juega con ellos y llénalos de tu atención y siempre puentea.

Una vez me fui de viaje por una semana y dejé grabado en video una historia contada por mí. Mi hermana, por las noches, les decía: "Ya va a empezar el cuento de mamá". Esto los hacía sentir cerca de mí. Al regresar, me dijeron: "Ma, sentimos que casi no te fuiste". Esta es la importancia de "puentear" la separación.

Crear estos puentes emocionales les brinda la seguridad de que, aunque estés físicamente ausente, sigues presente en su vida de alguna manera. Esta estrategia ayuda a minimizar el impacto de tu ausencia y mantiene el vínculo emocional fuerte.

Tú eres la persona que más conoce a tus hijos, y esto requiere de tu intuición. Piensa en cuál es el mejor modo para que tu niño siempre se sienta acompañado, aunque no esté en el mismo espacio que mamá y papá. Encuentra el mejor momento para que siempre que se sienta alejado de ti, pueda sentirse conectado.

Asegúrale que la relación es fuerte pase lo que pase

La conexión con tu niño realmente se demuestra en los momentos en que hay alguna crisis, en esos momentos cuando hizo un berrinche, le pegó al hermano o lo regañaron en la escuela. Es entonces cuando podemos demostrarles a nuestros hijos que nos importan y que los amamos a pesar de su conducta.

Para un niño es mucho más sorprendente saber que su mamá no lo aleja o le retira el habla o le castiga el iPad a pesar de que le acaba de pegar a su hermanito. Recordarles que aunque lo que hicieron estuvo mal, nosotros seguimos teniendo una buena relación, es indispensable para poder ver la transformación de su conducta. Marcamos todo problema de conducta y no rompemos el vínculo.

La hora de dormir

* El miedo de estos niños es que cuando despierten no estés. Imagina que tú fuiste a Disney con tu familia y te quedaste

dormida en una banquita porque estabas muy cansada. Cuando despiertas, lo primero que te va a alarmar es no ver ahí a tus hijos. Te pondrás a buscarlos como loca. Ese es el mismo miedo que los despierta a mitad de la noche y por eso llegan con mucha cautela a meterse a tu cama o evitan quedarse dormidos. La noche es un momento sumamente vulnerable y ellos necesitan contención.

* También hay algunas rutinas y dinámicas que debemos integrar para que puedan tener un mejor descanso. Evita la sobreestimulación; después de llegar de una fiesta los niños no se pueden dormir, si estuvieron jugando en el iPad muy en la noche tampoco, si les platicaste una historia de terror o vieron algo en la tele será muy complicado que concilien el sueño.
* Si tu hijo te está pidiendo y pidiendo: "Ma, llévame a acostar", nosotros nos anticipamos y le decimos: "Oye, Lucía, al rato yo te voy a llevar a acostar para contarte un cuento". Es muy diferente cuando el niño tiene la seguridad de que tú lo vas a acompañar a la hora de dormir a que el niño tenga la ansiedad y preocupación de si lo vas a acompañar en la noche.
* Si tú presionas a un niño para que se duerma, es como si le estuvieras pidiendo que se quede despierto, porque tenemos el instinto de hacer lo opuesto cuando sentimos esa presión. Así que vas a meter una estructura donde siempre les anticipes que será la hora de dormir y que vas a acompañarlos durante este momento de la noche. Los rituales funcionan muy bien.
* Puentea siempre, dale algo físico tuyo para que se sostenga de ti (peluche, pashmina, tu pijama con tu perfume). Encuentra la mejor manera de que se sienta seguro de que en la mañana volverán a encontrarse. Tienes que mantener un ritmo constante.

* Aprovechen este tiempo para platicar acerca de su día. La noche es muy vulnerable, entonces también es un tiempo que podemos aprovechar para conectar más con ellos, para que se abran y nos cuenten más acerca de sus emociones. Leer cuentos es muy útil para crear momentos de conexión, así que utiliza esta herramienta que ayuda a fortalecer el vínculo.
* Hay muchos ejercicios de meditación y respiración que también pueden ser útiles para que los niños se relajen. Los famosos "ruidos blancos" son bastante útiles, el chiste es ambientar el espacio y su mente para que puedan tener un sueño profundo y descansar para madurar.

El niño distraído

Lo primero que tenemos que hacer con estos niños es bajar las expectativas. Baja la expectativa de que a la primera instrucción hará caso, de que inmediatamente después de que le digas que haga su tarea la va a hacer, que sacará excelentes calificaciones y que no se distraerá cuando realice una actividad.

Mantener la atención es un reto extremo para estos pequeños. No quieren ser desobedientes ni llevarte la contraria, pero les cuesta muchísimo trabajo mantener su atención en una sola actividad, a menos que esta les apasione. Su cerebro no puede discernir lo que escucha, todos los sonidos entran al mismo tiempo y es difícil para ellos apagar ese ruido.

Metas pequeñas y alcanzables: es importante que tu hijo sienta éxito para mantenerlo motivado y enfocado. Dale instrucciones claras y precisas con un guion de cómo lograrlo sin que se distraiga.

Recuerdo que en muchas ocasiones le decía a Pato: "Ve directo a tu cuarto, agarra el cuaderno y me lo traes, y muy importante, ve repitiendo en voz alta para que yo te escuche: 'Voy a mi cuarto, agarro el cuaderno y se lo llevo a mamá' ". Parece una tontería, pero funciona.

Si tienes que recordarle las cosas una y otra vez, entonces hazlo y cuida tu mirada y tono para que no sean amenazantes. Es importante colectarlo primero antes de dar una instrucción.

Por ejemplo:

—Oye, chaparro, se ve buenísimo el partido de fut, ¿verdad?

—Uy, sí, ma, no sabes el golazo que metió Messi.

—¿Y fue de cabeza?

—¡No, fue casi de media cancha! [Ya lo enganchaste a ti].

—Bueno, chaparro, en cuanto termine vendré por ti y nos vamos a lavar los dientes.

Así estamos preparando al cerebro para que pueda soltar la actividad y cambiar a otra.

El avance que puede tener un niño en su desarrollo cuando nosotros compensamos los déficits es impresionante. Tengo casos de niños con niveles altísimos de dislexia que han tenido notables avances en meses. Así como niños con déficit de atención. Uno de ellos fue mencionado por los especialistas de una clínica de dislexia en Boston como un caso de avance inexplicable. A una mamá paciente mía le dijeron que su hijo tuvo un avance que solo uno de cada mil niños logra y estaban muy interesados en saber qué había hecho la diferencia.

Se trata siempre de compensar, de reconocer que tal vez no tenemos a los niños perfectos que siempre obedecen a la primera, pero que podemos ayudarles a tener un desarrollo feliz y sano si nosotros hacemos nuestro trabajo de liderazgo.

Es importante que también organicemos, estructuremos y ordenemos su ambiente: utiliza cajas con etiquetas de diferentes colores para que sus pertenencias tengan orden. Designa áreas especiales para el estudio que tengan las siguientes características:

* Lugar específico para que haga la tarea y estudie.
* Libre de distracciones (comida, juguetes, iPad, televisión).
* Que tenga buena iluminación y un asiento cómodo.
* Utiliza música relajante.

Debemos ser consistentes y pacientes y trabajar en estrecha colaboración con maestros y profesionales para proporcionar el apoyo necesario.

Socialización

Este tema, aunque sé que es uno de los que más preocupa a los padres, lo dejo hasta el final. Lo hice porque la socialización se da después de haber podido integrar las emociones. Cuando el niño puede sentir vulnerabilidad, aceptar límites y ha trabajado su autoestima, entonces se despertará la empatía, será considerado y sabrá poner límites también. Podrá integrarse con sus amigos sin perder su esencia, sin meterse en conflictos y sin una necesidad desbordada de pertenencia.

Es muy común que este tema te genere mucha angustia porque como padres nos da mucho miedo que nuestros hijos no tengan amigos, sean los borregos del grupo, que no tengan planes y que se sientan excluidos y lastimados.

Existen principalmente dos escenarios:

Escenario 1: Tu hijo no quiere jugar con amigos.

Causas:

* Se siente abrumado por grupos grandes o entornos ruidosos.

* Disfruta de la soledad y puede tener un mundo interior rico e imaginativo.
* Percibe a los niños como amenazantes, puede tener miedo de ser herido emocionalmente.
* Si tu niño está dentro del espectro autista, puede tener dificultades para entender y responder a las señales sociales.
* Prefiere rutinas y juegos repetitivos que pueden ser más fáciles de manejar solo.

Estrategias:

Para ayudar a un niño que prefiere jugar solo a desarrollar habilidades sociales se pueden considerar las siguientes estrategias:

* **Fomentar interacciones graduales:** iniciar con interacciones uno a uno antes de introducirlos a grupos más grandes.
* **Modelar y enseñar habilidades sociales:** enseñar habilidades específicas, como iniciar una conversación, hacer preguntas y turnarse.
* **Crear entornos seguros y controlados:** facilitar encuentros en entornos donde el niño se sienta seguro y cómodo.
* **Respetar sus necesidades:** balancear el tiempo a solas con las oportunidades de socialización, respetando la personalidad y las preferencias del niño.

Escenario 2: Tu hijo quiere estar constantemente con amigos.

Causas:

* Está atorado en alfa y quiere mandar y hacer su voluntad la mayoría de las veces.
* El vínculo con los amigos es más fuerte que el tuyo.
* Su autoestima es baja y se vuelve un seguidor complaciente.

Cuando tu hijo está atorado en alfa tenderá a ser muy mandón con sus pares, querrá que todo se haga a su manera. En las relaciones con amigos sucede algo interesante: hay una parte natural en la que se quiere dominar al otro, porque los juegos de niños siempre se tratan de jerarquía: unos policías y otros ladrones, un maestro y sus alumnos, tú me sigues a mí y yo te guío, etcétera.

El problema es cuando tu hijo se atora en siempre querer estar en esa posición de alfa o en una posición de depender. Por ejemplo: siempre es el "amo" y el otro siempre es el "esclavo". En el caso del amo, sus amigos se cansan de que alguien siempre quiera estar al mando y es probable que cuando no se haga lo que el amo dice, mande todo a volar.

El lugar donde los niños se exponen a más heridas es con sus pares; el recreo y la ida en camión escolar son lugares de muchos conflictos. El rechazo y las heridas externas siempre lastiman, y aunque parezca que a tu hijo no le importa, en el fondo le duele, son sus defensas las que le impiden sentir el dolor.

En cambio, un niño con un vínculo débil podrá tener baja autoestima y las heridas le llegarán muy profundo. Así que tenemos que hacer lo posible por ayudarlo a integrarse socialmente de manera efectiva.

¿Cómo logramos esto? Recuperando el liderazgo, suavizando emociones y trabajando la autoestima. Con la mejor intención y el deseo de que tengan sanas relaciones interpersonales, decimos frases que terminan siendo contraproducentes y, en vez de ayudar, lastiman: "Si te portas así, nunca te van a invitar", "Si sigues así, te vas a quedar sin amigos", "Debes ser linda con esta niña", "No seas mandona y deja jugar a todas mañana, ¿de acuerdo?". Esto por lo regular no funciona porque metemos mucha presión y se genera resistencia. Nuestros niños saben lo que no deben hacer, el problema es que no lo pueden controlar. Claro que quieren tener amigos, quieren sentirse aceptados y pertenecer, pero muchas veces les gana el impulso y no consideran al otro.

Nuestros hijos van a empezar a tener amigos y a mejorar todas sus relaciones interpersonales una vez que sientan un vínculo profundo con nosotros. Cuando sientan que pertenecen a su familia y que son importantes para nosotros, sus muros de defensa comenzarán a bajar poco a poco y podrán tener mejores relaciones con los demás.

Para ayudar a que despegue el desarrollo social de estos niños, vamos a:

1. **Darles guiones.** Por ejemplo: pensemos en un niño que es muy intenso, que siempre está insistiendo, que siempre está encima de otros niños y que puede tener actitudes muy hostigadoras o que incluso cruce el espacio personal de otros niños:

   —Chaparro, ¿cómo te fue en la escuela?, ¿jugaste mucho en el recreo?

   —Mal, ma, otra vez me quedé solo en el recreo.

   —¿No quisieron jugar lo que tú querías?

   —No, ma.

   —A ti te encanta platicar, ¿no? Y cuando no te hacen caso los otros niños, entonces empiezas a gritar para que te escuchen, ¿verdad?

   —Sí, ma.

   —Ya sé, mi vida, porque aparte te da miedo que se te olvide lo que querías decir, ¿verdad?

   —Sí, exacto, mamá.

   —Te entiendo perfecto, chaparro, sé que tenías muchas ganas de contarles más cosas. Lo que pasa es que muchas veces cuando somos muy intensos y encimosos la gente nos pide que nos alejemos porque, sin darnos cuenta, estamos invadiendo su espacio personal. Y eso al final te hace sentir mal porque no te gusta que te digan "hazte para allá".

—Sí, ma.

—¿Qué te parece si a la próxima esperas a que los demás opinen y cuando terminen entonces ya dices lo tuyo para que también te escuchen? Pero no te les encimes ni les grites porque así no tendrán ganas de escucharte, chaparro.

—Está bien, ma.

Tal vez nuestros hijos no logren controlarse a la primera y te contarán que otra vez no quisieron jugar con él porque tuvieron actitudes muy intensas, pero vamos a escuchar sin juzgar. Les diremos que está bien, pero que intentaremos de nuevo al día siguiente.

Para darles guiones siempre tenemos primero que afianzar el vínculo y empatizar con ellos reconociendo que les es muy difícil lograr el autocontrol. Una vez que fortalecemos el vínculo y que nos ponemos de su lado, les mostramos la perspectiva completa, y por último solicitamos la acción que queremos que realicen.

Cuando las actitudes de nuestros hijos ya sobrepasaron el nivel normal de intensidad y pegan o molestan a sus compañeros, entonces darles un guion para resolver problemas no será suficiente. Tenemos que hacer un análisis mucho más profundo y revisar todo el contexto del niño para ver qué está impidiendo que bajen sus defensas. Necesitamos identificar si nosotros estamos siendo la fuente de frustración o heridas para que así no lleguen con tanta energía de ataque a la escuela.

2. **Más supervisión.** Aquí la supervisión será fundamental. Cuando veas que tu hijo tiene mucha energía de ataque, pero al mismo tiempo quiere estar todo el tiempo con sus amigos, es momento de hacer un alto. Los niños maduran con un adulto a cargo, no con sus pares; es necesario

que pasen menos tiempo con amigos y que tú entres más a su mundo.

Necesitamos tener bien medido el tiempo que nuestros niños pueden pasar en ciertas situaciones. Por ejemplo: puede pasar que en uno de los cumpleaños de sus amiguitos estaba recibiendo muchísimos estímulos y poco a poco se empezó a saturar, mientras tú estabas muy contenta platicando con las otras mamás. A pesar de que es un tiempo que tú también disfrutas, es importante supervisarlo constantemente para no exponerlo a situaciones que puedan generarle un estrés innecesario. Tú decides cuándo es el tiempo de irse de la fiesta, ya que tú eres la que mejor lo conoce.

3. **Más tiempo con adultos:** tenemos que saber cuál es el tiempo óptimo que nuestros hijos pueden pasar con amigos. A veces, por su bienestar, debemos limitarlo y darles oportunidad de que también pasen más tiempo con adultos, porque los adultos son los que lo ayudan a madurar. El vínculo con el adulto hace que el niño siga tus valores, tus ideas, te dará la influencia necesaria para que pueda intentar seguir tu guion.

Niños reservados

Es esencial ayudar a los niños reservados a integrarse poco a poco, respetando su ritmo natural. No los presiones para que se vayan a jugar en una fiesta; recuerda que ellos primero escanean el lugar y solo se lanzan a interactuar cuando se sienten seguros. A mí me pasaba que terminaba siendo casi la última en salir de las fiestas infantiles, ya que mi hijo, al ver que quedaban muy pocos niños, comenzaba a jugar con alegría. Me daba tanta ternura verlo tan feliz, que ya sabía cómo empezarían y terminarían nuestras fiestas infantiles.

Tip: no obligues a tu hijo a jugar con otros niños, ya que esto podría hacer que se aferre más a ti.

Cada vez que llegaba a una fiesta les decía a mis hijos: "No quiero que se separen de mí. Quédense sentados aquí conmigo". Al decir esto, ellos solitos se iban a jugar mucho más rápido. Si ves a tu hijo con ganas de jugar, pero con mucha timidez por no conocer a los otros niños, tú eres el encargado de facilitar esa conexión. Eres tú quien le ayudará a relacionarse con nuevos amigos y adultos en su vida.

La escuela

Es fundamental concientizar a la escuela y sus maestros sobre quiénes son nuestros niños. Si te has hecho la pregunta de si deberías hablar sobre las conductas y reacciones de tu hijo con la escuela, la respuesta automática es sí. Necesitamos hacer equipo con los maestros, despertando sentimientos de ternura sobre nuestros hijos, haciéndoles ver cómo es nuestro hijo y darles herramientas para saber manejarlos.

¿Cómo hablamos con los maestros? Es muy importante ponernos de su lado antes para que sean más receptivos a tu guía. Te pongo un ejemplo:

Al hablar con sus maestros, podemos expresar lo siguiente:

—Miss, sé que tiene muchísimos alumnos en el salón y sé que mi hijo está distrayendo a sus compañeros, y a veces no quiere trabajar. Debe ser muy difícil para usted poder lidiar con él.

Después de validar sus emociones, explicamos lo que está pasando con nuestro hijo:

—Mi hijo se siente muy amenazado porque se siente menospreciado, porque lo regañan constantemente, porque sus amiguitos se burlan de él y porque a veces su tono de voz es muy fuerte.

Una vez que despertamos sus sentimientos de ternura, solicitamos lo que necesitamos:

—¿Podría motivarlo y solo hacerle preguntas de las que sí se sepa la respuesta? Cuando lo vea muy inquieto le podría pedir que sea su asistente en algo. Lo podría sentar más cerca de usted y lejos de Juanito, porque con él se distrae mucho. ¿Podría evitar sacarlo del salón? Porque eso lo lastima mucho.

Empatiza con los maestros y solicita adecuaciones que puedan ayudar a tu hijo, como no sentarlo junto a un niño específico que lo distrae o darle ejercicios más cortos. Presenta a tu hijo a sus profesores, explícale cómo pueden ganarse su atención y motivación, y pide que lo sienten junto a niños que lo motiven.

Conflictos entre hermanos

Las peleas entre hermanos son pan de cada día y también una de las principales causas por las que terminas gritando y amenazando. Es muy natural frustrarnos constantemente por este motivo: tener que estar "apagando fuegos" es agotador.

Una de las principales causas para que se den los conflictos constantes es sentir celos. Por ejemplo: uno de ellos está muy frustrado, ya que siente que mamá prefiere a uno de sus hermanos. Es muy común con estos niños que no se sientan realmente queridos, aunque sean los que más demandan de tu tiempo, en especial aquellos que no sienten que pertenecen a ti y que su hermano es el favorito, desde su perspectiva. Ellos pelean por tu atención y tu mirada constantemente.

Otra causa de rivalidad entre hermanos es el uso de un lenguaje de competencia. Frases como: "El que llegue primero a la regadera elige qué ver en la tele" o "El que termine la comida más rápido recibe doble postre" pueden sembrar rivalidad entre ellos. Cualquier lenguaje que implique ganar o perder generará frustración en el perdedor y dará inicio a los conflictos. Evita las comparaciones, ya que estas generan mucha vergüenza y enojo en los niños. Creemos que comparándolos con otros mejorarán su comportamiento, pero eso es un error. Ejemplos de frases que debemos evitar incluyen: "No puede ser que tu hermano sea más responsable que tú", "Si tu hermano se pudo subir al juego, tú también, además eres tres años mayor que él" o "Mira cómo tu hermano saluda a todos y es muy educado". Estas comparaciones solo generan conflictos en casa.

Anticípate al conflicto: Este ejemplo lo acabamos de vivir. La historia sucede así:

Laura tiene dos hijos: el de nueve años ya estaba sentado en el desayunador a punto de comer y a los tres minutos baja el otro hijo de 11 años y se sienta muy cerca de él. Laura, al darse cuenta de la cercanía y ya conociendo a sus hijos, les pidió que se separaran porque ya sabía el final de la historia. Ninguno de los dos hizo caso y ella se distrajo en otra conversación. Yo también estaba en el comedor y noté cómo los hermanos se empezaron a empujar poco a poco con el codo. Laura, al darse cuenta, les dijo:

—No se molesten.

Con un gran cariño y por la confianza que le tengo, le respondí:

—Esto es la crónica de una muerte anunciada.

Se me quedó viendo y me contestó:

—Pero si les dije que se cambiaran de lugar.

—Sí, pero no ejecutaste la instrucción, te distrajiste y se te olvidó.

Acto seguido, Laura, con voz clara y firme, les insistió:

—No voy a permitir que empiece mal el día de nadie.

Levantó el servicio de uno de ellos y puso tierra de por medio. Santo remedio, el desayuno fluyó tranquilamente.

Del mismo modo, el coche es un lugar muy frecuente de pleitos, porque es un espacio muy pequeño, donde puede haber mucho ruido y más para estos niños. Cuando veo a uno de mis hijos de mal humor, es probable que libere su frustración por cualquier decisión con la que no esté de acuerdo que se tome en el coche (escoger la canción, el asiento del coche o si se cierran o abren las ventanas).

Por eso, al arrancar, tomo el mando y comienzo a platicar historias, jugamos a contar los colores de los coches o hacer asociaciones con las placas, etcétera. En pocas palabras, dirijo su atención hacia mí.

No te pongas de árbitro ni juez cuando hay un conflicto, recuerda tomar control de la situación, pero no de los niños. Cuando nos ponemos en esa posición es muy probable que uno de ellos sienta que lo traicionas, que siempre le das la razón a su hermano. Desde la perspectiva de cada uno de tus hijos, los dos sienten que tienen la razón. Pasa mucho con los niños que molestan constantemente a su hermano hasta que lo hacen explotar, pero tú como mamá solo viste el golpe tan fuerte del otro. Seguro te vas a dejar llevar por lo que viste y terminarás incriminando solo a uno.

Pero si en vez de reaccionar y por separado les preguntas a cada uno qué pasó, abrirás la puerta a que te expresen, te den su perspectiva y así no traicionarás a ninguno. En caso de intervenir, nunca debemos quedarnos con los dos en la conversación. Primero separamos y escuchamos en lo individual. Aclaramos lo que estuvo mal: "No voy a permitir que le pegues a tu hermano", y puenteamos: "Al rato lo platicamos". Tú como padre, desde que los escuchas y ves de lejos, sabes cuándo está por comenzar un pleito. Evita la frase: "No se vayan a pelear" o "Dejen de pelearse", esto provocará que lo hagan más.

Cuando veas que están muy cerca de iniciar un pleito lo mejor es distraer su atención hacia ti. Puedes decirles algo como: "Oigan, miren lo que acabo de ver en la tele", "No saben lo que me pasó...", "¿Quién me quiere acompañar al Oxxo?".

Estos enfoques ayudan a gestionar y minimizar conflictos, manteniendo el vínculo y enseñando habilidades de resolución de problemas de manera efectiva.

Despierta ternura entre ellos. Esto lo hacemos por separado y con conexión. Presta mucha atención y analiza por qué tu hijo mayor no logra sentir empatía por su hermano menor. Por ejemplo:

—Yo sé que no te puedes controlar y te dan ganas de molestarlo cuando pronuncia mal las palabras, ¿verdad?

—Sí.

—Entiendo que ya le hemos dicho que así no se dice y pues sí dan ganas. Por otro lado...

Aquí es donde hacemos el *match*, es decir, ayudamos a que se lleven mejor al hacerles ver sus similitudes y recordarles el cariño que se tienen:

—Tú sabes que tu hermano a quien más quiere en esta casa es a ti. A pesar de que te burlas y lo molestas acaba de salir una evaluación de la escuela donde dijo que tú eres su persona favorita, pero que no le gustaba cuando le ponías apodos o te burlabas.

Así comienza a sentir compasión, un poco de culpa y hasta vergüenza.

—Yo sé que eres un gran hermano, así que ¿puedo contar contigo para que cuando vuelva a platicar te aguantes y mejor lo escuches?

Esto ayuda a resolver los conflictos desde la compasión y la empatía, no desde la exigencia.

Si no paran de pelearse, es muy probable que pasen demasiado tiempo juntos y necesiten un poco más de espacio entre ellos. A veces lo que funciona es llevarte a uno y luego a otro a hacer alguna actividad. Un fin de semana, papá puede llevarse a un niño y mamá al otro, no como castigo, sino como estrategia para darles espacio. A veces es necesario separar a los niños en equipos de futbol o incluso cambiar de escuela en casos extremos.

Pantallas, el mundo digital

El uso de pantallas (como televisiones, tablets, computadoras, videojuegos, celulares) puede tener consecuencias significativas en los niños. Los niños pueden experimentar efectos más intensos del uso de pantallas debido a su mayor receptividad a los estímulos.

Steve Jobs, el cofundador y EXCEO de Apple, reveló en una entrevista con el *New York Times* en 2010 que limitaba la cantidad de tecnología que sus hijos podían usar en casa. A pesar de ser uno de los principales impulsores del iPad, Jobs mencionó que sus hijos no habían utilizado el dispositivo al principio de su lanzamiento y que él y su esposa controlaban de cerca el tiempo que pasaban con dispositivos tecnológicos. De manera similar, Bill Gates, cofundador de Microsoft, ha mencionado en varias ocasiones que él y su esposa Melinda establecieron reglas estrictas sobre el uso de la tecnología para sus hijos. En una entrevista con *The Mirror* en 2017, Gates dijo que no permitieron que sus hijos tuvieran teléfonos celulares hasta los 14 años y que limitaban su tiempo de pantalla, en especial antes de dormir.

Si los mayores íconos de la tecnología cuidan el uso de pantallas de sus hijos, ¿no crees que deberíamos ser más cuidadosos con la libertad que le damos a los niños de utilizar dispositivos?

Efectos del uso de dispositivos

Las pantallas generan una sobrecarga sensorial que abruma a estos niños por la estimulación visual y auditiva que provocan.

También la estimulación constante y rápida de las pantallas puede afectar la capacidad de los niños para concentrarse en tareas no digitales, mostrando signos de falta de atención y dificultad para concentrarse en actividades escolares o en la lectura.

El uso excesivo de pantallas puede sobreestimular el sistema de recompensa del cerebro infantil, debido a la liberación constante de dopamina, un neurotransmisor asociado al placer y la gratificación. Esto puede hacer que actividades normales, como jugar al aire libre o leer, parezcan menos atractivas.

La sobreestimulación puede llevar a comportamientos adictivos, dificultando que los niños se concentren en tareas que requieren atención sostenida, como las actividades escolares. Además, puede interferir con el desarrollo de habilidades de autorregulación emocional, haciendo que los niños tengan más dificultades para manejar sus emociones adecuadamente. El uso excesivo de pantallas puede reducir las oportunidades para interacciones sociales en el mundo real, llevando a los niños a volverse más retraídos y tener dificultades para desarrollar habilidades sociales esenciales.

El exceso de dopamina también puede afectar los patrones de sueño de los niños, debido a la estimulación constante y la exposición a la luz azul de las pantallas, lo que resulta en problemas para conciliar el sueño y una menor calidad del mismo. Además, este desequilibrio puede contribuir a niveles elevados de ansiedad y estrés. Por estas razones, es crucial que los padres y cuidadores establezcan límites saludables para el uso de pantallas y fomenten un equilibrio entre las actividades digitales y las experiencias en el mundo real.

Recomendaciones para manejar el uso de pantallas

Lo más recomendable es postergar lo más posible el uso de pantallas, pero si ya tiene acceso es necesario hacer lo siguiente:

* **Establece límites de tiempo.** Tú conoces a tu niño y sabes cuáles son los efectos de las pantallas en él. Limita el tiempo que tú creas conveniente. Usa temporizadores para ayudar a los niños a saber cuándo es hora de tomar un descanso.
* **Contenido adecuado y controlado.** Selecciona cuidadosamente el contenido que los niños ven, optando por programas y juegos educativos y no violentos. Supervisa y, si es necesario, ve el contenido junto con el niño para poder discutir y explicar cualquier cosa que le preocupe.
* **Crea rutinas y horarios.** Establece horarios específicos para el uso de pantallas, evitando su uso justo antes de la hora de dormir. Integra tiempos de pantalla dentro de una rutina diaria equilibrada que incluya tiempo para la actividad física, la socialización y el descanso.
* **Que no haya electrónicos en su cuarto.** Fomenta la lectura de libros físicos antes de dormir como una alternativa relajante.
* **Enseña con el ejemplo.** Los padres debemos ser un ejemplo positivo al limitar nuestro propio uso de pantallas y mostrar cómo pueden emplearse de manera equilibrada. Revisa cuánto tiempo estás conectado a tu celular; es necesario hacer el esfuerzo de guardarlo por un rato y conectar con tus hijos.

Vivimos en una época de adaptación tecnológica nunca antes vista; nuestros niños crecieron en un mundo que no funciona sin pantallas, pero su uso en exceso está provocando la pérdida del vínculo con nuestros hijos.

Si los niños hacen sus tareas, están motivados, practican deporte y no hay problemas de conducta relacionados con el uso de pantallas, entonces puede que no sea un problema para tu familia. Sin embargo, si la conducta de tus hijos se modifica, se vuelven más agresivos o reaccionan mal cuando les apagas los dispositivos, es necesario tomar medidas.

En mi caso, tuve que limitar el uso de pantallas con uno de mis hijos. Le expliqué los motivos y establecimos horarios. Aunque al principio reaccionó agresivamente, con el tiempo entendió que era por su bien y la transición fue más fácil. Es importante subrayar que nuestros hijos pueden comprender las razones detrás de nuestras decisiones, lo que facilita el proceso de adaptación.

¿Qué viven tus otros hijos? Hermanos de niños neurodivergentes

A menudo solo un niño en particular causa problemas, y los padres se enfocan en él, a veces hasta el punto de inscribirse en cursos o buscar libros específicos para corregir su conducta. Este niño tiene casi toda tu atención, aunque sea por las malas, mientras que tus otros hijos sienten que "pierden" a mamá y papá. Es natural que te preocupes por el niño que percibas más vulnerable, y que descanses con los maduros, responsables e independientes. Pero es de suma importancia darles nuestra atención y mirada, aunque sean capaces de hacer muchas cosas solos.

Los niños que descuidamos son los que suelen desarrollar ansiedad. Ellos tienden a ocultar sus deseos y necesidades, muchas veces porque no quieren agregar más molestias a mamá, a quien ven estresada o cansada, y no desean ser un problema adicional para ella. A largo plazo, esto puede afectar su autoestima y seguridad, y en muchos casos puede llevar a que guarden cierto enojo hacia sus padres.

Todos nuestros hijos necesitan sentirse atendidos, necesitan ayuda, que les preguntemos sobre sus intereses, su opinión, y que los tomemos en cuenta para mantener el equilibrio en el hogar.

Tengo un caso delicado que lo refleja. Unos padres con dos hijas vinieron a consultoría. La mayor era una niña neurotípica y la menor tenía trastorno del espectro autista. Sin embargo, llegaron preocupados no por su niña con TEA, sino por la niña que "todo lo hacía bien".

Me confesaron que tenían muy abandonada a la hija mayor y no se dieron cuenta hasta que su salud se deterioró tanto que terminó en el hospital.

Toda la atención de la familia se volcaba en la menor, y los esfuerzos por darle una mejor calidad de vida se le dirigieron por completo, pues no sentían la necesidad de atender a la hija mayor porque era responsable y capaz. Sin embargo, la primogénita, que estaba en sus años de adolescencia, terminó internada en una clínica por anorexia. Nadie la veía y esa fue su manera de decir: "Aquí estoy". La niña con TEA salió adelante porque tuvo todo el apoyo y atención, pero su hermana decayó.

Cada niño es como una maceta con diferentes plantitas, cada una necesita algo distinto. La margarita no requiere los mismos cuidados que el cactus, ni que la orquídea. Pero todas necesitan agua, sol y cuidados de forma distinta. Así que no descuides a los niños que parecen poder manejarse solos. Recuerda que los niños interpretan que al que recibe más atención es al que se quiere más. Equilibra tu hogar, porque todos necesitan a mamá y a papá.

Si te das cuenta de que has descuidado a uno de tus hijos, siempre es posible recuperar y mejorar la relación. Acércate a él o ella y hablen sobre lo que han vivido. Recuerda que el momento para esta conversación es importante.

Por ejemplo: "Sé que me enfoqué mucho en tu hermano y casi no te di tiempo a ti, y me imagino que eso debe haber dolido. Probablemente me digas que no pasa nada, pero es importante que logres expresarte sin sentirte juzgado. Es posible que hayas hecho todo bien para no darme más problemas, y hoy me doy cuenta. Quiero decirte que estoy aquí para ti, y está bien que puedas estar enojado conmigo. Quiero que sepas que te adoro con todo mi corazón".

Cuando validamos la experiencia del niño, este encuentra un descanso profundo de saber que lo que sentía no estaba mal.

Alimentación

La alimentación de estos niños puede ser bastante compleja debido a sus características sensoriales y preferencias alimentarias. Muchos niños pueden ser extremadamente sensibles a las texturas, sabores, olores y temperaturas de los alimentos, lo que los lleva a rechazar aquellos que no se ajusten a sus preferencias sensoriales.

Los problemas gastrointestinales son una dificultad frecuente en niños neurodivergentes, quienes pueden experimentar una variedad de problemas digestivos como estreñimiento, diarrea y dolor abdominal. Esta incomodidad no solo afecta su bienestar físico, sino que también puede detonar su irritabilidad. Además, existe evidencia de que la composición de la microbiota intestinal no es la normal en niños neurodivergentes, lo que puede provocar alteraciones tanto en su comportamiento como en su salud mental.

En cuanto al impacto de la dieta, algunas familias han visto mejoras en el comportamiento de sus hijos al eliminar el gluten, la cafeína y reducir azúcares, lácteos y algunos colorantes de la dieta del niño. Esta dieta ha sido asociada con una reducción en los comportamientos repetitivos y una mejora en la comunicación social. Además, se ha investigado el impacto de ciertos suplementos nutricionales, como los ácidos grasos omega-3, vitaminas y minerales.

Si tu hijo no quiere comer, una forma de animarlo a probar más ingredientes es a través del vínculo. Este vínculo hace que el niño quiera ser bueno para ti. Muchas veces el niño debe confiar en ti para atreverse a probar nuevos alimentos. Introduce poco a poco nuevos alimentos a través del juego.

Uno de mis hijos solo comía cinco cosas. En casa siempre las tenía disponibles, pero cuando salíamos de viaje, su alimentación se complicaba. En uno de los lugares que visitamos con frecuencia no podía conseguir sopas molidas. No aceptaba los alimentos disponibles y se ponía histérico cuando no comía.

Yo estaba desesperada porque obviamente no podía dejar a mi hijo sin comer, pero tampoco era posible encontrar siempre las opciones que le gustaban. Así que decidí integrar en su dieta un nuevo alimento que fuera práctico, rápido para sacarnos de apuros y disponible para encontrarlo en cualquier parte del mundo: *nuggets* de pollo.

Faltaban pocos días para el siguiente viaje, así que decidí tomarme el tiempo para que los aceptara. Con firmeza y cariño le dije: "Sé que tienes miedo de probar los *nuggets*, tú piensas que no te gustan, pero yo sé que a la mayoría de los niños les encantan, así que no nos vamos a mover de la mesa hasta que te los comas".

Esto resultó en una larga pelea, aventó el plato, me dijo que no, pero con ternura, paciencia y determinación lo logramos. Noté cómo poco a poco y con lágrimas en los ojos agarró el pedazo de *nugget* y se lo metió a la boca. Me vio con una carita de sorpresa y me respondió: "Mamá, sí me gustó".

A veces tomamos decisiones para evitar el problema, como llevarle su pasta a todos lados o evitar que vaya a la casa de un amigo, pero esto es insostenible. Es mejor acompañar con paciencia el proceso para que integren nuevos alimentos a su dieta.

Puedes esconder alimentos en diferentes recetas o sobornarlos, pero cuando nada funciona, hay que ser claros: "Sé que no quieres comer esto, sé que el sabor y la textura te asustan muchísimo, pero no hay de otra, chaparro. No nos pararemos de la mesa hasta que te termines tu comida". Es una batalla difícil, pero se puede ganar, y todo gira en torno al vínculo. Cuando los problemas alimenticios como la anorexia o la bulimia aparecen, suelen estar relacionados con la salud emocional y con las relaciones con sus vínculos.

Tú eres el papá, la autoridad y quien lleva los alimentos a casa, de modo que tú decides qué se come, así que asegúrate de que la alimentación sea saludable. Recuerda ser inteligente con la nutrición. Si le das azúcar por la noche, claro que le costará dormir. Si le caen mal los lácteos, puede tener problemas de inflamación, lo que puede afectar su estado de ánimo. Investiga y aprende sobre la alimentación adecuada para tu hijo.

Invertir tiempo en la crianza de los niños es una tarea ardua, pero cada sacrificio se recompensa con la satisfacción de verlos convertirse en seres humanos maravillosos.

Cierre del capítulo

El viaje para reparar y fortalecer la relación con nuestros hijos es un camino profundo y transformador, en particular cuando se trata de niños con alta o híper sensibilidad… Veamos un resumen de cierre.

Estos niños a menudo desarrollan defensas para protegerse de un mundo que perciben como abrumador y amenazante. Estas defensas se manifiestan en comportamientos extremos y reacciones intensas, creando un ciclo difícil de romper tanto para los padres como para los hijos.

La clave para desarmar estas defensas y ayudar a nuestros hijos a sentirse seguros se centra en la conexión emocional. Fortalecer la relación con nuestros hijos les proporciona un refugio seguro, un espacio donde pueden depender plenamente de nosotros sin sentir la necesidad de protegerse todo el tiempo. Cuando los niños confían en que sus padres estamos ahí para apoyarlos, pueden redirigir su energía desde la defensa hacia el desarrollo y la maduración.

El rol de los padres es fundamental en este proceso. A través de una conexión amorosa y un vínculo sólido podemos ayudar a nuestros hijos a bajar esas defensas. Esto no solo mejora su comportamiento, sino que también les permite compensar cualquier déficit que puedan tener. Los niños comienzan a sentirse comprendidos y apoyados, lo que a su vez fomenta su capacidad de enfrentar los desafíos con mayor resiliencia.

La esencia de este método radica en la simplicidad del amor y la atención. Cuando los padres se enfocan en nutrir la relación, crean un entorno donde el niño se siente valorado y seguro. Este entorno permite que el niño confíe en su padre o madre como una fuente constante de apoyo, lo que reduce su necesidad de defenderse. La relación se convierte en el pilar que sostiene su crecimiento emocional y cognitivo.

Cuando un niño siente que sus padres son una base segura y constante, puede relajarse y dedicar su energía a explorar el mundo, aprender nuevas habilidades y desarrollarse plenamente. Este cambio de enfoque es crucial, sobre todo para los niños con alta sensibilidad e hipersensibilidad, ya que les permite superar los desafíos sin sentirse abrumados.

Es importante recordar que este método no solo se aplica a niños con alta sensibilidad. Aunque estos niños pueden beneficiarse enormemente de un enfoque basado en la relación, todos los niños pueden mejorar su comportamiento y su bienestar general cuando sienten que tienen una conexión segura y amorosa con sus padres. El fortalecimiento de la relación entre padres e hijos es una estrategia universal que puede transformar la dinámica familiar y promover un ambiente de apoyo y crecimiento.

A través de este enfoque los padres aprenden a escuchar y comprender las necesidades emocionales de sus hijos, lo que les permite responder de manera más efectiva y empática. Al crear un vínculo fuerte y seguro, los padres no solo mejoran el comportamiento de sus hijos, sino que también fomentan un ambiente de confianza y seguridad donde los niños pueden prosperar.

El viaje para reparar y fortalecer la relación con nuestros hijos es una inversión en su futuro. Esta guía, aunque aplicable a todos los niños, es especialmente crucial para aquellos con alta sensibilidad, pues les ofrece la estabilidad y la seguridad necesarias para florecer. Con amor, paciencia y comprensión, los padres pueden ser la fuerza que transforma la vida de sus hijos, guiándolos hacia un futuro lleno de posibilidades y bienestar.

En pocas palabras, al priorizar la relación y el vínculo emocional, los padres pueden ayudar a sus hijos a superar las defensas que han desarrollado para protegerse del mundo exterior. Este enfoque no solo mejora el comportamiento de los niños, sino que también les proporciona una base segura desde la cual pueden crecer y desarrollarse plenamente. **Al final del día, el amor y la conexión son las herramientas más poderosas que tenemos para apoyar el crecimiento y el bienestar de nuestros hijos.**

CONCLUSIÓN

> Los niños no necesitan padres perfectos, necesitan padres que sean conscientes de sus propios errores y estén dispuestos a crecer y aprender junto a ellos.
>
> DOCTORA SHEFALI TSABARY

Lo sé, es agotador, pero créeme que esta etapa es temporal. Actuar hoy con conciencia significa el descanso el día de mañana. Cada hijo es un mundo distinto, y la clave está en que puedas ver desde los ojos de tu pequeño su realidad, su perspectiva. De ese modo se despertará tu intuición para ver qué necesita.

Quiero que descanses un segundo de toda la presión de ser papá y que te sientas orgulloso de haber perseverado en este camino. No todos están dispuestos a romper creencias y a educar desde el respeto, el amor y la compasión. Se necesita una dosis enorme de constancia y disposición para aventarte el paquete de la crianza respetuosa.

La crianza es un camino agotador, lleno de desafíos y momentos de incertidumbre. Sin embargo, es también un viaje profundamente gratificante y transformador. A medida que recorremos este camino, es crucial recordar que no estamos solos en nuestras luchas y que la perfección no es el objetivo. No buscamos ser padres perfectos ni criar niños perfectos. Lo que en verdad importa es ser padres conscientes, comprometidos con nuestra labor de influir de modo positivo en la vida y la salud emocional de nuestros hijos.

A lo largo de este libro he sostenido que la salud emocional y mental de un niño comienza en la crianza. Nuestros hijos no necesitan padres impecables, sino padres presentes, amorosos y comprensivos. En un mundo donde la sobremedicación a menudo se utiliza para ocultar síntomas, debemos recordar que el trabajo más importante se realiza en casa: el origen está en la relación que construimos con nuestros hijos, basada en el respeto, el amor, la compasión y la empatía.

Además, es fundamental que los padres también se cuiden a sí mismos. Para poder brindar a nuestros hijos el apoyo y el amor que necesitan debemos estar bien. Esto significa encontrar tiempo para hacer cosas que nos hagan felices, como disfrutar de *hobbies*, viajar, salir a divertirnos y, sobre todo, descansar. Es necesario poder desahogar nuestra frustración del día a día. Cuando un padre está feliz y tranquilo, la casa fluye mejor. Somos el termómetro emocional de nuestros hijos, y nuestro bienestar impacta directamente en el ambiente del hogar.

Es en esos momentos de conexión genuina donde nuestros hijos encuentran la seguridad y la confianza para ser ellos mismos. Al darles lo que en realidad necesitan —nuestro tiempo, atención y amor incondicional—, veremos a nuestros niños brillar con luz propia. No subestimemos el poder de nuestra influencia. Cada acto de cariño y comprensión que ofrecemos deja una huella indeleble en su corazón y mente.

Criar a nuestros hijos con una conciencia plena de nuestro impacto en su desarrollo emocional y mental no solo transforma su vida, sino también la nuestra. Nos convertimos en modelos a seguir, enseñándoles a navegar el mundo con empatía y resiliencia. En última instancia, la crianza consciente y amorosa que ofrecemos es la semilla de un futuro más compasivo y equilibrado.

Sigamos adelante con la convicción de que, aunque el camino es arduo, la recompensa de ver a nuestros hijos florecer es incomparable. Trabajemos en ser padres que, a través del respeto, el amor, la compasión y la empatía, cultivan relaciones que nutren y fortalecen el espíritu de nuestros hijos, asegurando así un legado de salud emocional y bienestar duradero. Y nunca olvidemos que, al cuidar de nosotros mismos, también estamos cuidando de ellos.

Ser un padre o madre es dividirte; nos fraccionamos entre el rol que significamos para nuestros hijos y nuestra propia persona. Porque en el momento en que iniciamos este viaje de la paternidad, compartimos todo lo nuestro con pequeñas personitas: entregamos nuestro tiempo, nuestra energía, nuestros recursos, nuestro cuerpo y nuestro corazón. Es un orgullo que, además de todo eso, estés dispuesto a cambiar tu visión de la vida, para darles a tus niños una dosis todavía más grande de amor.

Los últimos meses o años seguramente han sido agotadores, pero créeme que todo el tiempo que estás invirtiendo ahora dará frutos. El mundo sería muy diferente si a todos nos hubieran instruido con amor, con paciencia, si nos hubieran enseñado a manejar nuestras emociones, a ser resilientes, a ser constantes, a ser empáticos, y justamente eso es lo que estás logrando en tus pequeños.

En un mundo cada vez más caótico, no podemos darnos el lujo de no darles a nuestros niños las herramientas que necesitan para hacerle frente a la vida.

Ya tengo ganas de recibir más testimonios de cómo los niños "complicados" ahora tienen vidas más felices, cómo cambiaron de estar peleando todas las mañanas a despertar emocionados por lo que les deparará el día.

Espero que pronto tú formes parte de esa ola de cambio. Estoy segura de que con tu constancia lo conseguirás.

Mi mamá me acompañó a leer la introducción de este libro y, aunque ya sabe cómo sigue la historia, me dijo: "Como lectora me encantaría leer qué fue de Pame, Pato y Fer...", así que aquí va.

Pame y yo somos cómplices. Mi hija persiguió su sueño artístico y hace pocos días recibí un correo de su escuela diciéndome que les gustaría becarla. Aunque el intercambio era solo de un año, quieren extenderlo a dos porque encuentran en ella un valor que desean mantener cerca. Conocen su potencial y saben que podrán acompañarla a llegar mucho más lejos. Estoy segura de que conseguirá lo que se proponga. Eso sí, tengo claro que yo soy la encargada de que se sienta conectada a mí, a pesar de la distancia.

Pato y yo nos llevamos de maravilla. Jugamos juntos, platicamos, hacemos planes y, académicamente, va muy bien. Hoy se ha convertido en un adolescente con todas las capacidades para tener un futuro brillante. Es un niño como cualquier otro, con buenos y malos días, pero con un gran corazón, una capacidad de resiliencia y una profunda empatía por los demás.

Fer, siendo un niño sumamente reservado y que no quería interactuar con otros niños, hoy cada vez se abre más y puedo decir con orgullo que tiene grandes amigos. Sé que no será el de los 100 amigos, pero no los necesita, ni él ni yo. Pasó de ser un niño extremadamente rígido a uno que hace chistes, se adapta a lugares nuevos, tolera los cambios de planes, entiende el lenguaje figurado y, lo más importante, ya puede sentir y ponerles nombre a sus emociones.

Los tres me demuestran día a día el resultado de mi pasión por enseñar cómo ayudar a los padres a encontrar el camino.

Te comparto la historia de mis hijos porque a mí me encanta escuchar las historias de superación que me cuentan otros padres. Me llena de motivación saber que somos más los padres que ponemos fin al ciclo de crianzas dolorosas. Sé que este mensaje se comparte cada vez más a través de padres, maestros, tutores y psicólogos. Hagamos lo posible por compartir estas enseñanzas con aquellos amigos y maestros que tienen niños a su cargo y que tienen un poder fundamental para mejorar la vida de esos pequeños.

Todos merecemos eso, adultos que nos demuestren que nos aman sin importar lo que suceda.

Felicidades: te estás convirtiendo en el mejor papá o la mejor mamá que tus hijos podrían desear.

Tú eres la mejor apuesta para tus hijos.

AGRADECIMIENTOS

Primero que nada, quiero agradecer a mis tres hijos, Pamela, Patricio y Fernando. Ustedes han sido mis guías, llevándome de la mano en mi propio camino de transformación para convertirme en la madre que necesitaban. Cada obstáculo que superamos juntos es el fruto de lo que hemos construido, y por eso les estoy profundamente agradecida. Este libro es un regalo que se quedará con ustedes para toda la vida, como testimonio de nuestro viaje juntos.

A mis padres y a mis hermanos, gracias por su apoyo incondicional. Sin su motivación y aliento, este libro definitivamente no estaría aquí. Su amor y respaldo me han dado la fuerza para seguir adelante.

A mis amistades, gracias por su apoyo constante y por estar siempre ahí para escucharme. Su compañía y comprensión han sido un pilar fundamental en este proceso.

A mi mentor, el doctor Gordon Neufeld, gracias por sus enseñanzas, su escucha, su calidez y, sobre todo, su sabiduría. Me hizo ver otra perspectiva sobre el papel que tenemos los padres en el surgimiento de nuestros hijos y por eso estoy eternamente agradecida. También agradezco a todos los psicólogos, maestros y especialistas que compartieron sus enseñanzas para que este libro saliera a la luz.

Por último, quiero agradecer a todas esas familias que me compartieron sus historias, que confiaron en mí y, sobre todo, que creyeron en sí mismas para ser la respuesta para sus hijos. Sus experiencias y valentía han sido una fuente de inspiración constante. Gracias por permitirme ser parte de sus vidas y por enseñarme tanto en el camino.

Esta obra se terminó de imprimir
en el mes de mayo de 2025,
en los talleres de Litográfica Ingramex S.A. de C.V.,
Ciudad de México.